리더의 옥편

리더의 옥편: 개정증보판

1판 1쇄 발행 2014. 9. 5.
1판 4쇄 발행 2017. 5. 11.

개정증보판 1쇄 발행 2018. 10. 31.
개정증보판 5쇄 발행 2022. 12. 26.

지은이 김성곤

발행인 고세규
편집 이한경 | 디자인 이경희
발행처 김영사
등록 1979년 5월 17일(제406-2003-036호)
주소 경기도 파주시 문발로 197(문발동) 우편번호 10881
전화 마케팅부 031)955-3100, 편집부 031)955-3200 | 팩스 031)955-3111

값은 뒤표지에 있습니다.
ISBN 978-89-349-8373-6 13320

홈페이지 www.gimmyoung.com 블로그 blog.naver.com/gybook
인스타그램 instagram.com/gimmyoung 이메일 bestbook@gimmyoung.com

좋은 독자가 좋은 책을 만듭니다.
김영사는 독자 여러분의 의견에 항상 귀 기울이고 있습니다.

늘 곁에 두고 꺼내 보는 손안의 비책

리더의 옥편

김성곤

玉篇

김영사

【들어가는 말】

말에 문채가 없으면 멀리 이르지 못한다

"말에 문채가 없으면 멀리 이르지 못한다言之無文, 行而不遠."

리더가 사용하는 언어의 영향력을 가리키는 공자의 조언이다. 조직에서 리더의 말이 빛나지 않으면 그 영향력이 조직 내에 두루 미치지 못한다는 의미다. 리더가 자신이 사용하는 말과 글의 문채를 고민해야 하는 이유가 여기에 있다.

전통적으로 중국 리더들은 고전에서 자신의 말과 글을 빛내줄 재료를 찾았다. 이른바 문사철文史哲 고전으로 문학은 당시唐詩를 비롯한 역대 시가의 뛰어난 시구를 인용했고, 철학은 《논어論語》나 《도덕경道德經》처럼 대중적으로 널리 알려진 유가경전과 제자서諸子書의 경구를 인용했다. 역사는 《사기史記》

나《한서漢書》같은 역사서에 나오는 고사성어를 자주 활용했다. 이런 전통은 여전히 이어지고 있으며 중국 정치 지도자가 인용한 시구나 경구, 고사성어가 종종 화제가 되기도 한다.

중국의 오랜 역사 속에서 생겨난 고사성어는 그 분량이 방대하고 내용이 다채롭기 그지없다. 고사성어는 흥미로운 이야기와 인상 깊은 교훈을 짧은 글에 함축하고 있기 때문에 잘 활용하면 말이 힘을 얻고 글이 깊어진다. 이것을 '말은 간단하지만 뜻은 충분하다'라는 뜻의 성어 언간의족言簡意足이라 표현하는데, 전통적으로 중국 리더의 화법은 언간의족을 지향했다. 같은 한자 문화권인 우리도 이 고사성어를 공유하고 활용함으로써 말과 글을 풍요롭게 해왔다.

이 책은 고사성어에 전통적인 문사철 개념을 적용하고 있다. 고사성어 소개가 중심이지만 때로 시구를 인용해 보충설명을 했고 경전이나 제자서의 구절로 방점을 찍었다. 가장 이상적인 서술방식은 먼저 시구로 주제를 제기하고 고사성어로 본론의 줄기를 만든 다음 경전과 제자서의 경구로 마무리하는 식이다. 되도록 이 같은 방식으로 글을 구성하고자 했으나 다 그렇게 할 수는 없었다. 분명한 것은 누구든 이러한 문사철 개념을 잘 활용해 시로 주제를 에둘러 제시하거나 역사고사로 내용을 흥미롭게 전개하면 혹은 철학서로 마무리해 인상적으로 결론을 내리면, 자신이 주장하는 바를 대중에게 효과적으로 잘 전달할 수 있다는 점이다.

이 책은 SERICEO의 요청으로 진행하고 있는 강의를 토대로 했다. 처음에는 20회를 목표로 매회 7~8분 분량의 강의를 시작했는데, 어느새 80회를 넘기고 있다. 그만하자는 말이 없으니 반응이 예상보다 괜찮은 모양이다.《리더의 옥편》이 처음 나온 것은 2014년 9월이다. 당시 총 30편의 강의를 한 권으로 엮었는데 책의 두께가 얇아 아쉬움이 많았다. 그 뒤로 새로 강의가 이어지면서 원고가 쌓였고 두 배의 분량으로 개정증보판을 출간하게 되었다. 총 60회 분량의 강의 내용을 담았는데, 강의 시간제한 때문에 생략한 내용을 살리고 강의 주제와 관련된 고사성어를 보충해 깊이를 더했다. 책이 두툼해지니 비로소 책 같은 느낌이 든다.

강의 내용은 본시 별도의 순서나 체계 없이 상황에 따라 다양하게 뽑은 것이지만 한 권의 책으로 구성하려다 보니 독자의 편의를 위해 분류가 필요했다. 그래서 전체 내용을 8강으로 나누어 유사한 고사성어를 한데 묶었다. 제1강은 조직 경영에 필요한 인재 발굴과 관련된 것이고, 제2강과 제3강은 조직에 해를 끼치는 행위나 세력을 경계하는 내용이다. 제4강은 눈앞의 이익과 장래의 손해를 가리는 법을 담았으며, 제5강은 조직 경영에 참고할 몇 가지 원리를 다루고 있다. 제6강은 위기를 헤치고 나아가는 방법에 대한 내용이며, 제7강은 리더의 일상생활을 소재로 삼았고, 제8강은 조직이 성공하는 데 필요한 리더의 태도와 비전을 조언하고 있다.

《논어》의 마지막 구절은 "말을 알지 못하면 사람을 알 수 없다不知言, 無以知人"는 공자의 말이다. 사람을 알기 위해서는 반드시 말을 알아야 한다. 이 책에서 다루는 내용이 사람을 보다 깊이 이해하도록 해줌으로써 결과적으로 조직의 효율적 경영을 고민하는 리더들에게 작게나마 도움을 주었으면 좋겠다. 무질서한 원고의 갈피를 잡느라 땀 흘린 김영사 편집부에 감사드린다.

2018년 10월
김 성 곤

차례

제 3 강 _ 쇠를 녹이는 입들, 뼈를 녹이는 말들

제 4 강 _ 당장의 이익과 장래의 손해를 가리는 지혜

제 5 강 _ 다스림의 여덟 가지 비결

제 6 강 _ 높은 파도가 밀려올 때

제7강 _ 나는 언제 봄바람처럼 따뜻한 사람이었던가

제8강 _ 다 왔다는 생각이 들거든

리더의 옥편

玉篇

제 1 강

천하의 인재를 얻고자 한다면

01

백락상마

伯樂相馬

백락이 천리마를 알아보다

중국 속담에 "울타리를 만들려면 세 개의 말뚝이 필요하다"는 말이 있다. 큰 뜻을 지닌 영웅이 그 뜻을 이루기 위해서는 반드시 세 사람의 훌륭한 조력자가 있어야 한다는 의미로 쓰인다. 좋은 조력자를 만나 성공한 예가 많지만, 중국 역사에서 가장 자주 언급되는 사람은 한나라 고조 유방劉邦이다.

유방에게는 지혜로운 참모 장량張良, 불세출의 장수 한신韓信, 그리고 뛰어난 승상 소하蕭何가 있었다. 이 세 사람이 있었기에 유방은 절대적으로 불리한 항우와의 싸움에서 승리해 마침내 천하를 차지할 수 있었다. 세상은 '사람을 알아보고 그 사람을 잘 활용한다'는 뜻의 '지인선용知人善用'이라는 말로 유방을 칭송한다. 이렇듯 리더에게 가장 우선적으로 필요한 능력은 인재를 알아보는 능력과 그 인재를 적재적소에 잘 활용하는 능력이다.

소금 수레를 끄는 비루먹은 천리마

중국 춘추시대에 천리마 감별사로 유명한 백락伯樂이라는 사람이 있었다. 어느 날 그는 소금 수레를 끌고 가는 비루먹은 말 한 마리를 보았다. 그 말이 거친 숨을 몰아쉬며 한 걸음 한 걸음 힘겹게 비탈길을 오르고 있었다. 말의 골상이 비범함을 알아본 백락이 다가가자 말은 갑자기 고개를 번쩍 들고 큰 소리로 울부짖었는데, 마치 백락에게 무언가를 하소연하는 것 같았다.

그 소리를 듣자마자 백락은 말이 아주 뛰어난 명마임을 알아챘다. 그는 마부에게 후한 값을 쳐준 후 말을 끌고 초나라 궁전으로 갔다. 백락이 천리마를 데려왔다는 소식을 듣고 잔뜩 기대하며 구경을 나온 왕은 말라깽이 비루먹은 말을 보고는 그만 실망해 백락에게 불평을 늘어놓았다.

"나는 당신이 말을 잘 감별하는 사람이라 여겨 천리마를 구하게 한 것이오. 그런데 당신이 사온 이 말은 달리기는커녕 걷기조차 힘들어 보이니, 이를 어찌 천리마라 할 수 있겠소?"

백락이 조용히 웃으며 말했다.

"이 말은 분명 천리마입니다. 다만 소금 수레를 끄는 동안 제대로 먹이지도 돌봐주지도 않아 이렇게 깡마른 겁니다. 만일 정성을 다해 돌본다면 반년도 지나지 않아 천리마의 능력을 회복할 것입니다."

왕은 반신반의하며 백락의 말대로 정성을 다해 말을 먹이고 돌보라 명을 내렸다. 과연 얼마 지나지 않아 말은 위풍당당한 천리마로 거듭났는데, 두 귀는 대나무를 깎은 듯 쫑긋 살아났고 몸매는 탄탄하면서도 날렵한 명마의 모습이었다. 훗날 이 말은 왕을 위해 전장을 누비면서 숱한 공을 세웠다.

이 이야기에서 나온 성어가 '백락이 천리마를 알아보다'라는 뜻의 백락상마다. 이 성어는 흔히 인재를 알아보고 잘 활용할 줄 아는 훌륭한 리더를 가리키는 말로 쓰인다.

천하의 보옥과 돌멩이

춘추시대에 초나라 사람 변화卞和가 초산에서 좋은 옥석을 얻었다. 잘 가공하기만 하면 천하에 둘도 없는 귀한 보물이 될 것이라고 생각한 변화는 궁궐로 여왕厲王을 찾아가 이 원석을 바쳤다. 왕이 옥을 다루는 장인을 불러 검사하게 했는데, 이 옥장玉匠은 일말의 망설임도 없이 그저 평범한 돌이라고 평가했다. 왕은 대노해 변화의 왼쪽 다리를 잘라버렸다.

세월이 흘러 여왕이 죽고 무왕武王이 왕위에 올랐다. 변화는 외발로 절룩거리며 그 옥석을 안고 무왕을 찾아갔다. 왕은 다시 옥장을 불러 검사하게 했는데 이번에도 역시 돌이라는 것이었다. 진노한 왕은 변화의 오른쪽 다리를 마저 잘라버렸다.

얼마간 세월이 흘러 무왕이 죽고 문왕文王이 즉위했다. 새로운 왕이 즉위했다는 소식을 들은 변화는 옥석을 캐낸 초산 아래서 그 옥석을 끌어안고 사흘 밤낮을 피눈물로 통곡했다. 소식을 들은 문왕이 사람을 보내 이유를 물었다.

"나라에 다리를 절단하는 형을 받은 사람이 어디 자네 혼자뿐인가. 어찌 그리 별나게 슬피 우는가?"

"두 다리가 잘렸다고 우는 것이 아니오. 천하의 보옥寶玉이 돌멩이 취급을 당하고 정직한 선비가 사기꾼으로 내몰린 것이 억울해 이리 슬피 우는 것이오."

이야기를 들은 문왕은 옥장을 보내 변화의 옥석을 정밀하게 검사하라 일렀다. 이번에 파견된 옥장은 이전 옥장들과 달랐던지 그 옥석이 좋은 보석이 될 가능성이 높다고 보고하였다. 그는 여러 방법으로 심혈을 기울여 가공한 끝에 그 옥석을 세상에서 찾으려야 찾을 수 없는 영롱한 보옥으로 바꾸어놓았다. 문왕은 변화의 이름을 따서 이 보옥을 화씨벽和氏璧이라 이름하였다.

화씨벽은 춘추시대 수나라 제후가 뱀에게 얻은 야광주인 수후주隋侯珠와 함께 세상에서 가장 값진 보배 혹은 아주 뛰어난 인재를 뜻하는 말로 쓰이게 되었다. 이 보물은 모든 나라의 임금이 탐냈는데, 조나라를 거쳐 나중에 진시황의 손에 들어가 옥새로 만들어졌다고 한다. 삼국시대 손권孫權의 아버지 손견孫堅이 동탁董卓과의 전투에서 우연히 발견한 것도 이 화씨벽으로 만든 옥새였다.

천하에 둘도 없는 화씨벽처럼 뛰어난 인재를 원하는가? 주변의 인재들이 품고 있는 무한한 가능성에 주목해볼 일이다. 아직은 빛나지도 영롱하지도 않아 그냥 돌멩이처럼 보일지도 모르지만 심혈을 기울여 가공하면 화씨벽 같은 뛰어난 보물이 될지도 모른다.

만 리를 횡행하는 천리마를 원하는가? 수많은 전장을 누비면서 공을 세울 천리마를 원하는가? 제대로 먹이지 않아 본연의 힘을 쓰지 못하고, 제대로 쓰이지 못해 소금 수레나 끌고 있는 천리마가 바로 옆에 있을지도 모른다. 지인선용, 밝은 눈으로 인재를 알아보고 적재적소에 잘 활용하는 지혜로운 리더가 되길 바란다.

【 지인선임 知人善任 **】** 사람을 알아 임용을 잘하다. 사람의 인품이나 재능을 알아채고 그 사람을 가장 합리적으로 활용한다는 말이다. 한나라 반표班彪의 《왕명론王命論》에 다음과 같은 기록이 있다. "한고조 유방이 흥한 데는 다섯 가지 이유가 있다. 첫째는 요임금의 후손이라는 점이요, 둘째는 체격과 모습에 이채로움이 많다는 것이다. 셋째는 그 신무가 영험하다는 것이요, 넷째는 너그럽고 인자하다는 것이다. 다섯째는 사람을 알아 잘 쓴다는 점이다蓋在高祖, 其興也有五. 一曰帝堯之功裔, 二曰体貌多奇異, 三曰神武有徵應, 四曰寬明而仁恕, 五曰知人善任使."

【 천리마상유, 백락불상유 千里馬常有, 伯樂不常有 **】** 천리마는 항상 있지만 백락은 항상 있는 것이 아니다. 이 말은 당나라 한유韓愈의 《잡설雜說》에 나오는 다음 글에서 비롯되었다. "세상에 백락이 있은 후라야 천리마가 있기 마련이다. 천리마는 언제나 있지만 백락은 항상 있는 것이 아니다. 고로 비록 명마가 있어도 그저 하찮은 사람들의 손에서 욕이나 보다가 마구간에서 보통 말과 함께 나란히 죽는 바람에 천리마로 일컬어지지 못한다. 말 가운데 하루에 천 리를 달릴 수 있는 녀석은 한 끼에 곡식 한 섬을 먹어치우기도 하는데, 말을 먹이는 자가 그 말이 천리마인 것을

알지 못하고 먹이를 준다. 이 말에게 천 리를 달릴 능력이 있어도 배불리 먹지 못해 힘이 부족하니 그 재주의 뛰어남을 밖으로 드러낼 수 없다. 보통 말처럼 하는 것조차 불가능하니 어찌 천 리를 달릴 수 있기를 기대하랴. 채찍질을 하되 올바른 방법으로 하지 않고, 먹이를 먹이되 그 재능을 다할 수 없게 하고, 울어도 그 뜻을 알아채지 못하고, 채찍을 잡고는 말 앞으로 다가가 말하기를 '천하에 좋은 말이 없다' 한다. 아! 정말 말이 없는 것이겠는가? 이는 진정으로 말을 알아보지 못하는 것이로다世有伯樂, 然後有千里馬. 千里馬常有, 而伯樂不常有. 故雖有名馬, 祗辱于奴隸人之手, 駢死于槽櫪之間, 不以千里稱也. 馬之千里者, 一食或盡粟一石. 食馬者不知其能千里而食也. 是馬也, 雖有千里之能, 食不飽, 力不足, 才美不外見, 且欲與常馬等不可得, 安求其能千里也. 策之不以其道, 食之不能盡其材, 鳴之而不能通其意, 執策而臨之曰, 天下無馬. 嗚呼, 其眞無馬邪, 其眞不知馬也."

02

천금매골
千金買骨

천금으로 천리마의 뼈를 사다

고대사회에 말은 없어서는 안 될 긴요한 존재로 주요 교통수단이자 핵심 전투력이었다. 그래서 역사와 함께해온 성어나 고사에는 말이 자주 등장한다. 도무지 말을 듣지 않는 말 이야기인 마이동풍馬耳東風, 대충대충 넘어간다는 뜻의 주마간산走馬看山, 가을이면 듣게 되는 천고마비天高馬肥, 말을 잃어버린 변방의 노인네 이야기인 새옹지마塞翁之馬, 사슴을 가리키며 말이라고 우긴 환관 조고趙高의 지록위마指鹿爲馬 등 우리가 익히 알고 있는 적지 않은 성어가 말을 소재로 한다. 특히 천리마는 훌륭한 인재를 비유할 때 많이 쓰이는데, 그 가운데《전국책戰國策》에 나오는 천리마 이야기를 보자.

죽은 말의 뼛값

전국시대 연나라는 내란이 발생해 정국이 혼미했다. 이 틈을 타 이웃나라인 제나라가 쳐들어와 영토의 상당 부분을 점령해버렸다. 이러한 내우외환의 시기에 연나라 소왕昭王이 왕위에 올랐다. 가까스로 내란을 제압하고 한숨을 돌린 소왕은 인재 등용의 문을 활짝 열었다. 천하의 인재를 구해 국력을 기르고 그 힘으로 제나라에 빼앗긴 땅을 되찾으리라 결심한 것이다. 이 일을 위해 왕은 곽외郭隗라는 신하에게 인재를 구할 방도를 물었다. 곽외는 왕에게 이런 이야기를 들려주었다.

옛날 어느 나라의 왕이 천금으로 천리마 한 필을 사고자 했다. 하지만 삼 년이 지나도록 천리마를 구하지 못해 왕이 고심하자 어느 날 한 신하가 왕을 찾아와 천리마를 구해오겠다고 자청했다. 왕은 그에게 선뜻 천금을 건넸고, 그 신하는 석 달 동안 백방으로 수소문한 끝에 마침내 모처에 아주 훌륭한 말이 있다는 소식을 듣게 되었다. 신하는 큰 기대감을 안고 길을 재촉해 찾아갔지만 안타깝게도 그 말은 이미 죽은 뒤였다. 어떻게 할까 고심하던 신하는 오백금을 치르고 죽은 말의 뼈를 사 가지고 돌아와 임금에게 바쳤다. 임금은 노발대발했다.

"내게 필요한 것은 살아 있는 천리마요. 아무짝에도 쓸모없는 죽은 말의 뼈를 사느라 오백금이라는 막대한 돈을 허비하다니, 지금 제정신이오?"

그러자 신하가 침착하게 대답했다.

"제가 이렇게 한 것은 대왕께서 진짜 천리마를 얻게 하기 위함입니다. 죽은 천리마조차 오백금을 주고 샀다는 사실이 천하에 알려지면 사람들이 천리마를 얻고자 하는 대왕의 진심을 믿을 터이니 머지않아 서로 앞다투어 천리마를 끌고 올 것입니다."

신하의 말대로 일 년이 채 지나지 않아 왕은 세 필의 천리마를 얻었다.

이야기를 마친 곽외는 소왕에게 이렇게 말했다.

"대왕께서 진심으로 천하의 인재를 얻고자 하신다면, 천리마를 구한 이 임금처럼 대왕이 진심을 다하여 어진 인재를 찾고 있다는 사실을 천하 사람들이 알게 해야 합니다."

곽외는 빙그레 웃으며 덧붙였다.

"대왕께서는 저 곽외를 죽은 말처럼 활용하기 바랍니다. 만일 왕께서 재주도 능력도 별스러울 것이 없는 저를 중용하여 후대한다면 저보다 훨씬 뛰어난 천하의 인재들이 앞을 다투어 모여들 것입니다."

소왕은 그의 말에 일리가 있다고 여겨 곽외를 나라의 스승인 국사로 삼아 후한 봉록을 주었다. 그리고 앞으로 찾아올 천하의 인재들을 영접할 장소로 크고 화려한 누각을 지어 황금대黃金臺라는 이름을 붙였다.

이 소식이 천하 열국에 알려지자 인재들이 모여들기 시작했다. 위나라에서는 명장 악의樂毅가 왔고, 조나라에서는 명장이자 법가인 극신劇辛이 왔으며, 제나라에서는 유명한 철학자 추연鄒衍이 왔다. 이들 외에도 문무를 겸비한 수많은 인재가 연나라로 모여들었으니, 소왕은 그들을 잘 활용하여 나라를 튼튼하게 다져갔다. 이십여 년이 흐른 뒤 강력한 군대를 갖춘 연나라는 제나라에 빼앗겼던 지역을 모두 되찾고 역사상 가장 휘황한 시기를 누렸다.

'황금 천 냥으로 천리마의 뼈를 산다'는 뜻의 천금매골은 '인재를 중시한다', '뛰어난 인재 얻기를 갈망한다'는 의미로 활용하는 성어다. 어려운 환경이나 조건에 둘러싸인 집단과 조직을 구할 천하의 인재를 찾고자 하는 리더들의 고심은 동서고금이 다르지 않다. 천금을 아끼지 않고 인재를 모은 연나라 소왕처럼 인재를 발굴하고 육성하는 데 아낌없이 적극 투자하기를 바란다.

오직 현명함을 기준으로

인재 발굴과 관련된 또 다른 성어로 임인유현任人唯賢이 있다. 이 말은 사람을 임용할 때 오직 현명함만 기준으로 삼는다는 뜻이다. 이것은《서경書經》의 "관리를 임용할 때는 오직 어질고 재능 있는 사람만 쓰고, 좌우 대신은 그 자리에 맞는 사람을 써야 한다任官惟賢才, 左右惟其人"는 말에서 나왔다.《춘추좌씨전春秋左氏傳》에는 임인유현의 교훈을 일깨우는 기해祁奚라는 인물의 재미있는 이야기가 실려 있다.

진晉 대부 기해가 늙어서 퇴직하게 되자 임금이 물었다.

"그대의 직무를 누가 잇게 하면 되겠소?"

기해가 대답했다.

"해호解狐가 괜찮습니다."

"그는 당신의 원수가 아니오?"

기해가 다시 대답했다.

"임금께서는 누가 임무를 맡기에 적당한지 물은 것이지 누가 제 원수인지 물은 것이 아니지 않습니까?"

임금은 결국 해호를 임명하였다. 후에 임금이 또 물었다.

"누구를 국위國尉에 임명하면 좋겠소?"

기해가 대답했나.

"기오祁午가 괜찮습니다."

"기오라면 당신의 아들이 아니오?"

기해가 다시 대답했다.

"임금께서는 누가 국위에 적합한 인물인지 물은 것이지, 누가 제 아들인지 물은 것이 아니지 않습니까?"

기해는 능력 있는 사람을 잘 추천했다. 원수를 칭찬하되 아첨하지 않았고 아들을 세우되 결탁하지 않았으며 부하를 천거하되 당을 짓지 않았다.《서경》에 "불편부당하니 왕도가 탕탕하다"라고 하였으니 이는 기해 같은 이를 두고 하는 말일 것이다. 밖으로 사람을 천거함에 원수도 피하지 않았고, 안으로 사람을 천거하되 친척이라고 두둔하지 않았으니 지극히 공정하다고 할 수 있다. 오직 현자만이 자신과 같은 현자를 추천할 수 있는 법이다.

천리마가 있다 한들 쓰지 않으면 무슨 소용이 있겠는가. 이런 이유로 이 천리마는 안 되고, 저런 이유로 저 천리마는 안 된다는 식으로 인재 등용을 제한하다 보면 결국 능력 있는 천리마는 배제되고 별반 능력도 없는 둔마鈍馬가 조직을 이끌고 만다. 그러면 어느 리더도 자신이 꿈꾸는 왕국을 이룰 수 없다. 반대로 연나라 소왕처럼 인재 발굴에 사활을 걸고 진 대부 기해같이 오직 능력을 기준으로 인재를 발굴하면 어떤 조직인들 성공하지 않으랴, 어느 나라인들 부강하지 않으랴.

찾아보기 ▼

【 **사현여갈** 思賢如渴 】 현자를 절실히 사모함이 마치 목이 마른 듯하다. 구현약갈, 애재약갈로 쓰기도 한다. 《삼국지三國志》에서 제갈량諸葛亮이 유비劉備를 칭송하여 "장군께서는 황실의 후손으로 신의가 사해에 드러났는데 영웅들을 널리 부르고 현자를 사모함이 목이 마른 듯합니다將軍旣帝室之胄, 信義著於四海, 總攬英雄, 思賢如渴"라고 했다.

【 **구현약갈** 求賢若渴 】 현자를 구함이 마치 목이 마른 듯하다. 《송사宋史》에 "현자를 구함이 목이 마른 듯하고, 간언을 따르는 것이 물이 흘러가듯 신속하다求賢若渴, 從諫如流"라는 표현이 있다.

【 **애재약갈** 愛才若渴 】 재주 있는 사람을 사랑하기를 목이 마른 듯하다. 청나라 십십 (梁燮)이 《원시原詩》에 "악한 사람을 심히 엄중

하게 미워하고, 재주 있는 이를 마치 목이 마른 듯 사랑한 것이 바로 한유의 진면목이다嫉惡甚嚴, 愛才若渴, 此韓愈之面目也"라는 표현이 있다.

【 **투현질능 妒賢嫉能** 】 현자를 투기하고 능자를 질시하다. 인품과 재능이 자신보다 훌륭한 사람을 질투한다는 의미다. 《사기》에 "항우는 현자를 투기하고 능자를 질시하였으니 공이 있는 자를 해치고 어진 자를 의심하였다項羽妒賢嫉能, 有功者害之, 賢者疑之"라는 내용이 있다.

03

허회약곡
虛懷若谷

빈 마음이 마치 골짜기와 같다

당나라 제2대 황제 태종 이세민李世民은 태평성세를 일궈낸 출중한 군주이자 역사상 가장 모범적인 명군으로 칭송받고 있다. 그는 훌륭한 정치가로 뛰어난 장군이면서 수준 높은 서예가요 시인이기도 했다. 이와 함께 시대를 초월해 많은 사람이 칭송하는 그의 덕목은 신하들의 충고를 받아들이는 데 주저하지 않았던 넓은 마음이다. 넓은 마음을 이야기할 때 쓰는 성어가 바로 '골짜기처럼 텅 빈 마음'이란 뜻의 허회약곡이다. 깊고 넓은 골짜기가 여러 작은 물줄기를 다 받아들이듯 태종은 다른 사람들의 의견과 관점을 잘 수용하는 넓은 마음의 소유자였다. 이 허회약곡을 설명할 때 꼭 함께 인용하는 구절이 태산불양토양泰山不讓土壤이다. '태산은 한 줌 흙을 양보하지 않는다'는 의미로, 본래 진시황의 승상이던 이사李斯가 쓴 〈간축객서諫逐客書〉에 나오는 말이다. '객을 추방하는 것을 반대하는 글'이라는 뜻의 〈간축객서〉가 나오게 된 배경은 이렇다.

객을 추방하는 것을 반대하다

일찍이 문호를 활짝 개방한 진나라는 천하 열국에서 많은 인재를 구해 나라가 강성해졌다. 그러자 진나라 왕족과 일부 대신이 자신의 지위가 흔들릴 것을 염려해 진시황에게 그들을 모두 쫓아내라고 주문했다. 그들이 지금은 진나라에 충성하고 있지만 진나라가 그들의 조국과 맞서는 결정적인 상황에서는 결국 진나라를 배신하고 조국의 편에 설 것이라는 이유에서였다. 진시황은 그들의 건의를 받아들여 축객령逐客令을 내렸다. 진나라 출신이 아닌 관리들, 이른바 빈객賓客을 모두 쫓아내라는 명령이었다.

이때 초나라 출신으로 진나라에서 벼슬을 하고 있던 이사가 진시황에게 글을 올렸다. 이사는 진나라가 지금 크게 부흥한 것은 역대로 훌륭한 임금들이 각국의 탁월한 인재를 구하여 쓴 덕분임을 역사적 사례를 들어 논리정연하게 밝혔다. 이사의 〈간축객서〉를 읽은 진시황은 곧바로 축객령을 철회하고 열국의 인재를 모아 마침내 천하를 통일했다. 이 〈간축객서〉

가운데 가장 유명한 대목이 "태산은 한 줌 흙을 양보하지 않는다"는 부분이다.

> 태산은 한 줌 흙을 양보하지 않았기에 그렇게 클 수 있었고, 강과 바다는 작은 물줄기를 가리지 않았기에 그렇게 깊어질 수 있었다.
>
> 泰山不讓土壤, 故能成其大. 河海不擇細流, 故能就其深.

태산이 태산이 된 것은 단단한 흙, 고운 흙, 붉은 흙, 검은흙, 된 흙, 질척한 흙 등 이런저런 흙이 모인 덕분이다. 붉은 흙을 제외하고 된 흙은 골라내는 식으로 가려서 모으면 태산의 높이와 크기는 실현이 불가능하다. 강물도 이 산 저 산, 이 골짜기 저 골짜기에서 흘러나오는 맑은 물과 탁한 물을 가리지 않고 다 받아들인 덕분에 깊고 넓어졌다.

집단의 규모가 크다는 것은 그만큼 다양한 사람들이 모였음을 의미한다. 그런데 사람이 늘어나면 리더의 입장에서 매우 불편하여 그냥 털어내고 싶은 사람도 있기 마련이다. 이런 생각이 들 때 허회약곡, 태산불양토양을 생각하기 바란다. 지금 버리고 싶은 흙이나 돌멩이가 나중에 태산에서 가장 멋진 봉우리를 이룰지도 모를 일이다.

수척한 리더와 살찌는 조직

태종 이세민 이야기로 시작했으니 정관의 치세貞觀之治를 받아 중국 역사상 가장 융성한 개원의 치세開元之治를 일궈낸 현종玄宗 이야기로 마무리를 해보자. 현종이 양귀비를 만나기 전, 그러니까 혼군昏君이 아닌 현군賢君일 적의 일이다.《신당서新唐書》에 다음과 같은 이야기가 전해온다.

현종에게는 소숭蕭崇과 한휴韓休라는 대신이 있었다. 소숭은 황제의 말을 고분고분 잘 따랐다. 그래서 황제는 소숭과 함께 있으면 늘 마음이 편안했다. 반면 한휴는 황제의 의견에 자주 맞선 까닭에 한휴와 함께 있는 동안 황제는 많이 불편하고 피곤했다. 주변 사람들이 현종에게 한휴를 파면하라고 하자 현종이 말했다.

"소숭은 내 뜻에 한 번도 반대한 적이 없다. 하지만 그와 함께 있다가 침전으로 돌아와 천하의 대사를 생각하면 나는 불안한 마음에 잠들지 못한다. 한휴는 국가 대사를 논하는 자리에서 나와 자주 다투지만 그와 함께한 날에는 조회에서 돌아와 아주 편안하게 잠들 수 있다."

어느 날 현종이 궁중 화원에서 잔치를 열었다. 현종은 향락의 도가 지나치다는 생각이 들었던지 좌우의 신하들에게 조심스레 물었다.

"이 일을 한휴가 알고 있는가?"

말이 끝나기가 무섭게 황제의 향락을 비난하는 한휴의 상소문이 도착했다. 현종은 즉시 잔치를 파하고 불쾌한 표정으로 내실에 돌아와 거울 앞에 섰다. 거울에는 수척한 황제의 모습이 보였다. 때마침 주변의 신하가 격앙된 말투로 주청하였다.

"한휴가 재상이 된 이후 폐하께서는 하루도 편안히 쉬지 못하셨습니다. 한휴를 즉각 파면하십시오."

그러자 현종이 말한다.

"나 임금은 수척해졌지만 천하는 살찌지 않았는가! 내가 한휴를 중용한 것은 천하를 위해서다."

여기서 군수천하비君瘦天下肥라는 말이 나왔다. 임금의 수고와 희생으로 천하가 행복해진다는 뜻이다. 한 집단의 리더가 수척해지면 그 집단 전체가 살찐다는 말과 같다. 집단 내에서 누군가가 리더에게 고민거리를 안겨주고 수척하게 만드는 것은 걱정할 일이 아니다. 그 덕에 집단이 더욱 건강해지고 보다 성장할 테니 말이다.

큰 골짜기 같은 넓은 마음으로 구성원의 다양한 의견과 감정의 물줄기를 품고, 쓴소리하는 사람도 곁에 둘 줄 아는 큰 리더가 되길 바란다.

【 **관굉대량 寬宏大量** 】 도량이 넓고 크다. 관홍대량寬洪大量, 활달대도豁達大度로 쓰기도 한다. 루쉰魯迅의 소설《방황彷徨》에 "다행히 귀하의 집안은 예부터 도량이 넓고 커서 소인배들과 다투려 하지 않았습니다幸而府上向來是寬宏大量, 不肯和小人計較的"라는 표현이 있다. 진晉 나라 반악潘岳의 〈서정부西征賦〉에 "한고조가 흥성한 까닭을 보면 단지 총명하고 무예가 출중하며 도량이 크고 넓어서만은 아니다觀夫漢高之興也, 非徒聰明神武, 豁達大度而已也"라는 표현이 있다.

【 **대지약우 大智若愚** 】 큰 지혜는 어리석은 것처럼 보인다. 송나라 소식蘇軾의 〈하구양소사치사계賀歐陽少師致仕啓〉에 "크게 용기 있는 자는 겁쟁이처럼 보이고, 크게 지혜로운 자는 어리석은 것처럼 보인다大勇若怯, 大智若愚"라는 표현이 있다.

【 **겸허근신 謙虛謹愼** 】 겸허하고 신중하다. 겸허경신謙虛敬愼으로 쓰기도 한다.《진서晉書》에 "(장빈張賓은) 복양후에 봉해졌으며 벼슬이 특히 높아 황제의 총애가 당시에 으뜸이었으나 겸허하고 신중하여 아랫사람들에게 마음을 열었다封濮陽侯, 任遇優顯, 寵冠當時, 而謙虛敬愼, 開襟下士"는 기록이 있다.

【 **서두계장鼠肚鷄腸** 】쥐의 위와 닭의 창자. 도량이 좁아 작은 일만 생각하고 전체를 보지 못하는 경우를 비유하는 말이다. 명나라 연하산인烟霞散人의 《참귀전斬鬼傳》에 "쥐의 위와 닭의 창자같이 똥 한 줌도 지니고 있지 못하니, 너를 어디에 쓰겠느냐鼠肚鷄腸, 一包糞也存不住, 要你何用"라는 표현이 있다.

04

위인설항
爲人說項

항사를 말해주다

매해 연말이면 사람들은 한 해 동안 있었던 이런저런 일을 떠올리며 아쉬움에 젖는다. 일도 많고 탈도 많았겠지만 이만큼이라도 버텨온 것, 이 정도라도 이뤄낸 것에 감사해야 하지 않을까. 오늘의 나와 우리가 있는 것은 모두 누군가의 사랑, 도움, 관심, 격려가 있었기에 가능한 일이기 때문이다. 그런 의미에서 감사의 마음을 전할 수 있는 훈훈한 성어 몇 개를 살펴보고자 한다.

무명의 시인을 격려한 대신 양경지

당나라 문종文宗 때 국자좨주國子祭酒를 맡은 양경지楊敬之라는 대신이 있었다. 대문장가요 시인이던 한유가 그의 작품 〈화산부華山賦〉를 격찬할 정도로 시문에 뛰어난 사람이었다. 그가 국자좨주로 재임할 당시 그의 아들 둘이 모두 같은 시기에 진사에 합격해 장안에 화제가 되기도 했다. 그 시절에는 과거시험을 앞둔 응시자들이 자신의 이름을 알리기 위해 고관이나 명사를 찾아가 자신의 시문을 바치는 간알干謁이라는 풍조가 있었다. 고관이나 명사에게 높은 평가를 받으면 과거에 합격할 가능성이 그만큼 컸기 때문이다.

강동江東 오월嗚越 지역 출신의 항사項斯라는 젊은이도 과거시험을 앞두고 자신을 높이 평가해줄 사람들을 여기저기 찾아다니며 시문을 바쳤다. 하지만 실망스럽게도 그에게 주목하는 사람은 아무도 없었다. 항사의 인내심이 바닥을 드러낼 무렵 국자좨주를 맡고 있던 대신 양경지가 항사의 시문을 받았는데, 그는 금세 항사의 시문에 매료되었다. 그는 항사의 시문을 읽고 또 읽으며 감탄을 그치지 않더니 곧바로 시 한 수를 지어 그 전도양양한 젊은이를 격려해주었다.

몇 번을 읽어도 편편이 좋은 시더니
지금 만나보니 인품이 시보다 낫구나.
내사 늘 남의 장점을 감출 줄 모르나니
가는 곳마다 사람 만나면 항사 자네를 칭찬하려네.

幾度見詩詩總好, 及觀標格過於詩.

平生不解藏人善, 到處逢人說項斯.

항사의 기쁨이 얼마나 컸겠는가? 양경지의 높은 평가와 격려에 힘입었는지 항사는 이듬해 우수한 성적으로 과거시험에 합격했다. 이 아름다운 이야기에 나오는 양경지의 시구를 따서 만든 성어 위인설항은 '남들에게 항사를 말해주다'라는 뜻이다. 이는 누군가의 좋은 점, 장점을 남들에게 널리 알려주는 고마운 행위를 뜻한다. 항사처럼 재능이 있으면서도 기회를 얻지 못하는 젊은이들이 넘쳐나는 요즘 위인설항의 미덕이 더욱 소중하게 다가온다.

《중용》에는 다음과 같은 말이 있다.

"순임금은 묻기를 좋아했고 하찮은 말이라도 자세히 살피셨다. 나쁜 점은 되도록 감추고 좋은 점은 널리 알리셨다舜好問而好察邇言, 隱惡而揚善."

'나쁜 점은 감추고 좋은 점은 알린다'는 뜻의 은악양선隱惡揚善은 더러 실수도 하고 미숙하지만 그래도 무한한 가능성을 품고 미래를 준비하는 젊은이들을 격려하는 훌륭한 미덕이다.

이번에는《전국책》에 나오는 천리마 감별사인 백락에 대한 이야기다.

어떤 사람에게 아주 훌륭한 준마 한 필이 있었다. 이 말을 팔기로 한 그는 좋은 값을 받을 것으로 기대하며 시장으로 갔다. 하지만 그가 제시한 값이 너무 비싼 탓인지 사흘이 지나도록 누구 하나 사려 들지 않았다. 그렇게 고심하던 중 문득 좋은 생각이 떠올랐다. 그는 천리마 감별사로 유명한 백락을 찾아가 이렇게 말했다.

"제게 천리마가 한 필 있어 팔려고 시장에 내놨습니다. 그런데 사흘이 지나도록 아무도 사려 들지 않습니다. 이런 연유로 선생님께 도움을 청하러 왔습니다. 특별히 어려운 일은 아닙니다. 그저 내일 제 말이 있는 곳에 와서 한번 빙 둘러보면 됩니다. 떠나가면서 한 번만 고개를 돌려 다시 바라봐주십시오. 이렇게 해주면 수고비를 드리겠습니다."

백락이 웃으며 말했다.

"말이 그렇게 훌륭하다 자신하니 내일 가보도록 하지요."

다음 날 백락이 말 시장에 이르러 멀리서 그 사람의 말을 보니 과연 훌륭한 준마임에 틀림없었다. 백락은 말 주인이 요구한 대로 그 말을 한번 빙 둘러보았다. 그리고 떠나면서 아쉬운 듯 고개를 돌려 말을 바라보다가 자리를 떴다. 그런 백락의 모습을 시장 사람들이 지켜보고 있었다. 그들은 백락이 자리를 뜨자마자 득달같이 몰려와 높은 값을 제시하면서 서로 말을 사겠다고 아우성이었다. 순식간에 말은 종전보다 열 배 높은 가격으로 팔렸다.

이 이야기에서 비롯된 성어가 '백락이 한번 돌아보다'라는 뜻의 백락일고伯樂一顧다. 권위 있는 사람의 인정을 받으면서 몸값이 껑충 뛰는 상황을 일컫는다. 천리마는 훌륭한 인재를 비유한다. 많은 사람이 천리마, 즉 인재를 얻기를 바란다. 하지만 어떤 말이 천리마인지 알아내려면 백락 같은 전문가가 필요하다. 오랜 연륜과 경험을 갖춘 리더는 훌륭한 재능을 가진 젊은이들의 몸값을 키워줄 백락 같은 존재라고 할 수 있다.

리더는 자신의 수고가 헛되지 않고 풍성한 열매로 맺히기까지 함께하는 많은 사람에게 감사한 마음을 전할 줄 알아야 한다. 늘 함께 일하는 직원들의 장점을 널리 알리고 그들의 재능에 더욱 관심을 기울이는 것이 바로 감사의 마음을 전하는 구체적인 행동이 아닐까?

【 **구각춘풍** 口角春風 】 입꼬리에서 봄바람이 분다. 누군가를 사람들에게 좋게 평해주는 것을 가리킨다. 청나라 황소배黃小配의 《입재번화몽廿載繁華夢》에 "입꼬리에 봄바람이 부는 듯 하늘에서 꽃이 날리는 듯 말이 사람의 심금을 울렸다如口角春風, 說得天花亂墜"라는 표현이 있다.

【 **혈구분인** 血口噴人 】 남에게 피를 뿜다. 악독한 말로 남을 욕하고 멸시하는 것을 가리킨다. 송나라 효영曉瑩의 《나호야록羅湖野錄》에 "피를 입에 물고 남에게 뿜다 보면 먼저 자신의 입을 더럽힌다含血噴人, 先汙其口"라는 표현이 있다.

【 **함사사영** 含沙射影 】 모래를 입에 물고 그림자를 향해 쏘다. 전설 속 동물 물여우는 물속에서 사람의 그림자를 향해 모래를 뿜는데, 이 모래를 맞은 사람은 병이 든다고 한다. 이 성어는 남을 몰래 공격하거나 음해하는 행위를 가리킨다. 진晉나라 간보干宝의 《수신기搜神記》에 "'역' 혹은 '단호'라고 하는 이 동물은 모래를 뿜어 사람을 맞힌다. 그 모래를 맞은 사람은 근육이 뻣뻣해지고 머리가 아프며 열이 나고 심하면 죽기까지 한다其名曰蜮, 一曰短狐, 能含沙射人, 所中者則身體筋急, 頭痛發熱, 劇者至死"는 기록이 있다.

05

겸청즉명

兼聽則明

두루 들으면 밝아진다

명군으로 칭송받는 당태종에게는 직언을 아끼지 않는 훌륭한 신하가 많았지만, 그중에서도 위징魏徵은 가히 독보적인 존재였다. 태종은 위징을 대단히 신뢰했다. 위징이 죽자 태종은 비통이 극에 달하여 대성통곡하며 좌우 신하에게 다음과 같이 말하였다.

"내게는 거울이 셋 있었소. 동으로 만든 거울로는 내 의관을 바로잡았고, 옛 역사로 된 거울로는 고금의 흥폐를 보았으며, 사람으로 된 거울로는 내 과실을 알아냈소. 이제 위징이 죽었으니 나는 거울 하나를 잃었소!"

태종은 이렇듯 신뢰한 위징을 살아생전 종종 궁궐로 불러들여 고금의 흥망성쇠를 함께 논했다.

명군과 혼군의 차이

어느 날 태종이 위징에게 물었다.

"군주가 어찌하면 훌륭한 명군이 되고 어찌하면 어리석은 혼군이 되는 것이오?"

위징의 대답은 간결하였다.

"겸청즉명이요 편신즉암偏信則暗이라, 두루 들으면 명군이 되고 한쪽 말만 믿으면 혼군이 됩니다."

위징의 이야기가 이어졌다.

"옛날 요임금과 순임금은 사람들의 의견을 두루 청취하여 백성의 상황을 잘 알았기에 간신들이 자신을 숨길 수 없었습니다. 어리석은 진나라 2대 황제 호해胡亥는 환관 조고趙高만 신임하는 바람에 망이궁에서 피살되었고, 수나라 양제煬帝 역시 간신 우세기虞世基의 말만 믿은 탓에 양주에서 피살되었습니다. 군주가 여러 사람의 의견을 두루 듣고 널리 받아들이면 귀족과 대신이 감히 속이지 못할 것이요, 아래 백성의 사정이 위로 황제까지 잘 전달될 것입니다."

위징의 말에 크게 감동을 받은 태종은 그의 충고대로 많은 신하의 의견을 널리 받아들여 국정에 활용함으로써 정관의 치세를 이룩하고 중국 역사상 최고 명군의 자리에 올랐다.

'겸청즉명 편신즉암'은 말하기는 쉬워도 행하기란 참으로 어렵다. 더구나 권력의 정점에 있는 리더가 자신의 생각과 다른 의견을 경청하기란 정말 쉽지 않은 일이다. 특히 일이 잘 풀리고 많은 성과를 내고 있을 때, 천하가 내 손안에 있다는 생각이 들면 더더욱 남의 말이 귀에 들어오지 않는다.

유방과 항우의 차이

바로 항우가 그랬다. 진나라가 망한 뒤 항우는 천하를 놓고 유방과 쟁패를 겨루었다. 객관적으로는 항우의 전력이 훨씬 우세했다. 유방은 항우와의 싸움에서 자주 패해 도망다니기 바빴으니 천하는 이미 항우의 손아귀에 들어가 있는 듯했다. 그런데 나중에 결과가 어떻게 되었는가? 항우는 해하성에서 유방의 군대에 포위되어 사면초가에 놓였다. 가까스로 그곳을 탈출해 오강으로 도망쳤지만 마지막까지 그의 뒤를 따르는 부하는 스물여덟 명의 기병뿐이었다. 그 뒤로는 수천수만에 달하는 유방의 군대가 추격해왔다. 절망한 항우는 강을 건너 강동으로 피신해 훗날을 도모하라는 오강 수졸의 권유도 뿌리치고 자결하고 만다. 그는 죽음에 앞서 하늘을 향해 울부짖었다. "하늘이 나를 버렸도다!" 한나라 때의 저명한 문장가 양웅揚雄은《법언法言》에서 이렇게 쓰고 있다.

유방은 여러 사람들의 책략을 잘 받아들였다. 많은 사람의 책략으로 유방의 군대는 갈수록 힘이 강해졌다. 반면 항우는 달랐다. 그는 남의 의견을 받아들이지 않고 오직 자신의 용맹만 믿고 어리석게 행동했다. 여러 사람의 책략이 모이면 바로 승리하지만, 자기 자신의 용맹만을 믿으면 바로 실패하고 만다. 항우가 이렇게 된 것은 천명과는 아무런 관계가 없다. 그가 하늘을 원망한 것은 그릇된 것이다.

편신즉암, 즉 한쪽만 믿으면 어두워진다. 항우에게 그 한쪽은 자신의 용맹함이었다. 《사기》는 항우의 이 고집스러운 모습을 투현질능妬賢嫉能이라는 말로 설명하고 있다. 자기보다 현명한 신하, 자기보다 능력 있는 사람을 질투해 그들의 말을 듣지 않았다는 얘기다. 그래서 능력 있는 신하들이 모두 그를 떠나갔다. 그중 대표적인 인물이 나중에 유방 휘하에서 혁혁한 공을 세운 명장 한신이다. 비록 유방은 항우보다 열세였지만 널리 많은 사람의 책략을 받아들여 지속적으로 힘을 기른 덕분에 마침내 항우를 물리치고 천하를 차지했다.

당태종 같은 훌륭한 리더가 되고 싶은가? 한고조처럼 천하를 얻고자 하는가? 겸청즉명에 그 답이 있다.

【 **광개언로 廣開言路** 】 널리 언로를 열다. 《후한서後漢書》에 "조정은 널리 언로를 열고 일체 관용을 베풀었다朝廷廣開言事之路, 故且一切假貸"는 기록이 있다.

【 **박채중장 博采衆長** 】 널리 여러 사람의 장점을 취하다. 한나라 유향劉向의 《설원說苑》에 이런 내용이 있다. "무릇 존귀한 지위에 있는 자는 반드시 아랫사람을 존중하고 덕 있는 자를 따르며 간언을 장려해야 한다. 아무런 거리낌 없이 말할 수 있는 언로를 열어야 하며 겸손한 자세로 임해야 한다. 간하는 자에게 위세를 부리지 말아야 하며 그 말을 막아서는 안 된다. 그 말을 널리 취하고 좋은 의견은 택한다凡處尊位者, 必以敬下順德規諫, 必開不諱之門, 蹲節安靜以藉之, 諫者勿振以威, 毋格其言, 博采其辭, 乃擇可觀."

【 **방민지구, 심어방천 防民之口, 甚於防川** 】 백성의 입을 막는 것은 강물을 막는 것보다 더 위험하다. 《국어國語》에 다음과 같은 기록이 있다. "백성의 입을 막는 것은 물길을 막는 것보다 더 위험하다. 물길이 막혔다가 터지면 사람을 많이 해치게 되나니 백성도 마찬가지다. 그러므로 물길을 관리하는 자는 그것을 터서 잘 흘러가게 해야 하고, 백성을 다스리는 자 역시 그들이 소통하게

하여 말할 수 있도록 해야 한다防民之口, 甚于防川, 川壅而潰, 傷人必多, 民亦如之. 是故爲川者, 決之使導, 爲民者, 宣之使言."

【 **독단전행**獨斷專行 】 독단적으로 일을 처리하다. 《금사金史》에 "짐이 천자가 된 뒤로 내 멋대로 독단적으로 일을 처리한 적이 없소. 매사 경들에게 두루 물어서 할 수 있다고 하면 했고 할 수 없다고 하면 멈추었소朕爲天子, 未嘗敢專行獨斷, 每事遍問卿等, 可行則行, 不可則止也"라는 기록이 보인다.

【 **성기능인**盛氣凌人 】 오만한 기세로 남을 무시하다. 성기임인盛氣臨人으로 쓰기도 한다. 청나라 증국번曾國藩이 쓴 《구궐재어求闕齋語》에 "오늘 내가 오만하게 남을 무시하면 훗날 남이 똑같이 오만하게 나를 무시할 것을 예상해야 한다今日我以盛氣凌人, 預想他日人亦盛氣凌我"는 기록이 있다.

06

주공토포
周公吐哺

주공이 씹던 음식을 뱉다

《삼국지》의 영웅 조조는 적벽대전을 앞두고 도도히 흐르는 장강의 물결을 바라보며 다음과 같이 호쾌하게 읊었다.

> 술을 대하고 노래를 부르나니
> 인생이 얼마나 되겠는가.
> 비유컨대 아침 이슬 같거늘
> 가버린 세월이 정말로 많구나!
> 對酒當歌, 人生幾何.
> 譬如朝露, 去日苦多.

중국 문학사에서도 손꼽히는 조조의 이 〈단가행短歌行〉은 천하의 주인이 되고자 하는 시인의 웅심을 표현한 것으로 유명하다. 이 작품의 마지막에 이런 표현이 나온다.

주공이 씹던 음식마저 뱉어내자
천하가 그에게 돌아갔다네.
周公吐哺, 天下歸心.

인재를 향한 갈망

'주공이 씹던 음식마저 뱉어냈다'는 뜻의 주공토포周公吐哺는 '한 끼 밥을 먹다가 세 번 음식을 뱉어냈다'는 일반삼토포一飯三吐哺의 고사를 인용한 것이다. 이 고사는 주나라 초기 새로운 나라에 필요한 인재를 찾기 위해 동분서주하던 주공이 식사 중에 인재가 찾아오면 그를 맞이하기 위해 씹고 있던 음식마저 뱉고 달려나갔다는 일화에서 비롯되었다. 주공은 머리를 감던 중에도 인재가 찾아오면 아직 물이 줄줄 흐르는 머리칼을 손으로 움켜잡고 달려나가 그 사람을 맞이했다. '한 번 머리를 감다가 세 번 머리칼을 움켜잡다'는 뜻의 고사 일목삼악발一沐三握髮은 그렇게 탄생했다. 이처럼 인재를 구하기 위한 주공의 지극정성으로 주나라 조정에는 훌륭한 인재가 많이 모여들었고 결국 주나라는 안정과 번영을 누리게 되었다. 조조는 이 시에서 자신도 주공처럼 적극적으로 인재들을 영입해 천하를 얻겠다는 마음을 드러낸 것이다.

인재 영입의 중요성은 그 옛날이나 지금이 다르지 않아서 정부나 기업도 항상 필요한 인재를 얻기 위해 노심초사 애를 쓴다. 특히 새로운 내각을 구성해야 하는 정부나 새로운 사업 영역을 개척해나가야 하는 기업 입장에서는 경험과 능력이 풍부한 유능한 인재를 찾는 것은 어떤 것보다 절실하고 시급한 과제이다. 그런데 인재를 찾아 적재적소에 활용하는 것이 쉽지 않다. 인재가 없어서 쓰지 못하는 것이 아니라, 인재를 활용할 수가 없게 만드는 구조가 문제라는 것이다. 능력 면으로 보자면 분명한 적임자인데도 능력 외적인 면을 과도하게 따지는 것이 문제라는 뜻이다.

기해의 인재 등용론

춘추전국시대 진晉나라 대신 기해는 직위에 적임자라면 원수지간이든 가족이든 편견 없이 추천해 나라를 위해 크게 쓰이도록 했다.

그 이야기를 들은 공자는 감탄하여 기해를 칭찬하였다. "훌륭하도다! 기해의 인재 추천이여. 밖으로는 원수를 따지지 않고 안으로는 자신의 아들조차 배제하지 않았으니, 진실로 사사로움이 없는 공정함이로다!"

좌구명左丘明의 《좌전左傳》도 "《서경》에서 '어느 쪽으로도 치우치지 않고 어느 쪽으로도 당을 짓지 않으니 훌륭한 왕도 정치가 넓게 열리도다'라고 했는데 바로 기해를 두고 하는 말이다"라며 기해를 칭송하고 있다. 이러한 기해의 인재 추천 방식을 설명하는 성어가 '사람을 임명할 때 오직 그 현명함만 본다'는 뜻의 임인유현任人唯賢이다. 여기서 현명함은 흔히 재능과 덕망을 합친 말로 본다. 결국 이 성어는 직무 전문성과 관련 조직을 이끌 덕망을 갖추고 있는지만 따진다는 의미다. 즉, 지연과 학연, 계열, 파벌 따위는 아예 따지지 않는다.

중국의 역사적 인물 중에는 임인유현의 인재 등용 방식으로 성공을 거둔 사람이 많다. 춘추오패로 유명한 제환공齊桓公은 자신의 정적으로 자신에게 활까지 쏜 관중管仲을 재상으로 기용해 제나라를 부강하게 이끌었다. 당태종 이세민은 황위 다툼 중에 형 이건성李建成의 참모로 자신을 죽이려고 한 정적 위징을 요직에 중용해 명군 반열에 오를 수 있었다.

예부터 인재를 얻는 자가 천하를 얻는다고 했다. 그런 인재는 개방적이고 유연한 사고로 임인유현의 방식을 따르는 리더만 얻을 수 있다. 열린 자세로 훌륭한 인재를 얻어 자신이 꿈꾸는 천하의 주인공이 되길 바란다.

찾아보기 ▼

【 **유재시거唯才是擧** 】 오직 재능만 보고 선발한다. 사람을 선발하는 유일한 근거가 재능의 유무라는 뜻으로 임인유현과 같은 말이다. 조조의 《구현령求賢令》에 "그대들은 내 부족함을 보좌해주시오. 오직 재능만 보고 선발해야 하리니, 내가 그들을 얻어 쓸 것이오二三子其佐我仄陋, 唯才是擧, 吾得而用之"라는 말이 있다.

【 **선현거능選賢擧能** 】 어진 자와 능한 자를 선발한다. 현賢은 덕망이 있는 사람, 능能은 재능이 있는 사람을 가리킨다. 선選과 거擧는 모두 선발한다는 뜻이다. '어진 자를 선발하고 능한 자를 임명한다'는 뜻의 선현임능選賢任能도 같은 뜻의 성어다. 《예기禮記》〈예운禮運〉에 "대도를 행하면 천하는 모두의 것이 되어 어질고 재능 있는 이를 선발하고 믿음을 추구하며 화목함을 닦게 된다大道之行也, 天下爲公, 選賢與能, 講信修睦"는 기록이 있다. 《구당서舊唐書》〈식화지상食貨志上〉에도 "벼슬을 설치하고 직무를 나눌 때

어진 자를 뽑고 재능 있는 자를 임명한다. 자리에 맞는 사람을 얻으면 국가에 유익함이 있고 재주 없는 사람을 쓰면 백성에게 재난을 끼치리니, 이것을 몰라서는 안 된다設官分職, 選賢任能, 得其人則有益於國家, 非其才則遺患於黎庶. 此以不可不知也"라는 말이 있다.

07

노마식도
老馬識途

늙은 말이 길을 안다

우리 사회는 이른바 백세시대를 향해 가고 있다. 그만큼 갈수록 노령화하는 사회를 향한 우려도 깊어진다. 하지만 나이가 많다고 다 무력하고 무용한 노인이랄 수는 없다. 청년보다 더 열정적이고 장년보다 더 지혜로운 인재가 수없이 많다. 이들 노인 인재를 발굴하고 활용하는 것 또한 리더가 주목해야 할 부분이다. 이와 관련된 유명한 이야기가 《한비자韓非子》에 나오는 '노마식도'다.

관중의 묘책

춘추시대 연나라는 북방 흉노족 일파인 산융족의 침입으로 크게 혼란했다. 연나라는 당시 열국의 패자를 자임하던 제나라 환공에게 도움을 요청했다. 산융족은 제나라에게도 큰 위협이 되었던 터라, 환공은 재상 관중과 함께 대군을 이끌고 산융을 치러 갔다. 제나라와 연나라는 산융족에게 늘 괴롭힘을 받던 무종국이라는 작은 나라까지 끌어들여 마침내 산융을 무찔렀다.

그런데 돌아오는 길에 대군은 깊은 산중에서 길을 잃고 말았다. 계절은 겨울이 한창 깊은 시기, 혹심한 눈보라 속에서 제나라와 연나라 연합군은 길을 잃고 며칠째 한자리만 맴돌았다. 식량은 다 떨어지고 군사들은 지쳐 쓰러져갔다.

그야말로 절체절명의 위기 상황에서 관중이 한 가지 묘책을 내놓았다. 군중에는 무종국에서 징발한 말이 많았는데 관중은 그 가운데 늙은 말을 몇 마리 골라 앞장세웠다. 그리고 그 말이 가는 대로 전군이 따라가도록 하였다. 늙은 말들은 아무런 망설임 없이 마치 길을 훤히 안다는 듯 성큼성큼 앞장섰고, 그 뒤를 따라 제나라와 연나라 대군도 마침내 산속을 벗어나 무사히 돌아올 수 있었다.

이 이야기에서 비롯된 것이 '늙은 말이 길을 안다'는 뜻의 성어 노마식도다. 이야기 속 관중의 지혜는 어려운 상황에 처했을 때 경험이 풍부한 사람이 앞장서면 난관을 돌파할 수 있다는 교훈을 준다.

지금 이 순간에도 대군을 이끌고 치열한 경제전쟁을 치르는 리더가 얼마나 많은가? 끝없이 전투를 치르다 보면 때로는 제나라 군대처럼 길을 잃어버리기도 한다. 여러 가지 어려운 조건이 혹독한 눈보라처럼 승리로 가는 길을 가로막아 혼란에 빠지게 하는 것이다. 이런 상황에 놓이면 주변에서 경험이 풍부한 '노마'를 찾아보기 바란다. 뚜벅뚜벅 앞장서는 그 노마를 따라가다 보면 틀림없이 혼란의 눈보라를 뚫고 승리로 가는 길을 찾게 될 것이다.

생각은 천 리 밖을 내달리나니

실제로 우리 주변에는 열정과 재주가 뛰어난 노령층 인재가 상당히 많다. 어쩌면 우리는 나이가 많다는 이유 하나로 정말 필요한 인재를 방치하고 있는지도 모른다. 또 스스로 나이를 핑계로 자신의 능력을 과소평가하고 의기소침해하는 경우도 있다. 《삼국지》의 영웅 조조는 〈귀수수龜雖壽〉라는 시에서 다음과 같이 읊었다.

> 늙은 천리마는 말구유에 엎드려 있어도
> 그 생각이 천 리 밖을 내달리나니
> 매서운 선비는 비록 늙은 나이여도

그 씩씩한 마음은 그침이 없도다.

老驥伏櫪, 志在千里

烈士暮年, 壯心不已.

이 시는 조조가 원소袁紹를 격파하고 북방을 평정한 뒤 남방의 손권, 유비와의 일전을 앞두고 쓴 것으로 그의 호연한 기개가 잘 드러난다. 오십대 중반의 조조는 당시로서는 이미 늙은 나이였다. 이른바 '늙은 천리마', 즉 노기老驥인 셈이다. 그러나 비록 몸은 늙었어도 마음은 씩씩하기 이를 데 없어 생각이 천 리 밖에 있고 씩씩한 심장은 힘차게 뛰고 있다고 말한다.

이 시로부터 '늙은 천리마가 말구유에 엎드려 있다'는 뜻의 성어 노기복력老驥伏櫪이 비롯되었다. 이는 뜻을 세운 사람은 비록 나이가 많아도 여전히 '웅걸찬 마음과 씩씩한 뜻을 지니고 있다'는 웅심장지雄心壯志와 같은 말이다.

열정과 지혜를 겸비한 사회 각계각층의 '늙은 천리마'들을 발굴하는 것은 우리 사회가 주목해야 할 중요한 일이다. 풍부한 경험과 연륜을 갖추고 쓰이기를 기다리던 늙은 천리마가 갑작스러운 곤경으로 위기에 빠진 조직을 뚜벅뚜벅 이끌어 대로로 안내해주는 풍경은 얼마나 감동적인가. 노인 스스로도 더욱 분발해야 한다. 늙을수록 더욱 씩씩해야 한다는 노당익장老當益壯이라는 말도 있지 않은가. 다음은 노년에 이른 공자가 자신을 소개할 때 한 말이다.

> 일할 때는 먹는 것조차 잊을 정도로 분발하고
> 그로써 얻은 즐거움으로 생의 근심을 잊나니
> 늙음이여, 나와 무슨 상관이 있느냐!
> 發憤忘食, 樂以忘憂, 不知老之將至.

나이에 굴복하지 않는 이런 패기와 열정으로, 천 리, 만 리 밖 세상에 뜻을 두는 준마의 기상으로 더욱 분발해야 한다. "늙음이여, 나와 무슨 상관이 있느냐!"

찾아보기 ▼

【 **보도미로 寶刀未老** 】 보검이 아직 늙지 않았다. 노년에 이르렀어도 한창때의 패기와 능력을 여전히 보유하고 있음을 형용하는 말이다. 《삼국지》에 등장하는 노장 황충黃忠이 자신의 늙음을 비

웃는 위나라 장수 장합張郃에게 이렇게 말했다. "어린것이 내가 늙었다고 업신여기고 있지만 내 손에 있는 보검은 아직 늙지 않았다竪子欺吾年老, 吾手中寶刀不老."

【 **노기횡추** **老氣橫秋** 】 노년의 기상이 가을 하늘을 가로지르다. 늙어서도 왕성한 기백을 자랑하는 사람을 형용하는 말이다. 패기가 부족한 젊은이를 반어적으로 묘사하는 경우에도 활용한다. 청나라 오견인吳趼人의 《이십년목도지괴현상二十年目睹之怪現狀》에 그러한 표현이 보인다. "사람들은 한바탕 놀려먹다가 새로 온 사람의 노년 기상이 가을 하늘을 찌르는 듯한 모습을 보고는 곧 분분히 흩어졌다衆人取笑了一回, 見新人老氣橫秋的那個樣子, 便紛紛散去."

【 **미로선쇠** **未老先衰** 】 늙지도 않았는데 먼저 쇠약해지다. 당나라 백거이白居易의 시 〈탄발락嘆髮落〉에 나오는 "병도 많고 근심도 많음을 알겠거니, 나이가 늙지도 않아 머리칼이 먼저 쇠락했네多病多愁心自知, 行年未老髮先衰"라는 구절에서 비롯된 말이다.

【 **반로환동** **返老還童** 】 노인에서 어린애로 돌아가다. 노인이 건강을 회복해 정력이 왕성한 젊은이 같은 상태가 되었음을 표현하는 말이다. 축복의 말로 자주 활용한다. 이와 비슷한 말로 '머리

칼은 학처럼 하얀 백발이지만 얼굴은 어린아이처럼 붉고 윤기가 난다'는 뜻의 학발동안鶴髮童顔이 있다. 노년이지만 혈색이 좋은 모양을 나타낸다.

08

매독환주
買櫝還珠

진주함을 사고 진주는 돌려주다

진주함을 사고 진주를 버리다

《한비자》에는 다음과 같이 재미난 우화가 나온다.

어떤 초나라 사람에게 아주 진귀한 진주가 있었다. 그 진주를 팔기로 한 그는 가치를 높이기 위해 진주를 담는 상자를 고급스럽게 만들기로 했다. 그는 먼저 귀한 목란나무를 구한 다음 솜씨가 뛰어난 장인을 찾아가 진주함을 만들었다. 그 진주함은 계피와 산초 향료의 연기를 쏘여 향기가 나게 했고, 표면에 아름다운 보석을 붙였으며 푸른 비취로 테두리까지 둘렀다. 장식을 마친 진주함은 매우 아름다운 공예품으로 거듭났다.

초나라 사람은 큰 기대를 하며 시장으로 갔다. 많은 사람이 진주를 보려고 몰려들었지만 정작 그들이 관심을 보인 것은 진주가 아니었다. 사람들은 정교하고 아름답게 제작한 진주함을 보고 감탄했다. 한 정나라 사람이 진주함을 들고 한참 감상하더니 비싼 값을 치른 뒤 떠났다. 그런데 잠시 후 다시 돌아온 정나라 사람은 다짜고짜 진주함을 열어 진주를 꺼내더니 그것을 초나라 사람에게 돌려주며 말했다.

"진주를 상자 안에 넣어두셨더군요. 저는 진주를 산 것이 아니라 진주함을 산 겁니다. 이걸 돌려주려고 돌아왔습니다."

진주를 돌려준 정나라 사람은 텅 빈 진주함을 어루만지며 연신 감탄하면서 돌아갔다.

이 우화에서 비롯된 '상자를 사고 진주는 돌려준다'는 뜻의 성어 매독환주는 화려하게 꾸민 겉모습에 현혹되어 진정한 가치를 알아보지 못하는 어리석은 사람을 풍자하는 말이다. 아무리 아름답게 꾸며도 진주함의 가치는 그 안에 담긴 진주를 넘어서지 못한다. 그렇지만 많은 사람이 상자에 현혹되어 더 소중한 진주를 버리고 만다. 권력과 재물을 둘러싼 인간의 오랜 쟁투 역사를 들여다보면 아로새긴 진주함에 현혹되어 정작 영롱한 진주를 버린 어리석은 일로 가득 차 있다.

일곱 걸음을 걸으며 지은 시

콩대에 불을 붙여 콩을 삶나니
콩이 솥에서 울고 있구나.
본시 같은 뿌리에서 났거늘
어찌 그리 급히 삶아 죽이시는가.
煮豆燃豆萁, 豆在釜中泣.
本是同根生, 相煎何太急.

이것은 일곱 걸음 걸으며 지은 이른바 〈칠보시七步詩〉로, 조조의 두 아들 조비曹丕와 조식曹植의 권력 투쟁 중에 나온 시다.

조조는 두 아들 중 작은아들 조식을 총애했지만 조조가 죽자 큰아들 조비가 권력을 차지했다. 조비는 동생 조식이 자신의 권력을 넘볼지도 모른다고 의심하면서 핍박했다. 어느 날 조비가 조식을 불러 말했다.

"네가 시를 짓는 것이 천하의 으뜸이라고 하던데, 그렇다면 어디 일곱 걸음 걷는 동안 시 한 수를 지어보거라. 만일 짓지 못하면 죽음을 면치 못할 것이다."

아무리 뛰어난 시인도 일곱 걸음을 걷는 짧은 시간에 형식을 갖추어 시를 짓기란 불가능하다. 그런데 조식은 마치 준비라도 한 듯 일곱 걸음을 다 걷기도 전에 위에 인용한 시를 지었다. 콩대를 태워 콩을 삶는 행위로 같은 뿌리에서 난 형제끼리의 다툼을 비유한 것이다. 솥에서 삶아지는 콩도 죽지만 콩대 역시 불타고 있으니 결국 모두 죽고 만다. 권력과 재물을 둘러싼 형제의 다툼은 모두 패배자가 될 수밖에 없는 싸움임을 알려주는 시다.

이 시에서 비롯된 '콩대를 태워 콩을 삶는다'는 뜻의 성어 연기자두燃萁煮豆는 주로 형제가 서로를 죽이는 싸움이나 골육간에 서로 해치는 다툼을 비유할 때 쓴다. 이런 '연기자두'의 역사적 사례는 헤아릴 수 없이 많다. 오늘날 재벌가 형제들의 다툼 역시 연기자두의 전형적인 모습이다. 이는 진주함이라는 장식에 현혹되어 가장 소중한 진주를 버리는 어리석은 행동이다.《좌전》에도 이와 관련된 이야기가 상세히 전해진다.

정나라 장공 이야기

춘추전국시대 정나라 무공武公과 왕비 무강武姜에게는 두 아들 장공莊公과 공숙단公叔段이 있었다. 왕비 무강은 두 아들 중에서 장공을 미워하고 공숙단을 총애했다. 장공을 출산할 때 죽을 고생을 한 탓에 그를 미워한 것이다. 무강은 공숙단을 태자로 세워달라고 여러 차례 왕에게 요청했지만 끝내 거절당했다.

시간이 흘러 큰아들 장공이 정나라 임금이 되자 권력욕을 버리지 못한 어머니 무강과 동생 공숙단은 반란을 준비했다. 공숙단은 지속적으로 병력을 길렀고 무강은 그를 적극 후원하였다. 마침내 거사를 치르기로 한 모자는 공숙단의 반란군이 도성을 공격하면 무강이 성문을 열어주기로 약조하였다. 하지만 거사에 대한 첩보를 입수한 장공이 먼저 군대를 보내 공숙단을 쳤고 결국 공숙단은 패배해 다른 나라로 도망쳤다.

전쟁에서 돌아온 장공은 어머니 무강을 영潁 땅에 연금하고 이렇게 맹세했다.

"내가 죽어 황천에 갈 때까지 다시는 어머니를 뵙지 않을 것이다!"

그러나 장공은 오래지 않아 자신이 한 맹세를 후회하였다. 모자 관계를 회복해 어머니를 뵙고 싶어도 자신이 한 맹세 때문에 어쩔 수 없었던 탓이다.

이런 상황을 알게 된 관리 고숙考叔이 어느 날 장공을 찾아왔다. 장공이 그를 맞아 식사를 하는데 고숙이 고깃국에서 고기를 골라 한쪽으로 밀어놓고 먹지 않는 게 아닌가. 장공이 연유를 물으니 고숙이 말했다.

"신에게는 연로한 어머님이 있습니다. 어머님은 제가 먹은 음식은 모두 드셔보았지만, 아직까지 임금께서 드시는 고깃국은 맛본 적이 없습니다. 그래서 조금 가져다드리려 하니 허락해주시기 바랍니다."

이 말을 들은 장공은 탄식하며 말했다.

"그대에게는 음식을 가져다드릴 모친이 있으니 얼마나 좋은가! 나만 모친이 없네그려!"

장공의 탄식을 듣자 고숙이 말했다.

"황천에 이르기 전까지는 만나지 않겠다는 맹세 때문이라면 방법이 있습니다. 지하수가 바로 황천이 아닙니까? 지하수가 나올 때까지 깊이 굴을 파 그곳에서 만나면 되지 않겠습니까?"

장공은 고숙의 의견대로 지하수가 나올 때까지 깊이 동굴을 팠다. 그리고 그 동굴에서 어머니 무강과 재회하였다. 장공은 동굴 안에서 어머니를 만나는 기쁨을 노래로 불렀다.

"동굴 안에 가득한 이 화락한 즐거움이여!"

동굴 밖에 있던 어머니 또한 눈물로 화답했다.

"동굴 밖에 가득한 이 끝없는 즐거움이여!"

다시 상봉한 두 모자는 모자간의 정을 되찾았다. 이 감동적인 이야기는 '그 화기애애한 즐거움'이라는 뜻의 성어 기락융융其樂融融으로 지금에 이르고 있다.

《대학》에 "만물에는 뿌리와 가지가 있고, 일에는 처음과 나중이 있다. 선후를 알면 도에 가깝다物有本末, 事有終始, 知所先後, 則近道矣"는 말이 나온다.

화려한 진주함에 현혹되어 가장 소중한 진주를 버리는 일, 권력과 재물에 눈이 멀어 천륜의 소중한 가치를 버리는 일이 다반사인 오늘의 현실을 반성케 하는 매독환주, 연기자두, 기락융융의 의미를 한번 깊이 생각해보기 바란다.

찾아보기 ▼

【 **사본축말** 舍本逐末 】 근본을 버리고 말단을 좇다. 옛날에는 농업을 근본으로 여기고 공업이나 상업을 말단으로 여겼다. 그래서 농사를 버리고 공업과 상업에 종사하는 행위를 '사본축말'이라고 했다. 지금은 일의 경중이 전도되어 완급을 분별하지 못하는 경우를 가리킨다. 여불위呂不韋의 《여씨춘추呂氏春秋》에는 "백성이 근본을 버리고 말단을 일삼고 있으니 명령을 따르지 않는다. 명령을 따르지 않으면 지킬 수 없고 싸울 수도 없다民舍本而事末則不令, 不令則不可以守, 不可以戰"는 기록이 있다. 《한서漢書》〈식화지하食貨志下〉에도 "돈을 주조하기 위해 동을 채굴하느라 한 해에

10만 명이 농사를 짓지 않는다. … 이는 근본을 버리고 말단을 좇는 일이다. 밭을 가는 자가 반도 되지 않고 간사한 자를 금할 수 없으니 근본적으로 돈에서 기인한 것이다鑄錢采銅, 一歲十萬人不耕. … 棄本逐末, 耕者不能半, 奸邪不可禁, 原起於錢"라는 기록이 있다.

【 **진녀초주 秦女楚珠** 】 진나라 여자와 초나라 진주. 이 성어는 진秦나라 공주가 진晉나라로 시집을 갔는데, 진晉나라 사람들이 공주와 함께 온 시녀가 더 아름답다 여겨 그를 더욱 존귀하게 대했다는 이야기와 매독환주 이야기를 합쳐 만든 것이다. 근본을 소홀히 하고 말단을 중하게 여기는 어리석은 태도를 풍자한다. 양梁나라 유협劉勰의 《문심조룡文心雕龍》에 "만약 수식이 이치보다 부화浮華하면 말단이 근본을 누르는 것이니 진나라 여자와 초나라 진주가 다시 이곳에 존재하게 될 것이다若文浮于理, 末勝其本, 則秦女楚珠, 復存於兹矣"라는 말이 있다.

玉篇

제 2 강

무리를 해치는 말을 가려내라

09

해군지마
害群之馬

무리를 해치는 말

모든 조직에는 이상적이지 않은 구성원이 있기 마련이다. 교묘하게 사리를 추구하며 구성원 간의 화합을 방해하는 이런 사람 때문에 조직의 효율성이 떨어지고 성과가 부진해진다. 외부 환경에 특별한 변화가 없음에도 문제가 생긴다면 십중팔구 질 나쁜 구성원의 영향이 크다. 따라서 리더는 조직을 면밀하게 검열해 전체 조직을 해치는 구성원을 찾아내고 교정해야 한다. 이와 관련된 이야기가《장자莊子》에 나온다.

천하를 다스리는 법과 말을 방목하는 법

상고시대 전설 속 황제黃帝가 구자산에 살고 있는 현자 대외大隗를 만나러 가던 도중에 길을 잃었다. 황제는 한참을 헤매다가 말을 방목하는 목동을 만나 길을 물었다.

"구자산으로 가는 길을 아는가?"

목동이 말했다.

"압니다."

황제가 다시 물었다.

"그럼 혹시 현자 대외가 있는 곳도 아는가?"

목동이 아무렇지도 않게 말했다.

"예, 압니다."

목동이 예사롭지 않은 사람임을 간파한 황제는 다시 물었다.

"기이하도다. 구자산을 알 뿐 아니라 대외 현인의 거처도 안다니, 그대는 보통사람이 아님에 틀림없소. 한 가지만 더 묻겠소. 어떻게 천하를 다스려야 하오?"

목동은 자신이 알 바가 아니라며 손사래를 쳤다. 황제가 간곡하게 천하를 다스리는 법을 거듭 묻자, 목동은 그제야 마지못한 얼굴빛으로 말했다.

"천하를 다스리는 것이 뭐 별것 있겠습니까? 말을 방목하는 것과 마찬가지가 아닐까요? 말무리를 해치는 나쁜 말을 가려내 쫓아내면 그만입니다."

그 말에 황제는 크게 깨달아 엎드려 재배하며 말했다.

"그대는 나를 가르치기 위해 하늘에서 내려온 스승, 천사天師입니다."

이 이야기에서 비롯된 '무리를 해치는 말'이라는 뜻의 해군지마는 한 집단에 속해 있으면서 조직에 위해를 끼치는 사람을 일컫는다. 어느 집단에나 있게 마련인 이 못된 말을 가려내고 분리하는 것이야말로 그 집단의 성장과 발전에 결정적으로 중요한 일이다.

묶어서 높은 누각에 던져두어라

유익庾翼은 동진 사람으로 어려서부터 재주가 뛰어났고 원대한 뜻을 지녔다. 전장을 전전하며 수많은 공을 세운 그는 마침내 도정후에 봉해지고 정서장군에 임명되었다. 유익이 다스리는 지역은 사회가 안정되고 경제가 풍족했으며 사람들의 생활이 날로 좋아졌다. 당시 동진에는 재학이 출중하고 명망이 높은 두의杜義와 은호殷浩라는 사람이 있었다. 이들은 군서群書를 박람하고 문묵文墨에 정통했는데, 특히 은호는 언변이 출중해 더욱 이름이 높았다.

은호는 약관의 나이에 이미 이름이 널리 알려졌고 후에 양주자사가 되었다. 그 뒤 그는 건무장군이 되어 양주, 유주, 서주, 연주, 청주의 군대를 총괄하는 막강한 자리에 올랐다. 그러나 허창과 낙양에서 벌어진 전투에서 거듭 참패해 면직된 이후 다시는 벼슬자리에 나가지 못했다.

몇몇 사람이 유익에게 두의와 은호를 칭찬하며 그들을 기용할 것을 권하였다. 유익은 두의나 은호 같은 자들은 그저 헛된 명성만 있을 뿐 진재실학眞才實學이 없다며 이렇게 말했다.

"그런 자들은 꽁꽁 묶어 높은 누각 위에 던져버리고 잊는 것이 최상책이오. 천하가 태평해진 뒤 그들이 맡을 일을 다시 논의해봅시다."

이 고사에서 비롯된 속지고각束之高閣은 사람을 쓰는 일이나 의견을 채택하는 일에 두루 쓰이는데, 적절치 않은 사람을 임용에서 배제하거나 적절치 못한 의견을 근본적으로 고려하지 않는 상황을 비유한다. 조직 내에는 두의나 은호같이 장황한 언설과 교활한 치장으로 자신의 능력을 포장하는 자들이 있기 마련이다. 이런 사람이 득세해 높은 자리나 주요한 의사결정을 담당하는 자리에 앉으면 그 조직은 위태로워진다. 이들이 이끄는 조직은 치열한 경쟁의 전장에서 승리할 가능성이 낮을 수밖에 없다.

건강한 조직을 유지하려면 무리를 해치는 나쁜 말들이 득세하게 해서는 안 된다. 해군지마를 무리에서 가려내 쫓아내는 것이 가장 좋지만 그럴 수 없다면 그들이 주요한 의사결정에 참여하지 못하게 해야 한다. 속지고각의 고사처럼 중요한 시점에 나쁜 영향력을 행사할 수 없도록 그들을 배제해야 한다. 그들이 허장성세가 통하지 않음을 절실하게 깨닫고 자신을 진재실학으로 충실하게 채울 때까지는 말이다. 그리하여 한 마리 뛰어난 준마가 먼저 앞장서는 일마당선一馬當先과 만 마리 말이 그 준마를 따라 거침없이 힘차게 달려가는 만마분등萬馬奔騰으로 기운과 기세가 넘치는 조직을 만들기 바란다.

찾아보기 ▼

【 **이린위학**以鄰爲壑 】 이웃을 골짜기로 삼다. 자신의 어려움이나 재난을 남에게 넘기다. 《맹자》에 맹자가 치수 전문가를 자처하는 백규白圭의 치수 방식을 비난하며 순임금 시절 치수를 담당한 우의 방식과 비교해 말하기를 "우는 치수할 때 물이 길을 따라 흘러가게 하였으니 바다를 물이 빠지는 골짜기로 삼은 셈이다. 지금 그대는 이웃나라를 골짜기로 삼고 있다禹之治水, 水之道也, 是故禹以四海爲壑, 今吾子以鄰國爲壑"고 하였다. 백규는 높은 둑을 쌓아 물길을 막는 방식으로 치수를 했는데, 그 결과 물길이 역으

로 흘러 이웃나라에 홍수가 일어나는 바람에 큰 화를 입자 이를 비난한 것이다. 이 고사에 나오는 이린위학은 자신의 이익을 위해 이웃에게 해를 끼치는 행위를 이르는 말로 쓰이고 있다.

【 **손인리기** **損人利己** 】 남을 해쳐 자신을 이롭게 하다. 《구당서》에 "위정자가 다스리면 될 것이지 어찌 엄한 형벌로 권위를 세우려고 하는가. 남을 해치고 자신을 이롭게 하는 것은 인애와 관용의 도가 아닐 것이다爲政者理則可矣, 何必嚴刑樹威. 損人益己, 恐非仁恕之道"라는 말이 있다. 또한 《주자가훈朱子家訓》에 이르기를 "남을 해쳐 자기를 이롭게 하지 말 것이며, 현명한 자를 투기하고 능력 있는 자를 질시하지 말라勿損人而利己, 勿妒賢而嫉能"라고 했다.

【 **경보불사, 노난미이** **慶父不死, 魯難未已** 】 경보가 죽지 않으면 노나라의 재난이 끝나지 않는다. 경보는 춘추시대 노나라 왕족으로 권력욕에 사로잡혀 지속적으로 노나라 조정을 소란하게 한 인물이다. 화근을 제거하지 않으면 문제가 계속 발생한다는 뜻으로 활용하는 전고다.

10

성호사서
城狐社鼠

성벽에 사는 여우와 사당에 사는 쥐

중국 속담에 "한 사람이 득도하면 그가 기르던 개와 닭도 하늘에 오른다"는 재미있는 말이 있다. 중국 전한의 회남왕 유안劉安은 신선술에 심취했는데, 오랫동안 신선술을 연마한 끝에 신선이 되는 선약을 만들기에 이르렀다. 그가 그 약을 복용하자마자 몸이 가벼워져 하늘로 둥실 떠올랐다. 하늘 높이 떠오른 그를 보고 이웃들이 놀라 그의 집으로 달려갔더니, 글쎄 유안의 집에서 기르던 개와 닭이 주인이 남긴 선약 찌꺼기를 먹고는 함께 하늘로 둥실둥실 떠오르는 게 아닌가! 사람들은 높은 하늘의 구름 속에서 들려오는 개 짖는 소리와 닭 우는 소리를 들었다고 한다.

한나라 때 왕충王充이 쓴《논형論衡》에 나오는 이 계견승천鷄

犬升天은 한 사람이 권세를 얻으면 그와 관련된 모든 사람이 덕을 보고 권세를 누린다는 말이다. 가령 한 집안에서 누군가가 출세하면 집안사람 모두가 그 덕을 보고, 지지하던 정치인이 권력을 얻으면 그 덕으로 한자리 넘볼 수도 있다.

이것은 일견 당연해 보이지만 문제는 닭과 개가 승천한다는 데 있다. 근본적으로 자질이 부족하고 능력이 열등한 사람이 연줄 하나에 의지해 권력이나 재물을 누리려 들면 왕왕 문제가 발생한다. 이런 사람들 때문에 권력이 부패하고 재물이 낭비되는 일이 벌어지는 것이다.

사당의 쥐와 성벽의 여우

춘추시대 제나라 경공景公이 재상 안자晏子에게 물었다.

"한 나라를 다스릴 때 가장 두려운 것이 무엇인가?"

안자가 마치 질문을 기다렸다는 듯이 말했다.

"가장 두려운 것은 사당 안에 사는 쥐들입니다."

경공이 물었다.

"무슨 뜻인가?"

안자가 설명했다.

"여러 사람이 공을 들여 좋은 목재와 화려한 도료로 사당 한

채를 잘 지었습니다. 그런데 그 사당에 쥐들이 숨어들었습니다. 어떻게 하겠습니까? 연기를 피워 잡자니 잘못하면 불이 니 사당의 기둥과 서까래를 태울 위험이 있습니다. 물을 써서 잡자니 칠한 도료가 다 벗겨질 수 있습니다. 결국 내버려두면 쥐들은 대낮에도 설치고 다니며 온갖 난리를 칩니다. 나라도 마찬가지입니다. 임금 주변에 있는 간신배들이 사당의 쥐와 같습니다. 그들은 임금의 눈과 귀를 가로막고 백성을 능멸합니다. 그들을 잡아 족치지 않으면 결국 나라를 훼손할 테지만 그렇게 할 수가 없습니다. 늘 임금 뒤에 숨어 비호를 받기 때문입니다. 그러니 나라를 다스릴 때 가장 두려운 것은 이 사당의 쥐들입니다."

동진시대 대장군 왕돈王敦은 황제의 최측근 유외劉隗의 전횡에 불만이 많았다. 그는 부하 사곤謝鯤과 상의했다.

"유외는 온갖 악행을 일삼아 나라에 위해를 끼치는 인물이니 마땅히 제거하여야 할 터인데 무슨 방도가 없겠소?"

사곤이 골똘히 생각하더니 고개를 저으며 말했다.

"불가능합니다. 유외는 분명 처치해야 할 간신배지만 그는 성벽 틈새에 살고 있는 여우와 같은 존재입니다. 여우를 잡자고 성벽을 허물 수는 없지 않습니까? 유외를 잡자면 그를 보호하는 성벽인 황제를 무너뜨려야 할 터인데 그것이 가능하겠습니까?"

이 두 가지 이야기에서 비롯된 성어가 '성벽에 사는 여우와 사당에 사는 쥐'라는 뜻의 성호사서다. 이는 권력의 비호를 받으며 온갖 악행을 일삼는 사람을 일컫는 말이다. 성벽이 높고 두터울수록 깃드는 여우가 많아지듯, 사당이 화려하고 제물이 많을수록 숨어드는 쥐가 많아지듯, 높은 권력 주변에는 권력의 비호를 받으며 자신의 사리만 챙기고 조직에 위해를 끼치는 사람이 많이 있기 마련이다. 그러므로 나라를 경영하고 조직을 관리할 때는 의당 깊이 생각하고 또 생각해서 경계해야 한다.

쥐를 잡으려면 어떻게 해야 할까? 중국에 전해오는 옛날이야기가 하나 있다.

중산국 고양이

조나라에 쥐 때문에 골머리를 앓는 한 집이 있었다. 그 집주인은 중산국으로 가서 고양이 한 마리를 사왔다. 중산국 고양이는 쥐를 잘 잡기로 천하에 이름이 났기 때문이다. 과연 이 고양이는 명성 그대로 보이는 족족 쥐를 잡았다.

그런데 한 가지 문제가 있었다. 이 고양이가 쥐 말고 닭도

무척이나 좋아했던 것이다. 고양이를 들여온 지 한 달이 지나자 그 집에 출몰하던 모든 쥐가 사라진 동시에 집에서 기르던 닭들도 모두 자취를 감추었다. 그 집 아들이 왜 고양이를 내쫓지 않느냐고 항의하자 집주인이 말했다.

"우리 집 문제는 쥐가 많다는 것이지, 닭이 없는 게 아니다. 쥐가 들끓어 양식을 먹어치우고, 옷을 쏠아 못쓰게 만들고, 담에 구멍을 내고, 가구를 다 물어뜯어 식구들이 굶주리고 추위에 떤다면 닭이 없는 것보다 훨씬 고통스러울 것이다. 닭이 없어 닭고기를 먹지 못하는 것이 굶주리고 추위에 떠는 것보다 훨씬 낫다. 그러니 어찌 고양이를 내쫓을 수 있겠느냐?"

어떤 난관을 돌파할 때는 어느 정도 희생과 대가를 각오해야 한다. 눈앞에 보이는 희생이 무서워 우물쭈물하다가는 쥐들 때문에 살림이 다 결딴날 수도 있다. 이것은 '음식을 먹다가 목이 막혀 죽을 뻔했다고 아예 음식을 먹지 않는다'는 뜻의 인열폐식因噎廢食처럼 어리석은 모습이다.

여러분이 애써 쌓아올린 성벽과 사당에 살고 있는 여우와 쥐는 없는가? 이 여우와 쥐를 내쫓기 위해 성벽을 일부 허물거나 사당의 멋진 도료를 벗겨내야 할지도 모른다. 이는 당연히 힘들고 어려운 일이지만 그만두어서도 피해서도 안 된다. 당장은 힘들고 어려워도 멀리 보면 조직 전체에 이익이 되는 일이니 말이다.

찾아보기 ▼

【 **장세기인** 仗勢欺人 】 권세에 기대 사람을 업신여기다. 원나라 왕실보王實甫의 잡극《서상기西廂記》에 "그는 스승과 벗에게 배워 근본에 힘쓰는 군자다. 너는 아비와 형에게 기대고 있으니 참으로 권세에 기대 남을 업신여기는 자로다他學師友, 君子務本. 你倚父兄, 仗勢欺人"라는 표현이 있다. 비슷한 말로 '개가 사람에게 의지해 위세를 부린다'는 뜻의 구장인세狗仗人勢가 있다.

【 **반고결귀** 攀高結貴 】 높고 귀한 사람에게 빌붙다. 반고접귀攀高接貴라고도 한다.《유림외사儒林外史》에 다음과 같은 내용이 있다. "내가 죽은 후 복상을 마치면 너는 급히 결혼을 서둘러라. 반드시 가난한 집 여식을 아내로 맞아야 할 것이니, 절대로 부귀를 탐하여 높고 귀한 집안에 빌붙어서는 안 된다我死之後, 你一滿了服, 就急急的要尋一頭親事, 總要窮人家的兒女, 萬不可貪圖富貴, 攀高結貴."

【 **일열지찬一噎止餐** 】 한 번 목이 막히자 음식 먹기를 그치다. 인열폐식因噎廢食과 같은 뜻이다. 일하는 과정에 약간의 문제가 생길 것을 두려워하여 아예 일을 하지 않는 행위를 비유하는 말이다. 유향의 《설원》에 "한 번 목이 막혔던 적이 있다고 음식을 끊고 먹지 않으며, 한 번 넘어졌다고 발을 싸매고 걷지 않는다一噎之故, 絶穀不食. 一蹶之故, 却足不行"라는 표현이 있다. 《신당서》에도 비슷한 내용이 있다. "옛날 어떤 사람이 음식이 목에 걸려 병이 나자 음식을 끊으려 했으니 음식을 끊으면 몸이 죽는다는 것을 모르는 처사다. 한 나라에서 현자는 사람의 음식과 같다. 사람이 한 번 목이 막혔다고 음식 먹기를 그칠 수 없듯 나라도 현자 한 명이 실수했다고 바른 선비를 멀리해서는 안 된다昔人有以噎得病, 乃欲絶食, 不知食絶而身殞. 賢人於國, 猶食在人, 人不可以一噎而止餐, 國不可以謬一賢而遠正士."

11 남우충수 濫竽充數

가짜 우 연주로 숫자만 채우다

공자의 제자 자장子張이 공자에게 물었다.

"선비가 어떻게 해야 통달한 자라고 할 수 있습니까?"

공자가 자장에게 되물었다.

"네가 말하는 통달이란 무슨 뜻이냐?"

자장이 대답하였다.

"나라에서 일을 보아도 반드시 이름이 나고, 집에 있어도 반드시 이름이 나는 것입니다."

공자가 말했다.

"그것은 명성이지 통달이 아니다. 진정 통달한 자는 정직하고 의를 사랑하며, 남의 말을 깊이 헤아리고 남의 얼굴색을 잘 살피며, 깊은 생각으로 남에게 겸손하게 대한다. 그렇게 하면 나라에서도 집안에서도 반드시 이름이 날 것이다."

이것은 《논어》에 나오는 대화다. 공자는 출세의 조건을 여러 항목으로 나열했는데 이 중에서 '말을 헤아리고 표정을 살핀다'는 찰언관색察言觀色은 예나 지금이나 한 조직을 이끄는 리더가 반드시 갖추어야 할 중요한 덕목이다. 조직이 방대해지면 반드시 가짜가 나타나기 마련이고, 이들을 식별해내지 못하면 조직 운영의 효율은 그만큼 떨어지기 때문이다.

제가 우를 연주하면 감동하지 않는 사람이 없습니다

전국시대 제나라 임금 선왕宣王은 음악을 좋아했는데, 특히 생황과 비슷하게 생긴 옛날 악기 우竽 연주를 좋아했다. 그는 우를 잘 부는 악사 삼백 명으로 악단을 만들어 항상 이 악단의 합주를 즐겼다. 제나라 사람 남곽처사南郭處士는 선왕의 이야기를 듣고 한몫 단단히 잡을 좋은 기회라 여겨 부리나케 선왕을 찾아가 뽐내며 말했다.

"대왕이시여, 제가 우를 연주하면 감동하지 않는 사람이 없습니다. 심지어 새와 짐승조차 펄펄 날고 춤을 추며, 꽃과 나무도 음악에 맞추어 흔들거릴 정도입니다. 제 뛰어난 연주를 대왕께 바치고자 합니다."

선왕은 크게 기뻐하며 곧바로 그를 악단의 단원으로 임명했다. 그렇게 남곽처사는 삼백 명 악단의 일원이 되어 높은 봉록을 받으며 합주에 동참하게 되었다.

사실 남곽처사의 우 연주 실력은 형편없는 수준이었다. 그는 자신의 진짜 실력을 감추기 위해 연주할 때마다 우를 입에 물고 소리는 내지 않은 채 남들이 몸을 흔들면 자신도 흔들고, 남들이 고개를 주억거리면 자신도 주억거렸다. 때로는 마치 무아지경에 빠진 듯한 모습까지 그럴싸하게 연출했다. 겉보기에 그는 우를 아주 잘 부는 것 같았다. 남곽처사는 이렇게 다른 단원들과 임금을 속이면서 힘들지 않게 높은 봉록을 받으며 호사스러운 생활을 누렸다.

그러나 좋은 시절은 오래가지 못했다. 몇 년 뒤 선왕이 죽고 그의 아들 민왕湣王이 왕위에 올랐다. 민왕 역시 우 연주를 좋아했으나 그는 합주를 좋아한 아버지와 달리 독주를 좋아했다. 민왕은 삼백 명 악단 단원에게 한 사람씩 돌아가며 왕 앞에서 연주할 것을 명령했다. 이 소식을 접한 남곽처사는 바로 짐을 싸서 야반도주했다.

《한비자》에 실린 이 유명한 이야기에서 나온 성어가 '가짜 우 연주로 숫자만 채운다'는 뜻의 남우충수다. 이는 아무런 능력도 없는 사람이 마치 전문가인 양 행세하며 남을 속이고 자기 잇속을 챙기는 것을 일컫는 말이다. 진정한 재능과 학문, 이른바 '진재실학' 없이 남에게 기대 살면서도 마치 자신이 진짜 실력자인 것처럼 사기 치는 사람들을 가리킨다.

우리 사회에는 가짜들이 홍수를 이루고 있다. 짝퉁 상품은 말할 것도 없고 날조한 성적표, 가짜 학위, 허위 이력서 등 틈만 보이면 속이려 드는 사람이 많다. 어떻게든 자신의 실제 모습, 실제 능력을 한껏 부풀려 권력과 재물을 얻으려는 사기꾼이 넘쳐나는 것이다. 이런 사기꾼을 잘 구분해 배제하지 않으면 권력은 쉽게 부패하고 재물은 현저하게 낭비될 수밖에 없다.

물고기 눈알과 진주

옛날 만원滿愿이라는 사람이 우연히 진주를 얻었다. 이 진주는 크고 광채가 나는 귀한 것이라 많은 사람이 그를 부러워했다. 그 이웃집에 수량壽量이라는 사람이 살았는데 그는 마을 사람들이 만원을 부러워하는 것을 보고 질투심이 나서 견딜 수가 없었다. 그래서 자신도 어떻게 해서든 진주를 손에 넣고야 말겠다고 작심했다.

어느 날 수량은 길을 가다가 커다란 물고기 눈알을 하나 발견했다. 그런데 늘 진주를 갖고 싶어 했던 수량의 눈에는 그

물고기 눈알이 영롱한 진주로 보였다. 그는 그것을 주워가지고 집으로 돌아와 사람들에게 자신도 진주를 얻었다고 한껏 자랑했다. 사람들은 모두 진짜 진주로 알고 수량의 행운을 부러워했다. 수량은 물고기 눈알을 정성껏 싸서 장롱 깊숙이 보관해두었다.

한참 후 그 마을에 어떤 사람이 병이 났는데 좋은 진주를 갈아서 약재와 함께 먹으면 낫는다는 처방을 받았다. 그 사람이 비싼 값으로 진주를 구한다는 말을 들은 만원은 자신의 진주를 가지고 나왔고 수량도 자신의 물고기 눈알을 들고 나왔다. 그런데 둘을 나란히 놓고 비교해보니 만원의 것은 눈이 부실 정도로 영롱한 빛을 발하는 데 반해 수량의 물고기 눈알은 비록 크기는 진주만 하고 둥근 형태였지만 색깔이 칙칙하고 아무런 빛도 나지 않았다. 둘을 나란히 놓으니 비로소 진짜와 가짜가 판명이 난 것이다. 수량은 사람들의 웃음거리가 되었다.

《참동계參同契》에 실려 있는 이 이야기에서 나온 성어가 '물고기 눈알을 진주라고 속인다'는 뜻의 어목혼주魚目混珠다. 이른바 짝퉁을 가지고 명품인 양 속이는 것을 빗댄 말이다.

사회가 복잡해질수록, 조직이 방대해질수록 어중이떠중이도 늘어나게 마련이다. 그들은 시대가 원하고 조직이 바라는 진짜 실력을 갖추기 위해 노력하지 않고 그저 시늉만 내면서 남들의 땀과 노력에 기대 손쉽게 그 열매를 누리려 한다. 이런 부류들이 많아지면 사회나 조직이 정상적으로 성장하기 어렵다. 철저한 검증으로 물고기 눈알이 진주 행세를 하지 못하도록, 남곽처사 같은 사기꾼이 득세하지 않도록 자세히 살피고 또 살펴야 한다. 공자가 통달한 자의 조건으로 제시한 찰언관색은 오늘날처럼 복잡한 세상을 살아가는 리더에게 더욱 요구되는 능력이다.

찾아보기 ▼

【 **명불부실** 名不副實 】 이름이 실질과 부합하지 않다. 예형禰衡의 〈앵무부鸚鵡賦〉에 "이름과 실질이 서로 부합하지 않음을 두려워하고, 재능이 뛰어나지 않음을 부끄러워한다懼名實之不副, 耻才能之無奇"는 표현이 있다.

【 **기세도명** 欺世盜名 】 세상을 속이고 이름을 도둑질하다. 《순자荀子》에 다음과 같은 글이 있다. "부귀한 자들은 인륜적으로 깔보고 빈천한 자들에게 영합하려 하는 것은 어진 사람의 성정이 아

니요 간사한 사람이 난세에 이름을 도둑질하는 것이니, 그 위험이 지극히 크다夫富貴者則類傲之, 夫貧賤者則求柔之, 是非仁人之情也, 是奸人將以盜名于暗世者也, 險莫大焉."

【 **자색와성紫色蛙聲** 】 자주색과 음란한 음악. 가짜가 진짜 행세를 한다는 뜻이다. 옛날에는 빨간색인 주색朱色을 정색으로 보았고 자주색은 '가짜 빨간색'으로 여겼다. 와蛙는 음란하다는 뜻으로 쓰였는데 와성蛙聲은 비정통적인 음악을 가리킨다. 《한서》에 "자색과 와성은 이른바 거짓으로 참을 어지럽히는 것이다紫色蛙聲, 謂以僞亂眞"라는 표현이 있다.

12

제인교처

齊人驕妻

제나라 사람이 부인에게 우쭐대다

공자가 자신의 실수를 고백한 적이 있다.

"나는 말만 듣고 사람을 평가했다가 재여에게 실수했고, 모습만 보고 사람을 평가했다가 자우에게 실수했다吾以言取人, 失之宰予, 以貌取人, 失之子羽."

재여는 언변이 뛰어난 제자였으나 훗날 공자를 크게 실망시켰다. 자우는 인물이 정말 못나서 공자조차 그에게 아무런 기대를 하지 않았는데 나중에 크게 학문을 이루어 많은 제자를 배출한 걸출한 인물이다.

천하의 성인인 공자조차 언변과 겉모습에 가려 사람을 잘못 평가하는 실수를 했다고 하니 보통사람인 우리는 어떻겠는가? 공자는 결론적으로 이렇게 말했다.

"뛰어난 언변과 그럴듯한 모습에는 어짐이 적다巧言令色, 鮮矣仁."

안자의 마부

중국 역사에서 훌륭한 명재상으로 꼽히는 제나라 안자는 춘추시대 후기에 활약한 유명한 정치가이자 사상가이며 외교가다. 그는 매우 지혜로웠고 언변이 탁월했으며 특히 임기응변에 뛰어났다. 삼조三朝에 걸쳐 육십 년이라는 긴 세월 동안 재상을 지내며 제나라를 부강하게 만든 까닭에 그의 영예로운 이름이 천하에 알려졌다.

그는 늘 겸손하게 아랫사람을 대하고 검소하게 생활해 백성의 존경을 한 몸에 받았다. 그런데 이 안자는 키가 유난히 작고 생긴 것도 못났다고 한다. 많은 제후와 귀족이 그의 작은 키와 못생긴 외모를 얕잡아보다가 큰코다친 일이 많았다.

안자에게는 팔 척 장신에 잘생긴 외모의 마부가 있었다. 마부는 일국의 재상이요 천하의 명망가인 안자를 모신다는 사실에 늘 자부심이 넘쳤다. 어느 날 안자가 외출을 하려고 수레를 준비하라 명했다. 마부는 서둘러 준비해서 밖으로 나갔는데, 마침 마부의 아내가 따라왔다가 유명한 안자의 모습이 어떤가 보고 싶어 문틈으로 몰래 쳐다보았다. 그녀의 눈에 들어

온 안자의 모습은 특별할 것 하나 없이 그저 평범하기 그지없는 키 작은 노인네였다. 뭔가를 골똘하게 생각하는 듯하다가도 사람들을 만나면 친절하고 겸손하게 미소를 지으며 안부를 묻는 것이 그저 맘씨 좋은 이웃 할아버지 같았다.

그때 자신의 남편인 마부의 모습이 눈에 들어왔다. 마부는 안자의 모습과는 사뭇 달랐다. 의기양양 뽐내며 거들먹거리는 것이 마치 자신이 재상이라도 되는 듯했다. 그날 저녁 일을 마치고 돌아온 마부에게 그의 아내가 이혼을 요구했다. 깜짝 놀란 마부가 이유를 물었다.

"안자는 키가 다섯 척에 불과하지만 일국의 재상이요 명성이 천하에 혁혁합니다. 그런데도 그가 외출하는 모습을 보니 항상 겸손한 모습이었습니다. 당신은 어떻습니까? 키가 여덟 척 장신에 준수한 용모를 갖췄습니다. 하지만 아무리 그래봤자 그저 안자의 수레를 모는 마부일 뿐입니다. 그러면서도 당신은 그 일이 만족스럽다는 듯 우쭐거리며 득의양양한 모습이었습니다. 이것이 내가 이혼을 요구하는 이유입니다."

이 일이 있고 나서 마부의 태도가 달라졌다. 그는 매사를 신중하게 처리했고 사람들을 겸손하게 대했다. 안자는 그의 태도가 이전과 많이 달라진 것을 보고 그 이유를 물었다. 마부는 안자에게 아내의 이야기를 들려주었고 자초지종을 들은 안자는 그를 조정에 추천했다. 마침내 마부는 대부의 신분에 오르게 되었다.

안자복어晏子僕御, 즉 안자의 마부라는 고사로 잘 알려진 이 이야기는 '벼는 익을수록 고개를 숙인다'는 일상적인 교훈을 떠올리게 한다. 고개를 빳빳이 쳐든 것일수록 익지도 않고 여물지도 않은 가짜일 가능성이 높다는 얘기다. 이러한 교훈에도 불구하고 우리는 종종 겉으로 드러나는 화려한 포장에 속아 넘어간다. 화려한 언술과 근사한 행동거지로 저열한 본래 모습을 숨기고 세상을 속여 명예를 훔치는 사람도 그만큼 많다. 《맹자》에 나오는 재미있는 이야기 하나를 소개한다.

처첩이 부끄러워하지 않을 자가 몇이나 되랴

제나라에 처첩을 거느리고 거드름을 피우며 사는 사람이 있었다. 이 사람이 외출할 적마다 얼큰하게 술에 취해 돌아오자 그의 아내가 물었다.

"오늘은 어떤 사람들과 술을 마셨습니까?"

이 사람이 뽐내면서 말했다.

"모두 돈도 많고 권세도 혁혁한 권문세족일세."

얼마 후 아내가 어린 첩을 불러놓고 말했다.

"남편이 매번 외출할 때마다 권문세족과 어울린다 했는데,

자네도 알다시피 지금껏 우리 집에 신분 높은 사람이 한 번이라도 찾아온 적이 있었는가. 아무래도 이상하니 내가 몰래 따라가봐야겠네."

다음 날 이른 아침 아내는 집을 나서는 남편의 뒤를 몰래 따라갔다. 아내가 뒤따르는 것도 모른 채 남편은 하루 종일 성내를 이리저리 쏘다녔는데, 이상하게도 누구 하나 그에게 말을 거는 사람이 없었다. 그렇게 한참을 쏘다니던 남편은 식사때가 가까워지자 갑자기 성 동쪽에 있는 공동묘지로 갔다. 그리고는 무덤 사이를 다니며 제사를 지내는 사람들에게 먹을 것을 구걸하여 배를 채우는 것이었다. 한 곳에서 배를 채우지 못하면 다시 다른 곳에 들러 식은 밥과 남은 술을 구걸했다. 이런 남편의 모습을 본 아내는 기가 막혔다. 그녀는 집으로 돌아와 첩을 붙들고 통곡하며 말했다.

"우리가 평생 의지해야 할 남편이라는 작자가 이 모양이니 앞으로 우리는 누굴 믿고 산단 말이오!"

남편의 실상을 들은 어린 첩도 아내와 함께 남편을 욕하며 통곡했다. 그날 저녁 남편은 아무것도 모른 채 여전히 의기양양한 표정과 거들먹거리는 모습으로 돌아와 오늘도 부자와 귀족에게 잘 내접받았노라고 허풍을 쳤다고 한다. 이 이야기 말미에 맹자는 이런 말을 덧붙였다.

"지금 세상에 부귀와 영달을 구하는 자들 중 그의 처첩이 부끄러워하지 않고 눈물을 흘리지 않을 자가 몇이나 되랴!"

'무덤 사이에서 남은 음식을 구걸하다'는 뜻의 성어 번간걸여墦間乞餘 혹은 '제나라 사람이 부인에게 우쭐대다'라는 뜻의 성어 제인교처로 전해지는 이 이야기는 무능하고 열등한 본모습을 그럴듯한 겉모습으로 포장하여 세상을 속이는 무리, 아무런 부끄러움도 모른 채 허장성세를 일삼는 무리를 풍자한다.

맹자의 시대로부터 천 년이 두 번도 훨씬 지난 지금까지도 허풍쟁이 제나라 사람은 여전히 도처에서 활개치고 있다. 그들의 교활한 언사와 행동에 현혹되어 잘 살피지 못하면 우리 역시 속아서 낭패를 보기 십상이다. 그러니 화려한 겉모습에 현혹되지 말고 진실을 볼 줄 아는 지혜로운 리더가 되어야 한다.

찾아보기 ▼

【 **만초손, 겸수익**滿招損, 謙受益 】 자만하면 손해를 부르고 겸손하면 이익을 얻는다. 《서경》에 "자만하면 손해를 보고 겸손하면 이익을 얻는 것은 바로 하늘의 도이다滿招損, 謙受益, 時乃天道"라는 말

에서 비롯되었다. 송나라 진사도陳師道의 《의어시무거책擬御試武擧策》에도 이와 관련된 글이 있다. "군자는 남을 이기고자 할 때 힘으로 하지 않고 교화한다. 교화하면 진실로 복종한다. 그래서 '자만하면 손해를 부르고 겸손하면 이익을 얻는다'고 한 것이다君子勝人不以力, 有化存焉, 化者, 誠服之也. 故曰, 滿招損, 謙受益."

【 **망자존대妄自尊大** 】 망령되이 스스로를 대단하다고 여기다. 《후한서》에 마원馬援이 외효隗囂에게 이르기를 "(공손술公孫述은) 우물 안 개구리일 뿐입니다. 망령되이 스스로를 대단하다 여기고 있으니 우리는 동쪽을(낙양의 광무제를) 찾는 것이 좋겠습니다子陽井底蛙耳, 而妄自尊大, 不如專意東方"라고 했다.

【 **일겸사익一謙四益** 】 한 번 겸손하면 네 가지 이익을 얻는다. 겸손하면 도처에서 좋은 일이 많이 생긴다는 뜻으로 《주역》에 관련된 내용이 있다. "하늘의 도는 가득 채운 자에게서 덜어내어 겸손한 자에게 더하고, 땅의 도는 가득 찬 것을 바꾸어 겸손한 곳으로 흐르게 하며, 귀신은 가득 채운 자를 해치고 겸손한 자에게 복을 주고, 사람의 도는 가득 찬 것을 싫어하며 겸손한 자를 좋아한다天道虧盈而益謙, 地道變盈而流謙, 鬼神害盈而福謙, 人道惡盈而好謙."

【 **겸겸군자** 謙謙君子 】 남에게는 겸허하고 자신에게는 엄격한 인품이 고상한 사람을 가리킨다. 《주역》에 "겸겸군자는 낮춤으로써 자신을 기른다 謙謙君子, 卑以自牧也"라는 말이 있다.

13

구맹주산
狗猛酒酸

개가 사나워 술이 시어지도록 팔리지 않다

"어진 사람이 높은 지위에 있고, 능력 있는 자가 직무를 맡으면 국가가 안정된다賢者在位, 能者在職, 國家閑暇."

맹자가 제시한 부국강병책에 나오는 구절이다. 기업도 마찬가지다. 직원들이 맘껏 능력을 발휘하게 하려면 반드시 고위 임직원들이 '현자'여야 한다. 개개인이 능력을 발휘하도록 배려하고 감싸주는 어진 임직원이 있어야 비로소 기업이 성장하고 성공할 수 있다. 수많은 경쟁자를 뿌리치고 온갖 어려운 관문을 통과해 입사한 우수한 젊은 직원들이 그 화려한 능력을 펼칠 기회를 얻지 못하면 조직의 미래는 암울할 수밖에 없다. 그런데 왜 종종 그런 일이 발생하는가.

사나운 술집 개

춘추전국시대 송나라에 장씨 성을 가진 사람이 술을 만들어 팔았다. 그가 빚은 술은 아주 향기롭고 맛이 있었다. 장씨는 정직해서 값을 더 받거나 양을 줄이지 않았고 인심도 후했으므로 주변 평판이 좋은 편이었다. 술집 앞에 내건 간판도 화려했고 높이 달린 술집 깃발도 근사했다. 그런데 희한하게도 술이 잘 팔리지 않았다. 잔뜩 빚어놓은 술은 시간이 지나면서 모두 변해 시금털털한 초가 되어버렸다. 장씨는 아무리 생각해도 이해가 가지 않아 끙끙 앓다가 평소 존경하는 현자 양천楊倩을 찾아가 사정을 말했다. 그러자 양천이 뜬금없이 물었다.

"당신 집에 개를 기르고 있습니까?"

장씨가 말했다.

"예. 집을 지키는 개가 한 마리 있습니다."

양천이 또 물었다.

"그 개가 아주 사납지요?"

"예, 사납습니다. 한데 개가 사나운 것과 술장사가 안 되는 것이 무슨 상관이 있습니까?"

양천이 말했다.

"상관이 있지요. 개가 무서워서 사람들이 당신 집에 오지 않는 겁니다. 사람들은 보통 어린아이들을 보내 술을 사오게 합니다. 술병을 들고 찾아온 아이를 누가 제일 먼저 맞습니까? 사납게 으르렁대는 개입니다. 겁이 난 아이는 술집 안으로 들어올 생각도 못하고 다른 술집으로 발길을 돌려버립니다. 그러니 당신이 빚은 술이 아무리 향기롭고 맛있어도 팔리지 않았던 겁니다."

《한비자》에 나오는 이 이야기 말미에 한비자는 다음과 같이 교훈을 덧붙이고 있다.

> 무릇 나라에도 개가 있다. 재능 있는 선비가 훌륭한 책략으로 군왕을 돕고자 하나 그 나라의 대신들이 사나운 개가 되어 이 선비에게 달려들어 물어뜯는다. 이 때문에 군왕은 뜻을 펼치지 못하고 재능 있는 선비는 쓰이지 못한다.

이것이 '개가 사나워 술이 시어지도록 팔리지 않는다'는 뜻의 성어 구맹주산이 나온 배경이다. 간신배들이 국정을 농단하여 재능 있는 현자들의 등용을 막고 있음을 풍자한 이야기다. 리더에게 아무리 원대한 목표와 화려한 꿈이 있어도 그것을 실현할 재능 있는 인재를 얻지 못하면 그 꿈은 모두 한바탕 백일몽으로 끝나고 만다. 시금털털한 초로 변해버린 술처럼 리더의 높은 이상이 모두 쓸모없는 과거형으로 전락한다는 말이다.

리더가 이상을 펼칠 수 없게 하는 '사나운 개'는 여러 형태로 존재한다. 리더 주변의 측근일 수도 있고, 조직의 폐쇄적 운영 방식일 수도 있다. 어쩌면 근본적으로 리더 자신이 사나운 개일지도 모른다. 리더의 독단적 기질이나 성격이 꿈의 실현을 가로막는 장애물일 수도 있는 것이다. 이 사나운 개를 어떻게 해야 할까? 잘 훈련시켜 '온화한 개'로 만들면 되지 않을까?

온화함이 재물을 부른다

중국인이 자주 쓰는 말 중에 화기생재和氣生財라는 것이 있다. '온화함이 재물을 부른다'는 뜻의 이 성어는 부드러운 말과 온화한 성품의 소유자가 결국 돈을 번다는 의미다. 딱딱하고 경직된 분위기보다 부드럽고 화기애애한 분위기에서 창의성과 생산성이 높아지는 것은 당연한 일이 아니겠는가. 이 온화한 리더십을 말할 때 흔히 인용하는 성어가 평이근인平易近人이다. 이것은 사마천司馬遷이 쓴 《사기》에 나오는 주공周公 이야기에서 비롯되었다.

주나라가 은나라를 멸망시키고 천하를 차지한 뒤 주나라 무왕武王은 큰 공을 세운 주공과 강태공姜太公을 각각 노나라와 제나라 제후로 임명했다. 두 나라 모두 지금의 산동성에 속하여 서로 이웃하고 있었다. 그런데 무왕이 갑작스럽게 죽자, 주공은 어린 성왕成王을 보필하느라 봉지封地인 노나라로 가지 못하고 아들 백금伯禽을 대신 보냈다. 백금은 노나라로 가서 국정을 수행한 지 삼 년이 되어서야 비로소 주공에게 노나라에서 시행한 각종 조치를 보고했다. 백금이 말했다.

"이곳 백성의 습속을 고치고 군신 간의 예법을 혁신하느라 삼 년이라는 긴 시간이 걸렸습니다."

이 이야기를 들은 주공이 백금에게 말했다.

"이전에 강태공이 제나라 제후에 임명되었는데, 임명된 지 불과 다섯 달 만에 제나라 국정을 혁신하고 그 결과를 내게 보고했다. 어떻게 그토록 짧은 시간 내에 그 복잡한 일을 다 마쳤느냐고 물었더니 강태공이 이렇게 말했다. '우선 군신 간의 복잡한 예법을 간소화했습니다. 그리고 모든 법령과 제도를 그곳 백성의 풍속을 따라 간결하게 만들었습니다. 그랬더니 이렇게 빨리 결과를 얻을 수 있었습니다.'"

주공이 탄식하며 말을 이었다.

"제도와 법령을 간소화하지 않으면 백성은 그 조정과 멀어지고 만다. 조정이 백성과 멀어지면 백성의 마음을 살 수 없다. 틀림없이 노나라는 훗날 제나라의 신하가 될 것이다."

이 이야기에서 나온 성어가 '평이하게 간소화하여 백성에게 가까이 나아간다'는 뜻의 평이근민이다. 이것이 당태종 이세민의 이름을 피하기 위해 민民 자 대신 인人으로 바뀌어 '평이근인'이 된 것이다. 이는 복잡한 제도와 법령을 간소화해 백성이 제도나 법령에 따른 수혜의 온기를 바로 느끼도록 만드는 것을 가리킨다. 또한 리더가 높은 지위를 내세워 교만하지 않고 온화한 말과 성품으로 아랫사람들과 잘 어울리는 것을 이르는 말이기도 하다.

리더로서 원대한 꿈을 품고 있는가? 그 꿈으로 가는 길목에 사나운 개, 즉 폐쇄적이고 독단적인 리더십이 있는지 돌아보자. 그리고 개방적이고 온화한 리더십으로 사람의 마음을 얻어 마침내 꿈을 이루는 리더가 되기 바란다.

찾아보기 ▼

【 **화안열색和顔悅色** 】 온화하고 기쁜 얼굴빛을 하다.《논어》에 "자하가 효를 물으니 공자께서 '색난'이라고 말씀하셨다子夏問孝, 子曰, 色難"는 기록이 있다. 한나라 정현鄭玄은 주석에서 이를 "온화

하고 기쁜 얼굴빛을 갖추기가 어려움을 말씀하신 것이다言和顔說色爲難也"라고 기록했다. 온화하고 친밀하다는 뜻의 화애가친和藹可親도 같은 의미로 쓰인다.

【 **질언려색**疾言厲色 】 말이 빨라지고 굳은 표정을 짓다. 남에게 화를 내며 비난할 때의 모습을 형용한 말이다. 질언거색疾言遽色으로 쓰기도 한다. 《후한서》에 "비록 황망한 상황일지라도 한 번도 말이 빨라지거나 굳은 표정을 한 적이 없었다雖在倉卒, 未嘗疾言遽色"는 기록이 있다.

14

시위소찬
尸位素餐

아무 일도 하지 않고 공짜로 밥을 먹다

중국의 유구한 정치 역사에 등장하는 수많은 재상 중에는 재밌는 별명을 지닌 사람들이 있다. 당현종 개원 연간에 재상을 맡은 노회신盧懷愼은 청렴하고 인품이 좋다는 평은 받았지만 아무런 일도 하지 않는 전형적인 무위도식無爲徒食 재상이었다. 재임 기간 동안 그는 모든 일을 다른 재상인 요숭姚崇에게 맡기고 그가 하자는 대로만 했다. 사람들은 그에게 '식사만 함께하는 재상'이라는 뜻의 반식재상伴食宰相이라는 별명을 붙였다. 노회신은 3년이나 아무 일도 하지 않고 빈둥거리며 재상 자리에 앉아 있었다.

북송의 재상 왕규王珪는 16년이라는 긴 세월 동안 재상을 지냈다. 그동안 그가 한 일이라고는 황제의 뜻을 아랫사람들에게 전달하는 것뿐이었다. 그는 매번 공문서를 들고 황제를 알현할 때마다 무릎을 꿇고 큰 소리로 "성지聖旨(임금의 칙령)를 내려주십시오" 하고, 황제가 비준한 후에는 무릎을 꿇고 "성지를 받들겠습니다"라고 외쳤다. 그리고 밖에 나가 사람들을 만나면 "성지를 따르시오"라고 주문했다. 사사건건 임금의 뜻에 따라 행동한 그에게는 성지를 세 번 외치는 재상이란 뜻으로 삼지재상三旨宰相이란 별명이 붙었다.

밥만 축내는 관리들

반식재상이나 삼지재상같이 높은 지위를 차지하고도 그 지위가 요구하는 직무에는 태만한 관리를 일컫는 말이 시위소찬이다. '시위'는 본래 제사할 때 조상신을 대신하여 아무 일도 하지 않고 자리에 앉아 사람들의 절을 받는 사람을 가리키는 말이다. 이것이 자리만 지키고 앉아 무위도식하는 관리들을 가리키는 말로 의미가 확장된 셈이다. '소찬'은 공짜로 밥을 먹는다는 뜻이다. 결국 시위소찬은 자리만 차지하고 하는 일도 없이 봉록을 받아 누린다는 의미다.

사실 시위소찬은 한나라 때 주운朱雲이라는 인물의 이야기로 인해 세간에 알려졌다. 《한서》〈주운전〉에 다음과 같은 이야기가 전한다.

한나라 성제成帝가 다스리던 시절 산동 지역에 주운이라는 사람이 있었다. 몸집이 크고 용력이 출중한 그는 싸움에 능하고 의협심이 강한 사람이었다. 그는 마흔이 넘어서야 글을 배우기로 작정해 스승을 찾아《역경》과《논어》를 열심히 익혔고 학문에 정진해 마침내 박사가 되었다.

성제는 황제에 즉위한 후 황태자 시절 스승으로 모신 학자 장우張禹를 재상으로 삼았다. 장우는 교양이 깊고 학문은 높았으나 관리로서의 재능은 부족한 사람이었다. 단지 황제의 총애를 입어 일인지하 만인지상의 재상에 올랐을 뿐이다. 그는 재상이 되었어도 나라의 경영에 일체 관여하려 하지 않았다. 외척 세력인 왕씨 일가의 농단으로 조정에 큰 위기가 닥쳐도 장우는 치국을 위해 어떤 계책도 황제에게 제안한 적이 없었다. 뜻있는 관리들은 삼삼오오 모여 나라를 걱정하고 재상을 비난하였으나 어느 누구도 황제의 총애를 받는 장우를 공격할 용기를 내지 못했다.

그때 주운이 황제에게 상소문을 올려 뵙기를 청하자 황제가 그를 불러 대소신료가 가득한 조정에서 말할 기회를 주었다. 주운의 격앙된 목소리가 조정을 쩌렁쩌렁 울렸다.

"지금 조정 대신들은 위로는 황제의 과실을 바로잡지 못하고 아래로는 백성의 질고를 구하지 못하고 있으니 모두가 자리만 차지하고 밥만 축내는 자들입니다. 바로 공자가 말한 비루하고 천박한 자들일 뿐 근본적으로 국가 대사를 관리할 능력이 없사옵니다. 오직 자신의 지위를 지키기 위해서만 움직일 자들입니다!"

주운의 목소리가 갈수록 격앙되고 숨이 거칠어지더니 마침내 이렇게 말했다.

"폐하, 제게 폐하의 상방 보검을 내려주십시오. 제가 그 칼로 한 사람의 목을 베어 다른 이들이 경계를 삼도록 하겠습니다!"

황제가 깜짝 놀라 물었다.

"자네가 죽이겠다는 사람이 누군가?"

주운이 엄한 목소리로 외쳤다.

"바로 재상 장우입니다!"

황제가 대로하여 용상을 내리치며 벌떡 일어나 소리쳤다.

"이런 미친놈이 있나. 일개 미관말직 관리가 조정의 재상이자 내 스승을 이토록 모욕할 수 있는가! 여봐라, 당장 끌어내 목을 쳐라!"

시위 병사들이 주운을 끌어내려 하자 주운은 전각의 난간을 붙잡고 버티며 소리쳤다.

"제가 오늘 죽게 되면 충언을 올리다 숙임을 당한 은나라 비간比干 같은 충신이 되지만, 폐하께서는 비간을 죽인 은나라

폐주 주紂 임금이 되는 것을 모르십니까?"

주운의 완력이 워낙 강하다 보니 그가 붙잡고 있는 난간이 모두 부러져버렸다. 그가 발버둥치며 끌려 나가자 좌장군을 맡고 있던 신경기辛慶忌가 투구를 벗고 엎드려 땅에 머리를 치며 큰 소리로 외쳤다.

"폐하, 주운의 말이 거칠고 방자하나 이 역시 나라와 폐하를 위해 직언한 것입니다. 그의 말이 사실이라면 더욱 죽여서는 안 되고, 만일 사실이 아니라면 경계로 삼으면 되지 않겠습니까. 그를 죽이는 것은 언로를 막는 일이니 절대로 안 됩니다!"

피범벅이 되어 간청하는 신경기의 모습에 결국 황제가 주운을 용서해주면서 파란은 일단락되었다. 얼마 후 신하들이 부서진 전각의 난간을 수리할 것을 요청하자 황제가 말했다.

"부서진 그대로 두어라. 이것으로 기념을 삼아 앞으로 직언하는 충신들의 말에 더욱 귀를 기울일 것이다."

이 주운의 이야기에서 나온 성어가 바로 '자리만 지키며 공짜로 밥을 먹는다'는 뜻의 시위소찬이다. 주운으로부터 격한 비난을 받은 장우는 끝까지 자신의 소임을 외면한 채 외척 왕씨 일족의 전횡을 눈감아주었다. 이후 왕망이 황위를 찬탈하여 전한의 왕조가 멸망하니, 시위소찬의 재상 장우가 한나라 멸망에 일조했다고 볼 수 있다.

《시경》에 다음과 같은 시가 나온다.

쩡쩡 박달나무를 베어 황하 물가에 놓아둔다네.
황하의 물결은 얼마나 맑고 잔잔하지
농사도 짓지 않으면서 어찌 삼백 전이나 되는 곡식을 가져
가는가.
사냥도 하지 않으면서 어찌 뜰에 담비가죽이 널려 있는가.
저 벼슬하는 사람이여
일하지도 않고 먹어서야 되겠는가.

예나 지금이나 사회에서든 조직에서든 빈둥거리며 자신의 소임을 다하지 않는 시위소찬 무리가 문제다. 조직을 위한 어렵고 힘든 일에는 나서지 않고 오직 권력자의 눈치나 보면서 명철보신만 지고의 목표로 삼는 시위소찬 무리가 득세하지 않도록 관리하고 경계하는 것이 바로 리더가 해야 할 일이다.

찾아보기 ▼

【 **좌향기성** 坐享其成 】 앉아서 성과를 누리다. 자신은 노력하지 않

고 남들이 이루어놓은 성과만 누린다는 말이다. 같은 말로 '일은 하지 않고 얻기만 한다'는 뜻의 불로이획不勞而獲이 있다. 청나라 섭정관葉廷琯의《구피어화鷗陂漁話》에 "남에게는 일을 시키면서 자신은 앉아 그 성과만 누리려 하면 필히 공무를 그르칠 것이다欲使他人干事, 彼坐享其成, 必誤公事"라는 기록이 있다.

【 **무공수록無功受祿** 】 공도 없이 봉록만 받다. 일하지 않고 보수만 받는 시위소찬과 같은 말이다.《시경》에 "벼슬에 있는 자들이 탐욕스럽고 비루하여 아무런 공도 없이 봉록만 누리고 있으니 군자가 벼슬길로 나갈 수가 없다在位貪鄙, 無功而受祿, 君子不得進仕爾"는 표현이 있다.

【 **자식기력自食其力** 】 스스로의 힘으로 먹고살다. 자신의 능력에 의지하여 생활한다는 뜻이다.《진호집설陳浩集說》에 "'식력'은 그 자신의 힘으로 먹고사는 사람이다食力, 自食其力之人"라는 기록이 있다. 명나라 이창기李昌祺의《전등여화剪燈餘話》에는 "가난하여 스스로의 힘으로 먹고살았으니 전원에 은거하면서 학업 전수를 업으로 삼고 의가 아니면 행하지 않았으므로 사람들이 존경하며 어려워하였다居貧, 自食其力, 隱田里間, 以教授爲業, 非義不爲, 人敬憚之"는 기록이 있다.

15

방모두단
房謀杜斷

방현령의 꾀와 두여회의 결단

공자와 자로 이야기

어느 날 공자가 자신의 애제자 안회顏回에게 말했다.

"써주면 나가서 힘써 행하고, 써주지 않으면 물러나 숨어버리는 일은 오직 너와 나만 할 수 있을 것이다."

벼슬의 유무에 집착하지 않고 도를 즐기는 안회가 이미 스승의 경지에 도달했다고 칭찬하는 말이다. 이 말을 곁에 있던 또 다른 제자 자로子路가 들었다. 자로는 자신도 스승에게 인정을 받고 싶었던지 이렇게 물었다.

"만일 스승님께서 삼군三軍을 이끈다면 누구와 함께하시겠습니까?"

스스로 누구보다 용기가 있다고 자부한 자로는 덕망이나 학문 쪽은 아니어도 군대를 이끄는 재주라면 자신이 스승에게 인정받을 만하다고 여긴 것이다. 그런데 공자의 대답은 자로의 기대와는 사뭇 달랐다.

"맨손으로 호랑이에게 덤벼들고 맨몸으로 황하를 건너다가 혹여 죽는다 해도 후회할 줄 모르는 그런 사람과는 함께하지 않을 생각이다. 반드시 일에 임하여 두려워하며 꾀를 잘 써서 공을 이루는 사람과 함께하고 싶다."

매사에 신중하게 생각하지 않고 행동이 앞서는 자로를 깨우쳐준 말이다. 사람의 목숨이 오가는 전쟁을 수행할 때 용맹함 하나에만 의지해서는 승리할 수 없으며 반드시 신중한 전략이 필요하다는 얘기다.

비록 공자는 군대의 일에 비유했지만 정치와 경제를 비롯해 살아가는 모든 일이 죽고 사는 전쟁터와 별반 다를 바 없는 우리 현실에서는 호모好謀, 즉 '꾀를 좋아하는 자', '전략을 잘 활용하는 자'가 되어야 비로소 성공할 수 있다.

일에 임하여 두려워한다는 뜻의 임사이구臨事而懼는 어떤 일이든 쉽게 생각해서는 안 되며, 자신의 용기와 경험에만 의존해 함부로 나서면 안 된다는 교훈을 준다. 그 일에 걸맞은 다양한 전략을 구사해야 비로소 성공할 수 있는 법이다. 호모,

즉 꾀를 좋아하는 것은 일의 성공에 필수불가결한 요소다.

원소의 실패

역사 속에는 공자가 말한 호모의 자질을 갖추고도 실패한 사례가 있다. 그 대표적인 인물 중 하나가《삼국지》의 영웅 원소다. 이 이야기는 조조 수하에서 뛰어난 참모 역할을 한 곽가郭嘉로부터 시작된다.

곽가는 어려서부터 멀리 내다볼 줄 아는 재능을 보였다. 천하가 곧 크게 어지러워질 것이라 판단한 곽가는 20세가 되자 천하를 누비며 영웅호걸들과 적극 교유하기 시작했다.

21세 때 그는 당시 황하 이북의 광활한 영토를 지배하고 있던 원소를 찾아갔다. 그 무렵 원소는 천하 통일의 큰 포부를 품고 인재를 모으고 있었다. 얼마 동안 원소 곁에 머물던 곽가는 원소가 당초에 기대한 인물이 아니라는 것을 간파했다. 곽가는 새로운 영웅을 찾기로 마음먹고 원소 곁을 떠나면서 참모들에게 이런 말을 남겼다.

"지혜로운 모사는 훌륭한 주군을 선택해 섬기는 법입니다. 그래야 비로소 이루는 바가 있기 때문입니다. 지금 원소는 옛날 주공이 몸을 낮추어 어진 선비들을 예우한 모습을 흉내 내며 천하의 인재를 대우하는 듯하나 근본적으로 사람을 쓰는 법을 알지 못합니다. 그는 성품이 우유부단해 꾀를 쓰는 것을 좋아하면서도 결단력이 없습니다. 이런 사람과 함께 어려움을 딛고 천하를 구해 제왕의 패업을 이루기란 실로 어렵습니다."

원소 곁을 떠난 곽가는 자신을 불러줄 훌륭한 주군이 나타날 때까지 천하의 판도를 살피며 조용히 살아갔다. 그리고 6년이 흘러 26세가 되던 해 그는 조조의 부름을 받았다. 곽가를 만나 함께 이야기를 나눈 조조는 크게 기뻐하면서 말했다.

"장차 내가 대업을 이루도록 만들 사람은 바로 이 곽가임에 틀림없다!"

곽가 또한 마치 물고기가 물을 얻은 듯 기뻐하며 주위 사람들에게 말하였다.

"조공이야말로 내가 그토록 찾던 훌륭한 주군이다!"

이후 곽가는 조조의 참모로서 수많은 전투에 참여해 훌륭한 계책으로 큰 성공을 거두었다. 곽가가 조조의 참모가 된 지 약 3년이 지난 199년 《삼국지》의 3대 전투 중 하나인 관도官渡 대전이 일어났다. 원소의 정병 10만과 조조의 군대 2만이 하남 관도에서 맞붙은 전투이다. 객관적 전력은 원소가 훨씬 앞섰지만 이들은 다양한 전술을 적시에 활용하는 조조의 군대에 속수무책으로 당하여 전군이 궤멸할 지경에 이르렀다.

관도 대전에서 원소의 군대가 패배한 원인 중 가장 빈번하게 거론되는 것이 원소의 호모무결好謀無決이다. 곽가가 지적했듯 원소는 꾀를 쓰는 것을 좋아하면서도 결단력이 없는 것이 결정적 하자였다. 1년 4개월 동안 지속된 관도 전투 중에도 좋은 기회가 많이 있었지만 원소의 호모무결 때문에 다 날아가버렸다.

방현령의 모략과 두여회의 결단

당태종에게는 함께 국사를 논하는 훌륭한 재상 둘이 있었다. 한 명은 상서좌복야尙書左僕射 방현령房玄齡이고 다른 한 명은 상서우복야尙書右僕射 두여회杜如晦다.

개국 초기 당나라에는 급히 정비해야 할 법령과 제도가 많았고 두 사람은 서로 합심하여 이 지난한 작업을 성공적으로 마쳤다. 두 사람은 역할이 서로 달랐다. 《구당서》의 기록에 따르면 당태종이 방현령과 함께 주요 국사를 논할 때 방현령은 항상 문제를 정밀 분석하고 구체적인 해결 방안까지 제시했다. 그런데 매번 자신의 견해를 확신하지 못해 정책 시행을 미루며 망설였다. 그럴 때 황제는 두여회를 불렀다. 방현령의 국사 분석과 방안을 들은 두여회는 방현령의 견해에 적극 찬성하면서 정책 시행을 과감히 결단해 황제에게 보고했다.

당태종 시기 주요 국사는 모두 이 두 재상의 조화로운 합작으로 이루어졌다. 두 사람을 두고 당시 사람들은 "생황과 경쇠가 같은 음을 내나니 오직 방현령과 두여회가 그러하도다笙磬同音, 唯房與杜!"라고 칭송하였다.

이 이야기에서 비롯된 성어가 '방현령은 꾀에 뛰어나고 두여회는 결단에 뛰어나다'는 뜻의 방모두단이다. 이는 뛰어난 재능을 갖춘 여러 사람들의 장점은 살리고 단점을 보완하는 조화로운 합작으로 일의 성과를 높이는 것을 의미한다.

사려가 깊어 상황을 잘 분석하고 치밀하게 전략을 세우는 사람은 대체로 결단력이 부족하다. 거꾸로 배짱이 있고 과감하여 적시에 주저함 없이 결단력을 보여주는 사람은 전략적 사고가 부족한 경우가 많다. 한 사람이 지모智謀와 과단果斷을 모두 갖추기란 쉽지 않은 일이다. 그렇다면 당태종처럼 아랫사람들의 재능과 개성을 잘 파악해 상호 장점은 살리고 단점은 보완하는 협력적 인사관리를 해내는 것은 어떠한가? 이것이 '인재를 알아보고 잘 활용한다'는 지인선용知人善用의 큰 덕목이 아닐까?

【 **천작지합** 天作之合 】 하늘이 만들어준 조합. 결혼을 축하하는 말로 쓰인다. 《시경》에 "하늘이 아래 세상을 살피시고 천명이 벌써 모였도다. 문왕의 청년 시절이여 하늘이 짝을 주셨도다天監在下, 有命旣集, 文王初載, 天作之合"라는 표현이 있다.

【 **호모선단** 好謀善斷 】 꾀를 좋아하고 판단을 잘하다. 지모와 과단을 모두 겸했다는 말이다. 진晉나라 육기陸機의 《변망론辨亡論》에 "인재를 찾고 꾀를 좋아하며 결단을 잘하였다疇咨俊茂, 好謀善斷"라는 표현이 있다.

玉篇

제 3 강

쇠를 녹이는 입들, 뼈를 녹이는 말들

16

삼함기구

三緘其口

세 번 입을 봉하다

우리는 촘촘한 관계의 그물망 속에 얽혀 때로 기뻐하고 때로 분노하며 또 때로 슬퍼하면서 이리저리 흔들리며 살아간다. 이 모든 인간관계의 그물망을 타고 말이 흘러 다닌다. 말은 우리에게 기쁨과 즐거움도 주지만 분노와 슬픔 역시 떠안긴다. 그래서 말을 잘 이해하고 관리하는 것은 행복한 삶에 불가결한 요소다. 사마천은《사기》〈상군열전商君列傳〉에서 말을 이렇게 분류했다.

> 말에는 다음과 같은 네 가지가 있다. 첫째는 모언貌言이니 꽃이요, 둘째는 지언至言이니 열매요, 셋째는 고언苦言이니 약이요, 넷째는 감언甘言이니 병이다.

모언은 모양만 화려할 뿐 실속이 없는 말이고, 지언은 속이 꽉 찬 진실한 말이다. 고언은 비록 듣기에는 거북한 직언이지만 약이 되는 말이고, 감언은 듣기에는 편하지만 끝내 그 말을 듣는 사람을 병들게 하는 말이다. 세상의 무수한 말은 대개 이 네 종류에 속하고 우리의 언어생활도 이 네 가지 말 사이를 무수히 오간다. 당연히 우리는 모언과 감언을 경계하고 지언과 고언을 지향해야 한다.

세 번 입을 봉하다

공자가 젊은 시절 주周나라로 가서 예를 배울 때의 일이다. 어느 날 주 천자가 제사를 지내는 태묘太廟를 방문했는데 태묘의 오른쪽 계단 앞에 이르자 특별한 동상 하나가 눈에 들어왔다. 동상의 입은 종이로 봉인한 상태였고 그것도 세 번이나 봉인을 했다. 공자는 이것을 태묘에서는 절대 떠들지 말라는 권고로 생각했다. 그런데 동상 뒤쪽에 이런 글귀가 새겨져 있었다.

"이 사람은 옛날 말을 가장 조심스럽게 한 사람이다."

공자는 이 동상의 모습에서 깊은 인상을 받았다.

훗날 공자의 언행을 전하는 《논어》에는 말을 삼갈 것을 강조한 공자의 모습이 자주 등장한다. "군자는 말은 신중하게 하고 행동은 민첩하게 한다"거나 "그럴듯한 말과 꾸미는 얼굴색에는 인仁이 적다" 같은 구절은 모두 말을 삼갈 것을 주문하는 내용이다. 입을 세 번이나 봉한 태묘의 동상에서 받은 강한 인상이 공자에게 평생의 교훈으로 남은 것인지도 모른다.

여기서 비롯된 사자성어가 '세 번 입을 봉하다'라는 뜻의 삼함기구다. 여기에는 우리가 흔히 쓰는 한자어 '함구'가 들어 있는데 성어 자체도 신중하고 사려 깊은 언어생활을 요구하는 의미다. 사람들 간의 분란은 대개 사려 깊지 않게 함부로 내뱉은 말에서 비롯된다. 감정의 기복에 따라 무절제하게 토해낸 칼날 같은 말에 세상은 늘 상처를 입고 신음한다. 삼함기구의 정신이 지금 소중한 이유다.

치명적인 약점

《삼국지》의 영웅 제갈량에게는 재주가 뛰어난 마속馬謖이라는 장수가 있었다. 마속은 촉한의 시중을 지낸 마량馬良의 동생으로 견식이 넓고 재주가 뛰어났으며 특히 병법에 능통하고 언변이 출중하였다. 제갈량이 남쪽 지역을 정벌할 때 마속이 제시한 계책으로 큰 성공을 거둔 터라 제갈량은 그를 상당히 신임했다.

그런 마속에게도 치명적 약점이 있었다. 그는 허풍이 심했고 자주 과장을 했으며 항시 말이 너무 앞섰다. 그의 이러한 약점을 유비는 잘 알고 있었다. 유비가 오나라와의 전쟁에서 패하고 백제성에서 병을 얻어 죽게 되었을 때 제갈량에게 당부했다.

"마속은 말이 실제에서 과하게 벗어나니 나라의 큰일을 맡길 수 있는 사람이 아니오. 승상은 이 점을 잘 살펴주기 바라오."

유비가 죽은 뒤 제갈량은 유비의 유촉을 받들어 후주後主 유선劉禪을 보좌하며 나라를 잘 다스렸다. 그러나 유비의 경고를 무시하고 여전히 마속을 깊이 신임해 일을 맡겼다.

기원전 228년 제갈량은 위魏나라와 전쟁을 치르고자 북으로 출정하면서 마속을 선봉장에 임명하고 가정街亭이라는 전략적 요충지의 방어를 맡겼다. 이때 제갈량은 산을 등지고 물이 가까운 곳에 진을 치되 절대 경거망동하지 말 것을 신신당부하였다. 하지만 마속은 제갈량의 당부를 무시하고 자신의 생각대로 물가를 떠나 산 위에 진을 쳤다. 이러한 진법의 약점을 파악한 위나라 군대가 가정을 포위하자 산 위에 있는 마속의 군대는 물도 식량도 구하지 못해 큰 혼란에 빠졌다. 이를 틈타 위나라 군대는 공격을 퍼부었고 마속의 군대는 힘 한번 제대로 쓰지 못한 채 대패해 요충지 가정을 빼앗겼다. 이 때문에 제갈량의 북벌 계획은 완전히 틀어지고 말았다. 후방으로 물러난 제갈량은 패배의 책임을 물어 그토록 아끼던 마속을 죽였다.

여기서 나온 성어가 '울면서 마속을 베다'라는 뜻의 읍참마속泣斬馬謖이다. 그리고 읍참마속과 함께 전해지는 성어가 '실제보다 훨씬 말을 부풀려 허풍을 떤다'는 의미의 언과기실言過其實이다. 유비가 제갈량에게 당부한 것처럼 아무리 역량이 뛰어나도 말이 과하게 앞서는 사람에게는 큰일을 맡기면 안 된다. 언과기실은 그만큼 치명적인 약점이다.

《논어》〈위령공衛靈公〉에는 다음과 같은 공자의 말이 있다.

> 함께 말할 만한데 말을 하지 않으면 사람을 잃고,
> 함께 말할 만하지 않은데 말을 하면 말을 잃는다.
> 지혜로운 자는 사람도 잃지 않고 말도 잃지 않는다.

사려 깊은 태도로 말을 제어할 줄 아는 사람은 사람도 얻고 자기 말의 가치도 스스로 높이는 자라는 뜻이다. 수많은 사람과의 복잡한 관계망을 흘러 다니는 여러분의 말은 어떤 말인가? 삼함기구, 언과기실의 옛이야기를 떠올리며 언어 습관을 한번쯤 돌아보기 바란다.

【 **수구여병** 守口如甁 】 병마개로 병을 막듯 입을 지킨다. 말에 매우 신중한 사람을 표현할 때 쓰는 말이다. 일반적으로 '사심과 잡념 막기를 적으로부터 성을 지키듯이 하라'는 뜻의 방의여성防意如城과 나란히 쓰인다. 당나라 도세道世의 《제경요집諸經要集》에 "나쁜 생각 막기를 성 방어하듯이 하고, 입 지키기를 병마개로 병 막듯이 한다防意如城, 守口如甁"라는 말이 있다. 북송의 명신 부필富弼은 수구여병과 방의여성의 신중함으로 유명하였다. 송나라 주밀周密의 《계신잡식별집癸辛雜識別集》도 "부정공(부필)에게는 '입을 병 막듯이 지키고, 뜻을 성처럼 지킨다'는 말이 있다富鄭公有守口如甁防意如城之語"라고 하였다.

【 **구약현하** 口若懸河 】 말이 폭포수와 같다. 현하懸河는 높은 곳에 매달려 있는 강물이란 뜻으로 폭포를 가리킨다. 멈추지 않고 흘러내리는 폭포수처럼 말이 끊임없이 유창하게 이어진다는 의미다. 《금병매사화金甁梅詞話》에 "한도국은 사람만 만났다 하면 앉거나 서거나 말이 폭포수같이 끊임이 없었다韓道國但遇着人, 或坐或立, 口若懸河, 滔滔不絶"라는 말이 있다.

【 **식언이비** 食言而肥 】 말을 먹어서 살찌다. '말을 먹는다'는 뜻의 식

언은 약속을 지키지 않는 거짓말이 마치 먹어 없애는 음식처럼 입으로 말만 하고 사라진다는 뜻에서 나왔다. '식언이비'는 음식을 자주 먹으면 살찌는 것처럼 식언도 자주 하면 살찐다는 의미로 말만 하고 행함이 없는 사람을 비난하는 말이다. 《좌전》에 "애공이 (맹무백孟武伯에게) '식언을 그렇게 많이 하니 살찌지 않을 수 있겠소?'라고 말하였다公曰, 是食言多矣, 能無肥乎"는 기록이 있다.

17 지언양기 知言養氣

말을 알려거든 호연지기를 길러라

《논어》에 나오는 부지언 무이지인不知言, 無以知人은 '말을 알지 못하면 그 사람을 알 수 없다'라는 뜻이다. 말은 사람의 생각과 인격을 그대로 드러내니 말을 잘 분석하면 그 말을 하는 사람을 꿰뚫어볼 수 있다는 얘기다. 실제로 말의 시비와 곡직을 분별하는 능력이야말로 모든 대인관계의 기초다. 문제는 지언, 즉 말을 아는 것이 쉽지 않다는 데 있다. 《전국책》에 다음과 같이 재미있는 이야기가 있다.

자네가 보기에도 내가 그리 잘생겼는가?

전국시대 제나라의 추기鄒忌는 위왕威王의 신임을 얻어 재상까지 오른 사람이다. 그는 언변이 출중하고 지략이 뛰어날 뿐 아니라 키가 팔 척이 넘는데다 인물도 준수했다. 어느 날 그가 아침 조회에 가려고 관복을 갖춰 입고는 거울을 들여다보는데, 스스로 생각해도 잘생긴 것 같아 기분이 우쭐해졌다. 추기는 옆에 있던 아내에게 물었다.

"부인, 당신이 보기에 내 모습이 어떻소? 성의 북쪽에 사는 그 잘생겼다는 서공徐公과 견줄 만하오?"

성북에 사는 서공은 제나라에서 인물 좋기로 소문이 자자한 사람이었다. 아내가 손사래를 치며 말했다.

"아휴, 당신이 훨씬 낫습니다. 서공은 당신보다 한참 모자라지요."

추기는 그 말이 믿기 어려웠던지 다시 젊은 첩에게 물었다.

"자네가 보기에도 내가 서공보다 나은가?"

첩은 아무런 망설임도 없이 애교 섞인 목소리로 말했다.

"서공이 비록 준수하다고 하나 대감께 비하면 그저 촌뜨기일 뿐이어요."

기분이 좋아진 추기가 집을 나서려는데 마침 손님이 한 명 찾아왔다. 그를 보자마자 추기가 다시 서공 이야기를 꺼냈다.

"여보게, 자네는 성북의 서공을 만난 적이 있지 않은가. 그가 아주 준수하다고 하던데 그와 비교해 내 인물이 어떤가? 솔직히 말해보게."

객이 공손하게 말했다.

"서공이 제나라에서 제일 잘생겼다고들 하지만 제가 보기에 그건 대감을 알지 못하는 사람들 말일 뿐입니다. 제나라 제일의 인물은 바로 대감이옵니다."

다음 날 공교롭게도 서공이 추기를 찾아왔다. 추기가 그를 자세히 살펴보니 웬걸, 서공의 용모가 자신보다 훨씬 준수한 게 아닌가. 이리 훑어보고 저리 재어봐도 어느 한구석 자신이 서공보다 나은 것이 없었다. 저녁이 되어 자리에 누운 추기는 자신이 서공보다 훨씬 낫다고 말한 세 사람의 거짓말을 생각해보았다. 그리고 이런 결론을 내렸다.

'아내가 잘생겼다고 거짓말한 것은 나를 사랑해서요, 첩이 잘생겼다고 말한 것은 내가 두려워서다. 객이 잘생겼다고 말한 것은 내게 간청할 일이 있어서였다.'

이튿날 추기는 입조하여 위왕에게 자신이 겪은 일을 보고한 뒤 다음과 같이 간언했다.

"지금 대왕 주위의 비빈妃嬪들은 모두 대왕을 사랑합니다. 조정의 신하들은 모두 대왕을 두려워합니다. 주변의 백성은 대왕에게 간청할 일이 태산처럼 많습니다. 그러하니 주변 사람들이 왕께 고하는 말은 모두 비위를 맞추려는 거짓말일 가능성이 큽니다. 왕께서는 끝내 진실을 알 수 없을 것입니다."

위왕은 그의 간언에 감동을 받아 명을 내렸다.

"과인의 면전에서 내 허물을 말하는 자는 상등의 상을 받을 것이다. 상소문을 올려 잘못을 지적하는 자는 중등의 상을, 저잣거리에서 내 허물을 말하는 자는 하등의 상을 받을 것이다."

위왕의 이 같은 명령이 전해지자 신하와 백성이 서로 앞을 다투어 적극 간언을 올리고 의견을 개진했다. 위왕이 그러한 간언을 수용하고 의견을 채택해 국정을 쇄신하니 사회가 안정되고 국력이 강해져 많은 나라가 제나라를 두려워하게 되었다.

사람들은 어떤 사건이나 상황 앞에서 객관적 사실보다 자신의 욕망과 선입견에 따라 주관적 판단을 내릴 때가 많다. 그러다 보니 조직이 방대할수록 리더는 진실한 정보에서 멀어질 가능성이 더 크다. 리더를 둘러싼 많은 사람들의 다양한 욕망에 따라 정보가 왜곡되기 때문이다. 결국 리더에게 가장 필요한 것은 '말을 아는 힘', 즉 지언이다. 말의 옳고 그름을 정확히 판단하는 것이 곧 힘인 셈이다.

치우친 말, 지나친 말, 간사한 말, 회피하는 말

전국시대 맹자는 동시대 사상가들과 격렬한 논쟁을 즐겼다. 논쟁에서 우위를 점하려면 상대편 말의 시비와 곡직을 정확히 판단해야 한다. 어느 날 제자가 맹자에게 물었다.

"선생님의 장점은 무엇입니까?"

맹자가 거침없이 대답했다.

"내 장점은 남의 말을 잘 판단할 줄 아는 지언과 호연지기浩然之氣를 잘 기르는 것, 이 두 가지다."

제자가 계속해서 물었다.

"지언은 무슨 뜻입니까?"

맹자의 설명이 이어졌다.

"치우친 말을 들으면 그 사람이 무언가에 가려져 있음을 알고, 지나친 말을 들으면 그 사람이 무언가에 푹 빠져 있음을 알고, 간사한 말을 들으면 그 사람이 도리를 떠나 있음을 알고, 회피하는 말을 들으면 그 사람이 논리가 궁함을 아는 것이다."

맹자가 말한 피사詖辭, 음사淫辭, 사사邪辭, 둔사遁辭는 모두 거짓된 말이다. 이러한 말은 화자가 선입견이나 편협한 생각에 깊이 빠져 있거나, 기본적인 도리 혹은 상식적 논리에서 벗어난 탓에 생긴 진실하지 않은 말이다. 한마디로 우리가 가장 경계해야 할 거짓말이다.

맹자는 상대방의 말이 거짓이라는 사실뿐 아니라, 그런 말을 하는 사람이 처한 상황까지도 명확하게 알았다. 지언을 넘어 지인知人으로 한 걸음 더 나아간 것이다. 맹자는 어떻게 이런 지언의 능력을 갖추게 되었을까? 맹자가 직접 말하지는 않았지만 학자들은 맹자가 자신의 장점으로 꼽은 호연지기에서 그 답을 찾는다.

맹자에 따르면 호연지기는 의로움을 장기간 축적해 이루어진 것, 이른바 집의集義의 결과다. 이는 오랜 도덕 수양으로 얻은 높은 수준의 인격을 일컫는다. 이러한 호연지기가 내면을 가득 채울 때 말을 바르게 판단하는 지언의 힘이 절로 생긴다는 얘기다. 호연지기를 기르는 것을 간단히 양기養氣로 표현하는데, 옛사람들은 '지언양기'라는 관용적 표현으로 지언의 바탕이 양기에 있음을 설명했다.

우리는 온갖 거짓이 난무하는 세상, 온갖 거짓말이 진실을 가리는 어지러운 세상을 살아가고 있다. 거짓의 비바람이 몰아치는 숲에서 진실의 길을 찾아가려면 지언이라는 등불에 의존할 수밖에 없다. 그 지언의 힘은 호연지기라는 도덕적 수양에서 비롯된다. 만일 조직의 리더가 거짓 정보에 현혹되고 거짓말쟁이에게 휘둘리면 그 조직의 장래는 암울할 수밖에 없다. 리더에게 끝없이 도덕적 수양과 인격 훈련을 요구하는 이유가 바로 여기에 있다.

【 **군자삼지** 君子三知 】 군자가 알아야 할 세 가지. 지명知命, 지례知禮, 지언知言을 일컫는다.《논어》의 마지막 구절 "공자께서 말씀하셨다. 천명을 알지 못하면 군자가 될 수 없고, 예를 알지 못하면 세상에 나설 수 없고, 말을 모르면 남을 알 수 없다子曰, 不知命, 無以爲君子也. 不知禮, 無以立也. 不知言, 無以知人也"에서 비롯되었다.

【 **자지지명** 自知之明 】 자신을 아는 밝음.《노자》의 "남을 아는 자는 지혜롭다 하고, 자신을 아는 자는 밝다고 한다知人者智, 自知者明"에서 나온 말이다.

【 **호연지기** 浩然之氣 】 지극히 크고 지극히 강한 기상.《맹자》에는 호연지기를 묻는 공손추公孫丑의 질문에 맹자가 상세히 설명하는 내용이 나온다. "그 기 됨이 지극히 크고 지극히 강하니, 정직함으로 잘 길러 상함이 없으면 호연지기가 천지간에 꽉 찬다. 그 기 됨이 의와 도에 짝을 이루니 이것이 없으면 굶주리게 된다. 이 호연지기는 의를 많이 축적해 생기는 것으로, 의가 하루아침에 갑자기 엄습하여 취해지는 것은 아니니 행하고 마음에 부족하게 여기는 바가 있으면 호연지기가 굶주리게 된다. 내가 고로 '고자가 일찍이 의를 알지 못한다'고 말한 것이니, 이는 의

를 밖이라고 하기 때문이다. 반드시 호연지기를 기르는 일을 하되, 효과를 미리 기대하지 말고 마음에서 잊지도 말며 억지로 조장하지도 말지니 송나라 사람처럼 해서는 안 된다. 송나라 사람 중에 벼 싹이 자라지 못함을 안타깝게 여겨 뽑아놓은 자가 있었다. 그는 아무것도 모르고 돌아와 집안사람들에게 말하기를 '오늘 매우 피곤하다. 내가 벼 싹이 자라도록 도왔다'고 했다. 그 아들이 달려가 보았더니 벼 싹이 모두 말라 있었다. 천하에 벼 싹이 자라도록 억지로 조장하지 않는 자가 적으니, 유익함이 없다 해서 버려두는 자는 비유하면 벼 싹을 김매지 않는 자요, 억지로 조장하는 자는 벼 싹을 뽑아놓는 자이니, 이는 비단 유익함이 없을 뿐 아니라 도리어 해치는 것이다難言也. 其爲氣也, 至大至剛, 以直養而無害, 則塞于天地之間. 其爲氣也, 配義與道, 無是, 餒也. 是集義所生者, 非義襲而取之也. 行有不慊于心, 則餒矣. 我故曰, 告子未嘗知義, 以其外之也. 必有事焉, 而勿正, 心勿忘, 勿助長也. 無若宋人然. 宋人有閔其苗之不長而揠之者, 芒芒然歸, 謂其人曰, 今日病矣, 予助苗長矣. 其子趨而往視之, 苗則槁矣. 天下之不助苗長者寡矣. 以爲無益而舍之者, 不耘苗者也. 助之長者, 揠苗者也, 非徒無益, 而又害之."

18

삼인성호

三人成虎

세 사람의 거짓말이 호랑이를 만들어내다

도련님,

우리 집 울을 넘어오지 마세요.

우리 집 박달나무 꺾지 말아요.

어찌 나무가 아깝겠어요.

남의 말 많을까 두려워서지요.

도련님이 그립기는 하지만

남의 말 많음은 역시 두려워요.

將仲子兮, 無踰我里, 無折我樹杞.

豈敢愛之, 畏人之多言.

仲可懷也, 人之多言, 亦可畏也.

《시경》에 나오는 〈장중자將仲子〉라는 노래다. 정말 보고 싶고 만나고 싶지만 남들 입에 오르내리는 것이 두려워 만남 자체가 망설여진다는 내용이다. 봉건사회에서 사람들의 눈을 피해 사랑을 속삭이는 젊은 남녀가 자유연애의 어려움을 노래한 시인데, 여기에 나오는 인언人言과 가외可畏를 합쳐 '사람들이 비난하는 말이 정말 두렵다'는 뜻의 성어 인언가외人言可畏가 만들어졌다.

사회적 동물인 인간이 가장 관심을 기울이고 가장 염려하는 것은 바로 사회적 평판이다. 평판에 따라 삶이 평탄할 수도, 험난할 수도 있기 때문이다. 사회적 평판은 대부분 같은 조직 안에 있는 구성원이 만들어내는데, 과도한 경쟁 구도 속에서 가끔은 왜곡된 평판도 생겨난다. 나아가 그 곡해에 따라 억울한 희생이 발생하기도 한다.

저잣거리에 호랑이가 나타났다면 믿겠습니까?

전국시대 위나라 태자가 조나라에 인질로 갈 때 방총龐葱이 태자를 수행했는데, 출발하기 전 그가 왕에게 물었다.

"지금 한 사람이 와서 저잣거리에 호랑이가 나타났다고 하면 대왕께선 믿겠습니까?"

왕이 대답하였다.

"사람이 많아 그토록 번화한 거리에 어찌 산중의 호랑이가 나타날 수 있겠소. 거짓말이 틀림없소. 나는 믿지 않겠소."

방총이 다시 물었다.

"그런데 조금 있다가 또 다른 사람이 와서 말하기를 저잣거리에 호랑이가 나타났다고 합니다. 대왕께서는 믿겠습니까?"

"믿기진 않지만 혹시나 하는 생각이 들 것 같소."

"잠시 뒤 세 번째 사람이 와서 똑같이 호랑이가 나타났다고 한다면 어떻겠습니까?"

왕은 주저함 없이 말했다.

"그렇다면 당연히 믿을 것이오. 세 사람이나 와서 말하는데 거짓일 리가 없지 않소?"

그러자 그럴 줄 알았다는 듯 방총이 결연한 얼굴로 말했다.

"번화한 저잣거리에 호랑이가 나타날 리 없는 것은 지극히 당연한 일입니다. 그런데도 세 사람이 동일하게 말하면 진짜로 호랑이가 나타난 것처럼 되어버립니다. 세 사람의 거짓말로 있지도 않은 호랑이가 생겨버린 셈입니다. 지금 저는 조나라의 수도 대량으로 떠납니다. 대량은 이곳 저잣거리와 비교하기 힘들 정도로 머니 그곳 상황을 누가 알 수 있겠습니까? 더구나 제가 떠난 뒤 저를 비난하는 사람은 절대 세 사람에 그치지 않을 것입니다. 대왕께서는 밝게 살펴주기 바랍니다."

왕은 비로소 방총의 심중을 이해하고 말했다.

"그대의 뜻을 잘 알았으니 안심하고 다녀오시오."

《전국책》에 나오는 이 이야기에서 비롯된 성어가 '삼인성호'다. 세 사람의 거짓말이 있지도 않은 호랑이를 만들어내듯 거짓말도 여럿이 하면 진실로 둔갑한다는 의미다. 아무런 근거도 없는 허무맹랑한 험담도 여러 사람이 동조하면 결국 진실처럼 알려져 당사자를 큰 곤경에 몰아넣는다.

위나라 방총은 나중에 어떻게 되었을까? 삼인성호의 비유까지 들어가며 거짓된 비방에 현혹되지 말 것을 부탁했으니 왕은 끝까지 방총을 신임했을까? 불행히도 방총의 예측은 어김없이 들어맞았다. 방총이 조나라로 떠나자마자 그를 음해하는 온갖 참언이 들려왔고, 그것은 왕의 신임을 계속해서 잠식했다. 나중에 방총은 태자와 함께 돌아왔지만 왕은 끝내 그를 외면했다. 이제 《전국책》에 나오는 또 다른 위나라 왕의 이야기를 보도록 하자.

비방하는 글이 상자에 가득 차니

위나라 문왕文王은 매우 현명한 임금이었다. 그는 아랫사람을 신임했고 그들의 재능을 잘 활용했다. 어느 해 문왕은 악양樂羊이라는 장군에게 중산국을 정벌하라고 명령했다. 악양은 대군을 이끌고 중산국을 치러 갔는데, 중산국의 저항이 워낙 완강해 수많은 희생을 치르며 삼 년이나 고생한 끝에 겨우 정복할 수 있었다.

그런데 귀국한 악양이 문왕에게 승리의 소식을 전할 때 자신의 공로를 의기양양하게 자랑하는 빛이 역력했다. 그 모습을 본 왕은 빙그레 웃으며 사람을 시켜 큰 상자 둘을 가져오게 했다. 그런 다음 악양을 불러 그 상자 안에 무엇이 담겼는지 확인하라 했다. 그 안에는 무엇이 있었을까?

상자에는 여러 신하가 올린 상소문이 가득 담겨 있었다. 상소문의 내용을 확인한 악양의 얼굴에 식은땀이 흘렀다. 전부 중산국을 정벌하러 떠난 그를 비난하고 참소하는 내용이었기 때문이다. 악양은 비로소 중산국 정복은 자신의 능력이 뛰어나서가 아니라 엄청난 험담과 비방에도 불구하고 끝까지 자신을 믿고 일을 맡긴 문왕의 신의 덕분임을 깨달았다. 악양은 엎드려 거듭 사죄하며 말했다.

"중산국을 정벌한 것은 소신의 공로가 아니옵고 바로 대왕의 공로입니다."

이 이야기에서 나온 성어가 '비방하는 글이 상자에 가득 찼다'는 뜻의 방서영협謗書盈篋이다. 비난이 난무할 때나 험담의 무서움을 말할 때 쓰이기도 한다.

한나라 때 학자 유향은 "옛날 노나라에서는 계손季孫의 말을 듣고 공자를 쫓아냈고, 송나라에서는 자염子冉의 계책을 믿고 묵자墨子를 쫓아냈다. 공자와 묵자의 변론으로도 그 모함을 벗어날 수 없었으니 이는 무슨 까닭인가. 입이 여럿 모이면 쇠붙이도 녹이는 법이요, 비방하는 말이 쌓이면 뼈도 녹여버리는 법이로다!"라며 탄식했다. 공자나 묵자 같은 성현조차 남들의 비방으로부터 자유롭지 못했고 자신을 구하지도 못했으니, 거짓된 비방의 힘이 얼마나 무서운지 짐작할 수 있겠다. 중구삭금衆口鑠金이요 적훼소골積毁銷骨이라, 쇠를 녹이는 입과 뼈를 녹이는 비방의 힘! 참으로 경계하고 경계해야 할 위력이다.

험담은 인류 역사와 함께 시작되었을 테고, 인류가 존재하는 한 계속될 것이다. 문제는 험담의 심각한 폐해를 알면서도 거기에 쉽게 넘어가고 쉽게 동조하는 우리의 얄팍함에 있다. 공자는 말했다.

"길에서 들은 것을 길에서 말하는 것은 덕을 버리는 행위다道聽途說, 德之棄也."

아무에게나 들은 이야기, 아무런 근거도 없는 이야기를 신중하게 검토하지 않고 사실로 단정해 많은 사람 앞에서 거침없이 말하는 것은 리더로서의 기본적인 덕망을 버리는 행위다.

사람들의 들끓는 시기와 질투가 만들어낸 거짓 호랑이가 우글거리는 세상이다. 하지만 그러한 거짓에 현혹되지 않고 끝까지 '신뢰'의 방패로 성공을 일궈낸 위나라 문왕처럼 지혜롭고 믿음직한 리더가 되기를 바란다.

찾아보기 ▼

【 **포풍착영**捕風捉影 】 바람을 잡고 그림자를 잡다. 말이나 일에 아무런 사실적 근거가 없음을 이른다.《한서》에 한나라 성제가 방사方士들의 허황된 신선술에 현혹되자 곡영谷永이라는 신하가 나서서 "그 말을 들으면 그럴듯한 말이 귀를 가득 채워 마치 신선이라도 만난 듯하지만, 막상 그것을 구하자면 아득하기가 바람을 붙들어 매고 그림자를 잡으려는 것과 같으니 끝내 아무것도 얻을 수 없습니다聽其言, 洋洋滿耳, 若將可遇. 求之, 蕩蕩如系風捕影, 終不可得"라고 비판하는 내용에서 비롯되었다. 포풍계영捕風系影, 계풍포영系風捕影, 포영나풍捕影拿風으로 쓰기도 한다.

【 **무중생유** 無中生有 】 무에서 유가 생기다.《노자》의 "천하 만물은 유에서 나오고, 유는 무에서 나온다天下萬物生於有, 有生於無"는 말에서 비롯된 도교 용어다. '없는 사실을 꾸며내다', '터무니없이 날조하다'라는 뜻으로도 활용한다. '평지풍파를 일으키다', '공연히 말썽을 피우다'라는 뜻의 무사생비無事生非도 비슷하게 쓰인다.

【 **중구삭금** 衆口鑠金 】 입이 여럿 모이면 쇠붙이도 녹인다. 여론의 막강한 힘을 말할 때나 비방하고 헐뜯는 말이 미치는 부정적 파괴력을 형용할 때 활용한다. 일반적으로 '헐뜯는 말이 쌓이면 뼈를 녹인다'는 뜻의 적훼소골積毁銷骨과 나란히 붙여 쓴다.《국어》에 "여러 사람이 마음을 모으면 성도 쌓을 수 있고, 여러 사람이 입을 모으면 쇠도 녹일 수 있다衆心成城, 衆口鑠金"는 표현이 있다.《사기》에 "깃털도 쌓이면 배를 침몰시키고, 가벼운 짐도 많으면 수레 축을 부러뜨리며, 입이 여럿 모이면 쇠를 녹이고, 비방이 쌓이면 뼈를 녹인다積羽沉舟, 群輕折軸, 衆口鑠金, 積毁銷骨"는 표현이 있다.

19

포주지신
抱柱之信

기둥을 껴안고 죽기까지 지킨 신의

어느 날 자공이 공자에게 정치의 요점을 물었다. 그러자 공자는 "족식足食, 족병足兵, 민신民信"이라고 답했다. 이를 오늘날의 표현으로 풀이하자면 넉넉한 경제력, 튼튼한 국방력 그리고 정부에 대한 국민의 신뢰라고 할 수 있다. 자공이 다시 물었다.

"이 셋 중에서 부득불 하나를 버려야 한다면 무엇을 버려야 합니까?"

공자는 병兵을 버리라고 했다.

"다시 양식과 신뢰 가운데 부득불 하나를 버려야 한다면요?"

공자는 말했다.

"당연히 양식을 버리고 신뢰를 남겨야 한다. 백성의 신뢰가 없으면 그 나라는 한순간도 존립할 수 없다."

신뢰야말로 어떤 상황에서도 최후까지 양보할 수 없는 값진 가치이자 덕목이라는 말이다. 어찌 정치에서만 그렇겠는가. 세상살이의 다른 모든 면에서도 신뢰는 가장 소중한 사산이다. 공자는 인간관계에서의 신의를 우마차의 멍에에 비유하였다.

"멍에 없는 수레가 앞으로 나아갈 수 없듯 신의 없는 인간이 할 수 있는 일은 아무것도 없다."

신의는 물이나 공기처럼 때로 그 소중함을 잊고 살지만 또한 그만큼 소중한 가치이자 덕목이다.

신의를 지킨 미생, 융통성 없는 미생

옛날 미생尾生이란 젊은이가 있었다. 어느 날 미생이 아름다운 여인과 다리 아래서 만나기로 했는데, 약속 시간이 되어도 야속하게 여인은 오지 않았다. 미생은 여인이 올 때까지 기다리기로 했다. 그런데 갑자기 먹장구름이 몰려와 폭우를 퍼붓더니 순식간에 거친 급류가 다리 아래로 몰려들었다. 미생은 다리 기둥을 껴안고 물살을 버티면서 끝까지 약속한 장소에 머물러 있다가 마침내 익사하고 말았다.

《장자》에 나오는 이야기다. 사람들은 목숨을 버리면서까지

우직하게 약속을 지키려 한 미생의 모습을 '기둥을 껴안는 신의'라는 뜻의 성어 포주지신抱柱之信에 길이 새겼다. 그러나 어떤 사람은 그가 고집스럽고 융통성이 없다고 비난한다. 사실 포주지신은 더러 부정적인 뜻으로 쓰이기도 한다. 가령 상대방에게 약속을 지키라고 강조할 때는 '신의를 지킨' 미생의 이야기를 인용하지만, 정작 자신이 약속을 지키지 못하는 상황에 놓이면 미생을 '융통성 없는' 사람으로 취급한다. 상황이 변했으니 이전에 한 약속만 고집해서는 안 된다는 논리다. 그 고집스러움과 융통성 없음이 미생을 죽음으로 몰고 갔다는 편리한 변명이다.

이 논리가 상대에게 잠시 통할지도 모르지만 스스로는 분명 알고 있다. 자신이 약속을 어겼다는 사실을, 이미 신의를 잃었다는 사실을 말이다. 다음은 남과의 약속이 아닌 자기 자신과의 약속을 끝까지 성실하게 지키려 한 사람의 이야기다.

죽은 사람과의 약속도 잊지 않았다네

춘추시대 오나라의 왕 수몽壽夢에게는 장자 제번諸樊, 차남 여제餘祭, 삼남 여매餘昧, 막내 계찰季札 이렇게 네 명의 아들이 있었다. 네 아들 중 가장 뛰어난 이가 막내 계찰이었다. 왕은 계찰에게 왕위를 물려주려 하였으나 계찰이 끝내 사양하는 바람에 어쩔 수 없이 장자 제번에게 왕위를 물려주었다.

선친의 의중을 아는 제번은 왕이 된 뒤 둘째, 셋째 동생과 상의하여 왕위를 형제가 계승하기로 했다. 이것은 마지막 왕위를 계찰에게 물려주기 위한 방편이었다. 세 형제는 차례로 오나라 왕이 되었고 계찰은 충심을 다해 그들을 도왔다. 후에 셋째 형 여매가 임종을 맞아 계찰에게 왕위를 물려주려 하자 계찰은 단호하게 거절하며 말했다.

"저는 사람 노릇이나 반듯하게 할 수 있기만 바랄 뿐입니다. 부귀영화는 제게 귓가를 스쳐가는 가을바람과 같으니 아무런 관심도 없습니다."

계찰은 도읍을 떠나 숨어버렸고 여매의 아들이 왕위를 계승한 뒤 다시 출사해 나라에 충성을 다했다.

이 계찰이 왕의 명을 받아 진나라 사신으로 갔을 때의 일이다. 도중에 소국 서나라에 들러 임금 서군徐君을 만났는데, 검을 애호한 서군은 계찰이 찬 보검을 몹시 부러워하였다. 그의 마음을 안 계찰은 돌아오는 길에 반드시 선물하리라 마음먹었다.

얼마 후 사신의 임무를 마친 계찰이 돌아오는 길에 다시 서나라에 들렀다. 그런데 서군은 이미 세상을 떠난 뒤였다. 계찰은 그의 무덤을 찾아가 보검을 풀어 무덤가 나무에 걸어두고 오나라로 돌아갔다. 그를 수행하던 신하가 물었다.

"서군은 이미 죽었거늘 이렇게까지 하는 것은 오나라의 보물인 보검을 버리는 일이 아닙니까?"

계찰이 단호하게 말했다.

"처음 서군이 내 검을 부러워했을 때 나는 이미 선물하기로 나 자신과 약속하였다. 다만 대국에 사신으로 가는 길이라 복장을 갖추어야 했기에 잠시 뒤로 미룬 것뿐이다. 이제 서군이 죽어 상황이 바뀌었다고 스스로 한 약속까지 바꿀 수야 있겠는가!"

서나라 사람들은 계찰의 모습에 감동해 노래를 지어 불렀다.

오나라 왕자 계찰이여
죽은 사람과의 약속도 잊지 않았다네.
천금의 보검을 풀어
무덤가에 걸어두었다네.

'계찰이 검을 나무에 걸었다'는 뜻의 계찰괘검季札掛劍은 남과의 약속은 물론 자신과의 약속까지 철저히 지키려 한 최상의 신의를 보여준다.

우리 주변에는 상황이 달라졌다는 말 한마디로 약속을 거리낌 없이 뒤엎어버리는 야속한 사람이 참 많다. 상황은 언제든 바뀔 수 있다. 하늘에는 예측할 수 없는 풍운이 있는 법이다. 그러니 스스로 약속을 저버려 신의 없는 사람이 되지 않도록 처음부터 약속을 신중하게 해야 한다. 그런 의미에서 미생과 계찰이 남긴 약속과 신의 이야기는 함부로 약속하고 함부로 약속을 버리는 이 얄팍한 세상에 깊은 울림을 전해준다.

찾아보기 ▼

【 **일낙천금** 一諾千金 】 한 번의 약속은 천금의 가치를 지닌다. 이것은 무슨 일이 있어도 약속을 지킨다는 뜻이다. 《사기》의 "황금 백 냥을 얻는 것이 계포에게 한 번의 약속을 얻는 것만 못하다 得黃金百, 不如得季布一諾"는 말에서 나왔다. 계포는 처음 항우의 부하였다가 항우가 패한 후 유방 아래서 벼슬을 했는데, 한 번 약속하면 무슨 일이 있어도 그 약속을 지키는 신의 있는 사람으로 널리 알려졌다.

【 **언이무신** 言而無信 】 말에 신용이 없다. 《춘추곡량전春秋谷梁傳》에

"말이 말이 되는 까닭은 믿음 때문이다. 말에 믿음이 없으면 어떻게 말이라고 할 수 있는가 言之所以爲言者, 信也. 言而不信, 何以爲言"라는 표현이 있다.

【 **화진가실, 동수무기 貨眞價實, 童叟無欺** 】 물건도 가격도 진실하고 어린아이도 노인도 속이는 법이 없다. 장사하는 사람이 거래 할 때 자주 사용하는 표현이다. 오견인의《이십년목도지괴현상》에 "이것이 그가 장사하는 방법인 모양인데, '물건도 가격도 진실하고 어린아이도 노인도 속이지 않는다'는 뜻의 화진가실, 동수무기라는 말이 있다는 것은 모르는군 他這是招徠生意之一道呢, 但不知可有 貨眞價實, 童叟無欺 的字樣沒有"이라는 대목이 있다.

【 **견리망의 見利忘義** 】 이로움을 보고 의로움을 잊다.《한서》에 "무릇 친구를 파는 자는 이로움을 보고 의로움을 잊은 것이다 夫賣友者, 謂見利而忘義也"라는 말이 있다.《삼국지》에 "저는 여포와 동향 사람이라 그가 용맹하지만 꾀가 없고 이로움을 보면 의로움을 잊는 자인 것을 압니다 某與呂布同鄕, 知其勇而無謀, 見利忘義"라는 말이 나온다. '믿음을 배반하고 의로움을 버리다'라는 뜻의 배신기의 背信棄義도 같은 뜻이다.

【 **유리시도** **唯利是圖** 】 오직 이로움만 도모하다. 이로움 외에는 어떤 요소도 생각하지 않는다는 말이다. 진晉나라 갈홍葛洪의 《포박자抱朴子》에 "이름이 그 실질을 초과하는 것은 과장하고 거짓말했기 때문이요, 안으로 탐욕과 탁함을 안고 있음은 이로움만 도모하기 때문이다名過其實, 由于夸誑, 內抱貪濁, 唯利是圖"라는 내용이 있다.

20

망양보뢰
亡羊補牢

양을 잃고 난 후에 우리를 고치다

우리가 자주 쓰는 속담 중에 "소 잃고 외양간 고친다"는 말이 있다. 일이 잘못된 뒤에 손을 써보았자 아무런 소용이 없음을 비꼬는 말이다. 이와 비슷한 성어로 망양보뢰가 있는데, 이는 '양을 잃고 난 후에 우리를 고친다'는 뜻이다. 얼핏 망양보뢰는 "소 잃고 외양간 고친다"나 사후약방문死後藥方文처럼 부정적인 뜻으로 보이지만, 이것은 양을 잃어도 우리를 잘 수선하면 더 큰 손실을 막을 수 있다는 적극적이고 긍정적인 뜻의 성어다. 과거의 실수를 인정하되 그 과거에 얽매이지 않고 빨리 잘못을 고쳐 더 큰 실수나 막중한 손해로 나아가지 않게 한다는 말이다. 이 성어는《전국책》에 실려 있는 역사적 사건에서 비롯되었다.

이제야 내 잘못을 깨달았소

전국시대 초나라 양왕襄王은 현신들을 배척하고 간신들을 중용한 어리석은 군주였다. 임금과 조정 신하의 사치와 일락으로 정치는 부패하고 국력은 날로 쇠약해져갔다. 이때 장신莊辛이라는 대신이 나서서 간언을 올렸다. 그는 향락에 빠져 있는 임금에게 속히 정신을 차리고 진지하게 국정에 임해줄 것을 수차례 요청하였다. 하지만 임금의 사치와 일락은 변함없이 계속되었다. 참다못한 장신이 임금의 면전에서 격앙된 소리로 외쳤다.

"임금께서 간신배들과 어울려 사치와 일락을 일삼고 국가대사에는 아무런 관심도 없으니 우리 초나라는 조만간 멸망할 것입니다!"

양왕은 대노하여 장신을 나라 밖으로 내쫓아버렸다. 그로부터 다섯 달 후 진나라가 쳐들어와 초나라 군대를 대파하고 마침내 수도까지 점령해버렸다. 피난길에 나선 양왕은 충신 장신을 떠올렸다. 그래서 사람을 보내 조나라에 머물던 장신을 불러와 그에게 사과하며 탄식했다.

"이제야 내 잘못을 깨달았소. 그렇지만 돌이킬 방법을 찾기에 너무 늦은 것 같소."

그러자 장신이 말했다.

“산토끼를 보고 바로 돌아가 사냥개를 부른다면 늦었다고 할 수 없습니다. 양을 잃었지만 바로 양 우리를 보수한다면 역시 늦었다고 할 수 없습니다. 은나라 탕湯왕도 주나라 무왕도 사방 백 리 땅을 가지고도 크게 일어나 천하를 차지했습니다. 우리 초나라는 은이나 주의 열 배가 넘는 땅을 가지고 있습니다. 오직 대왕께서 이전의 과실을 고치고 국정에 근면하며 현신을 중용한다면 진나라에 잃은 땅도 되찾을 수 있을 것입니다.”

장신의 격려에 양왕은 다시 힘을 내 지난날의 과오를 청산하고 근실하게 국정에 임했다. 그 결과 마침내 풍전등화의 위기에서 벗어나게 되었다.

일을 하다 보면 실수할 수도 있고 손해를 볼 수도 있다. 중요한 것은 그 실수를 빨리 인정하고 대책을 세우는 일이다. 그러면 더 큰 치명적인 손해를 막고 잃은 것을 회복할 기회를 얻게 마련이다. 문제는 우리가 자신의 실수를 잘 인정하려 들지 않는다는 데 있다. 다음은《한비자》에 나오는 이야기다.

죽음에 이르게 한 왕의 고집

춘추전국시대의 명의 편작扁鵲이 채蔡나라 임금 환공을 만났다. 환공의 안색을 살피던 편작이 말했다.

"지금 대왕께서는 병이 나셨습니다. 그 병이 지금은 살갗에 있으나 빨리 치료하지 않으면 병이 중해질 것입니다."

왕이 웃으며 말했다.

"내겐 아무런 병이 없소."

편작이 자리를 뜨자 환공은 신하들 앞에서 편작을 비난했다.

"아무런 병도 없는 사람을 병자 취급하다니. 적당히 시술하여 병을 치료한 것처럼 해놓고 자신의 공로라고 자랑할 셈이로군."

열흘이 지나 편작이 다시 환공을 만났다. 그리고 이제 병이 근육 속으로까지 전이되었으니 빨리 치료하지 않으면 위중해질 것이라고 경고했다. 환공이 아무런 대꾸도 하지 않고 불쾌한 표정을 짓자 편작은 난감한 표정으로 물러나왔다.

다시 열흘이 지났다. 또다시 왕을 만난 편작은 심각하게 말했다.

"지금 대왕의 병이 위와 장에까지 침입하였습니다. 속히 치료해야 합니다."

환공은 여전히 병이 없다는 말만 되풀이하면서 편작의 말을 못마땅해했다.

다시 열흘 뒤 편작이 궁전에 들어왔는데 이번에는 먼발치에서 환공을 바라보고는 그냥 돌아갔다. 왕은 이상한 생각이 들어 사람을 보내 이유를 물었다. 편작의 대답은 이러했다.

"병이 살갗에 있을 때는 뜸으로 고칠 수 있고, 병이 근육에 있을 때는 침으로 고칠 수 있으며, 병이 위와 장에 있을 때는 탕약으로 고칠 수 있습니다. 하지만 병이 골수까지 미치면 그저 운명에 맡길 뿐 아무런 방도가 없습니다. 지금 대왕의 병이 골수에까지 이르렀으므로 아무 말도 하지 않은 것입니다."

닷새 후 환공은 극심한 통증을 느꼈고 급히 사람을 보내 편작을 찾았다. 그러나 편작은 진즉 채나라를 떠난 뒤였다. 얼마 뒤 환공은 결국 죽음을 맞이했다.

이 이야기에서 비롯된 성어가 '병을 숨기고 치료를 기피한다'는 뜻의 휘질기의諱疾忌醫다. 이는 남의 비난이 두려워 자신의 결점과 잘못을 숨기고 인정하지 않는 것을 비유한다. 즉, 실수를 만회할 기회를 스스로 버리는 어리석은 자를 일컫는 말이다.

공자는 《논어》에서 "허물이 있거든 고치는 것을 꺼리지 말라過則勿憚改"고 했다. 잘못을 확인하면 주저하지 말고 바로 인정하라는 얘기다. 자신의 병을 인정하지 않는 환자에게는 화타華陀나 편작 같은 천하의 명의도 아무 소용이 없듯 자신의 과오를 인정할 줄 모르는 리더에게는 어떤 경영 비법과 비술도 의미가 없다.

우리가 정말 두려워하고 경계해야 할 것은 실수 그 자체가 아니라, 실수를 인정하지 않고 같은 실수를 거듭하는 휘질기의의 어리석은 고집이다. 과거에 잃어버린 양을 생각하면서 탄식만 하지 말고 다시 튼튼하게 우리를 보수해 더 큰 손실을 막고 새로운 도약과 발전 기회를 만들어가는 것이 지혜로운 리더의 역량이다.

찾아보기 ▼

【 **미도지반** 迷途知返 】 길을 잃었지만 돌아갈 줄 알다. 잘못했어도 그 잘못을 알고 고칠 줄 안다는 말이다.《삼국지》에 원술袁術이 황제를 참칭하자 그의 친구 진규陳珪가 원술에게 "몸소 화를 시험하고 있으니 어찌 통탄하지 않으랴! 만약 길을 잃었더라도 돌아올 줄 안다면 그래도 화는 면할 수 있을 것이다以身試禍, 豈不痛哉. 若迷而知返, 尙可以免"라고 충고하였다. 원술은 친구의 충고를 무시했다가 결국 화를 당한다.

【 **현애륵마** 懸崖勒馬 】 낭떠러지에 이르러 말고삐를 당기다. 위험한 상황에 도달해서야 비로소 정신을 차린다는 뜻이다. 기윤紀昀의 《열미초당필기閱微草堂筆記》에 "이 서생은 낭떠러지에 이르러 말고삐를 당겼으니 크게 지혜롭다 하겠다此書生懸崖勒馬, 可謂大智矣"라는 구절이 보인다.

【 **집미불오** 執迷不悟 】 잘못을 계속하면서도 깨닫지 못하다. '완고하여 고치려 들지 않는다'는 뜻의 완고불화頑固不化, '거듭 가르쳐도 바꾸지 않는다'는 뜻의 누교불개屢教不改 등도 자신의 잘못을 인정하지 않는 고집스러운 모습을 형용한다.

【 **자이위시** 自以爲是 】 언제나 자신만 옳다고 여기다. 《순자》에 "모든 싸움하는 자는 언제나 자신만 옳고 남은 그르다고 생각한다. 자신은 정말 옳고 남은 정말 그르니 자기는 군자요 남은 소인이다凡鬪者必自以爲是, 而以人爲非也. 己誠是也, 人誠非也, 則是己君子而人小人也"라는 표현이 있다.

21

소탐대실

小貪大失

작은 것을 탐하다 큰 것을 잃다

욕심 없이 살아가기란 불가능에 가깝다. 우리의 모든 경제 행위는 욕심이라는 본능에 따라 이뤄지는 것이 아니던가. 더 많은 것을 갖고자 하는 열망은 때로 더 많은 것을 성취하게 하는 원동력으로 작용한다. 그러나 욕심에 사로잡힌 나머지 일의 경중을 헤아리지 못하면 소탐대실의 실패만 불러온다. 고대 중국의 오랜 역사에 소탐대실의 교훈을 들려주는 이야기는 무수히 많다. 먼저 한나라 때 지어진 책《신론新論》에 실린 이야기를 보자.

황금똥을 싸는 소

춘추전국시대 진秦나라는 서남쪽으로 변경을 마주하고 있는 촉나라를 병탄하고 싶은 욕심이 간절했다. 촉나라는 '하늘의 창고'라는 별명이 붙을 정도로 물산이 풍부했기 때문에 진나라가 천하통일을 도모하려면 먼저 촉나라를 차지해야만 했다.

강력한 군대를 보유한 진나라가 촉을 제압하는 것은 그다지 어려운 일이 아니었다. 문제는 촉으로 들어가는 길이 너무 험해 군대가 들어갈 수 없다는 사실이었다. 길이 어찌나 험한지 훗날 당나라 시인 이태백이 "촉으로 들어가는 것은 하늘에 오르는 것보다 더 어렵다"고 노래할 정도였다.

무슨 방법이 없을까 고민하던 진나라 혜문왕惠文王은 한 신하가 건의한 계책을 쓰기로 했다. 왕은 나라의 유명한 석수장이를 불러 푸른색이 감도는 큰 돌로 거대한 소 한 마리를 만들게 했다. 그리고 이 거대한 돌소를 촉나라로 통하는 산길 입구에 세워두고 몰래 금덩이 여러 개를 가져다가 돌소의 뒤쪽에 뿌리게 했다. 얼마 지나지 않아 산중에 황금똥을 싸는 신비한 소가 있다는 소문이 촉나라에까지 전해졌다. 욕심 많기로 소문난 촉나라 왕은 이 이야기를 듣고 침을 석 자나 흘렸다.

그러던 차에 진나라 혜문왕이 보낸 사신이 촉나라 조정에 도착했다. 사신은 혜문왕이 두 나라 사이의 선린외교를 위해 황금똥을 싸는 소를 선물로 바치고 싶어 하는데 길이 험해 아직 전달하지 못했다는 말을 전했다. 이 말을 들은 촉왕은 무수한 백성을 징발하고 힘이 세기로 유명한 다섯 명의 장정을 우두머리로 삼아 진나라와 촉나라를 잇는 큰 도로를 건설하게 했다.

험준한 산을 깎아 깊은 골을 메우는 과정에 적지 않은 희생이 따랐다. 백성의 불만과 원성이 높았지만 욕심에 눈이 먼 촉왕은 아랑곳하지 않고 공사를 서둘렀다. 우여곡절 끝에 진나라로 통하는 큰길이 열렸다. 그리고 그 길을 따라 황금똥을 싸는 소가 아닌 막강한 진나라 군대가 들어와 촉나라를 멸망시켰다.

촉나라 왕은 작은 것을 탐하다가 하늘의 창고같이 풍요로운 나라를 잃어버린 소탐대실의 어리석은 군주로 천하의 비웃음을 사게 되었다. 이렇게 해서 만들어진 촉으로 가는 길은 지금도 '황금소의 길'이라는 뜻의 금우도金牛道라 불린다.

금화를 써야 할 때

전국시대 후기 제나라 민왕 때의 일이다. 연나라 소왕이 천하의 인재를 모아 국력을 크게 강화하더니 마침내 여러 제후국과 연합해 제나라를 침공했다. 제나라는 연합국에 필사적으로 맞섰지만 대패했고, 군사들은 모두 도망쳐버렸다.

사직의 존망이 달린 절체절명의 순간에 제나라 장수 달자

達子는 이리저리 흩어진 도망병을 수습해 최후의 방어선을 구축했다. 그는 크게 떨어진 군의 사기를 북돋워주기 위해 민왕에게 사람을 보내 왕실 창고에 가득한 금화를 군사들에게 나누어 줄 것을 요청했다. 그러나 민왕은 불같이 화를 내면서 말했다.

"패잔병이나 이끄는 하찮은 것이 감히 왕실의 금화를 요구하다니! 금화는커녕 동전 한 푼도 어림없다!"

욕심 많은 민왕이 전혀 상황을 판단하지 못한 것이다. 사기가 떨어진 제나라 군대는 다시 연나라 군대에 대패하면서 최후의 방어선마저 무너졌다. 민왕은 궁전을 빠져나와 도망쳤고 도성으로 들어온 연나라 군사들은 민왕이 목숨처럼 아끼던 왕실 창고의 수많은 금화를 다 약탈해갔다. 금화라는 작은 이익을 탐하다가 금화는 물론 나라까지 잃어버린 제나라 민왕은 천하의 웃음거리가 되었다.

큰 성취를 이뤄내는 것의 핵심은 일의 선후를 아는 지혜, 경중을 헤아리는 지혜에 있는 것이 아닐까? 선후와 경중을 잘 구분하고 헤아려 아무리 황금소가 탐나도 그 소가 불러올 더 큰 화를 내다볼 줄 아는 리더, 아무리 금화가 아까워도 그 금화를 써서 얻을 더 큰 이익을 계산할 줄 아는 리더가 되기 바란다.

【 **애학실중** 愛鶴失衆 】 학을 사랑하여 무리를 잃어버리다. 역시 작은 것을 탐하다 큰 것을 잃는 어리석은 행위를 비유하는 말이다. 춘추시대 위나라 의공懿公은 학을 아주 좋아해 학을 많이 길렀다. 조정의 많은 신하가 매일 왕의 학을 돌봐야만 했다. 연나라에서 이 얘기를 듣고 수십 마리의 진귀한 학을 보내주었다. 의공은 매우 기뻐하며 이 학들을 높은 벼슬아치나 탈 수 있는 화려한 수레에 싣고 온 나라를 돌아다니며 백성에게 자랑했다. 이렇게 의공이 허세를 부리고 있을 때 오랑캐가 위나라를 침입했다. 의공은 백성을 징발해 싸움터로 보내고자 했지만 백성은 모두 비웃으며 말했다. "학이 높은 벼슬아치만 타는 수레에 탔으니 학도 벼슬을 한 셈이다. 학을 보내 싸우게 하면 되지 않겠는가. 우리는 먹지 못해 싸울 힘도 없다." 의공은 하는 수 없이 직접 군대를 이끌고 전쟁터로 갔으나 병사들 역시 어리석은 군주를 위해 싸울 뜻이 없었다. 의공은 마침내 전장에서 죽고 위나라는 멸망하였다.

【 **득불상실** 得不償失 】 얻은 것이 잃은 것을 보상하지 못하다. 소식의 〈화자유제일견기和子由除日見寄〉에 "시절을 느끼어 일의 변화에 탄식하느니, 얻은 것이 잃은 것을 보상하지 못하는구나感時嗟

事變, 所得不償失"라는 표현이 있다. '작은 것으로 인하여 큰 것을 잃다'라는 뜻의 인소실대因小失大도 득불상실과 함께 소탐대실의 뜻을 나타내는 성어로 자주 쓰인다.

22

증자운과

曾子耘瓜

증자가 오이밭을 김매다

모든 사회적 관계의 기초는 가족이다. 가족 관계는 크게 부모와 자식, 남편과 아내로 나눌 수 있는데 이 관계에서 기초 중의 기초는 바로 '효'다.

증자가 전하는 효의 핵심

어느 날 제자가 효를 묻자 공자가 말했다. "지금 사람들은 '효도' 하면 그저 부모를 잘 봉양하는 것이라고 생각하는 모양이다. 허나 개도 말도 다 열심히 기르지 않더냐. 공경하는 마음이 없으면 부모를 모시는 것이 개나 말을 기르는 것과 무엇이 다르겠느냐?"

부모를 공경하는 마음이야말로 효도의 핵심이라는 얘기다.

이 공경은 단순히 순종만 의미하는 걸까? 공자의 제자 중 효성으로 이름 높은 증자曾子가 젊은 시절에 경험한 일이다.

어느 날 증자가 아버지 증석曾晳을 따라 오이밭에 나가 김을 맸다. 한참 땀을 흘리며 열심히 일하던 증자는 그만 실수로 오이 뿌리 하나를 잘라버렸다. 그러자 곁에 있던 아버지 증석이 극도로 화가 나서 큰 몽둥이로 사정없이 증자를 내리쳤다. 얼마나 많이 맞았던지 증자는 그만 땅에 쓰러져 혼절하고 말았다. 얼마 후 깨어난 증자는 아무 일 없었다는 듯 명랑한 얼굴로 아버지 증석에게 말했다.

"제가 큰 잘못을 저질렀는데 아버지께서 힘껏 매를 가하여 저를 바로잡아주었습니다. 그렇게 매를 드느라 힘을 썼으니 병이라도 날까 염려됩니다. 어디 불편한 곳은 없으십니까?"

증자는 집에 돌아와 자기 방으로 들어가더니 거문고를 타면서 노래를 불렀다. 아버지가 그 노랫소리를 듣고 아들이 아무렇지도 않다는 것을 믿게 만들려는 행동이었다. 참 대단한 아들이 아닌가.

그런데 이 이야기를 들은 공자는 크게 화를 내며 제자들에게 이렇게 일렀다.

"앞으로 증삼(증자의 이름이 삼參이다)이 찾아오거든 우리 학당 문 안으로 들이지 말거라!"

이 소식을 들은 증자는 자신이 무엇을 잘못했는지 알지 못해 사람을 보내 공자에게 가르침을 청했다. 공자가 말했다.

"너는 옛날 순임금의 효도 얘기를 듣지 못했느냐. 그가 자신의 아비 고수瞽叟를 섬길 때 아버지가 그에게 일을 시키려 하면 부르지 않아도 어느새 달려와 곁에 있었지만, 고수가 순을 죽이려는 마음으로 찾으면 그 곁에 얼씬도 하지 않았다. 작은 매는 묵묵히 맞았어도 큰 몽둥이로 치려 하면 멀리 도망쳤다. 결국 고수는 아비답지 못한 죄를 범하지 않았고, 순 역시 지극한 효성을 잃지 않을 수 있었다. 한데 지금 너는 아비를 섬기면서 그 무지막지한 폭력과 분노에 네 몸을 맡겼으니 그러다 만에 하나 죽어버려 네 아비를 불의에 빠지게 만들었다면 이보다 더 큰 불효가 어디 있겠느냐!"

자신의 잘못을 깨달은 증자는 스승께 잘못을 사죄하였다.

이 이야기는 '증자가 오이밭에서 김을 매다'라는 뜻의 성어 증자운과로 전해지고 있다. 이는 효도의 핵심은 부모가 불의에 빠지지 않게 하는 것이라는 교훈을 준다. 무조건 순종하며 죽으라면 죽는 흉내라도 내는 것은 효도가 아니다. 증자운과 이야기는 증자의 저서 《효경孝經》에 좀 더 정리된 형태로 수록되어 있다.

대드는 아들이 진정한 효자

증자가 공자께 여쭈었다.

"부모를 공경하고 입신양명으로 효도하는 것은 말씀을 많이 들었습니다. 감히 여쭙습니다. 자식이 부모의 명령에 순종하기만 하면 효자라고 할 수 있습니까?"

공자께서 말하였다.

"그게 무슨 말도 안 되는 소리인가! 옛날 천자에게 대드는 신하 일곱이 있으면 그 천자가 비록 무도할지라도 천하를 잃지 않았고, 제후에게 대드는 신하 다섯이 있으면 그 제후가 비록 무도할지라도 나라를 잃지 않았으며, 대부에게 대드는 신하 셋이 있으면 그 대부가 비록 무도할지라도 가문을 잃지 않았다. 선비에게 대드는 벗이 있으면 그 선비는 명예로운 이름을 잃지 않을 것이며, 부모에게 대드는 자식이 있으면 부모는 불의에 빠지지 않을 것이다. 불의한 일을 마주하면 아들은 그 아비와 다투지 않을 수 없고, 신하는 그 임금과 다투지 않을 수 없다. 불의한 일에 다투지 않고 부모의 명령에 순종하는 것이 어찌 효를 행하는 것이겠느냐!"

"부모에게 대드는 자식이 있으면 그 부모는 불의에 빠지지 않는다父有爭子, 則身不陷於不義."

여기서 쟁자爭子란 '대드는 자식'으로 부모에게 바른 말로 직언하는 자식을 가리킨다. 부모에게 이런 쟁자가 있으면 부모는 큰 잘못을 범하지 않게 된다는 의미다. 부모의 말에 무조건 순종하는 것은 효가 아니며 부모의 잘못에 침묵하는 것 역시 불효라는 얘기다.

《공자가어孔子家語》에도 이 같은 교훈이 반복해서 나온다.

> 양약은 입에 쓰나 병에 이롭고, 충언은 귀에 거슬리나 행함에 이로운 법이다. 은나라 탕왕과 주나라 무왕은 반대하며 대드는 신하들 때문에 창성하였고, 하나라 걸왕과 은나라 주왕은 오직 순종만 하는 신하들 때문에 망해버렸다. 임금으로서 대드는 신하가 없는데도, 아버지로서 대드는 자식이 없는데도, 형으로서 대드는 동생이 없는데도, 선비로서 대드는 벗이 없는데도, 아무런 허물이 없던 사람은 지금껏 존재한 적이 없다. 그러므로 "임금이 실수하면 신하가 바로잡고, 아비가 실수하면 자식이 바로잡고, 형이 실수하면 동생이 바로잡고, 자신이 실수하면 벗이 바로잡는다"고 한 것이다. 이렇게 하면 나라에는 망할 징조가 없고 집안에는 어지러운 패악이 없으며 부자, 형제가 그 자리를 잃지 않고

벗이 끊어지지 않는다.

부모와 자식의 관계는 모든 사회적 관계에서 기초 중의 기초다. 이 기초가 바로 서야 다른 모든 관계가 정상적으로 작동하지 않겠는가? 자식은 부모에게 무조건 순종만 할 것이 아니라 바르게 성심껏 직언하고, 부모는 직언하는 자식의 말을 무시하지 말고 귀 기울여 들어야 한다. 증자 이야기로 효도의 개념을 새롭게 되새겨 바람직하고 건강한 가족 관계를 만들어 가기 바란다.

찾아보기 ▼

【 **희채오친**戲彩娛親 】 채색 옷을 입고 재롱을 부려 부모를 즐겁게 하다. 춘추시대 초나라의 은자 노래자老萊子는 효성이 지극하여 나이가 일흔이 되어서도 채색 옷을 입고 어린아이처럼 부모 곁에서 재롱을 떨어 부모를 즐겁게 하였다. 한번은 부모에게 주려고 물을 떠오다가 발을 헛디뎌 넘어졌는데 일부러 땅에 벌러덩 드러누워 어린아이처럼 울어서 부모를 웃게 만들었다. 희채오친은 이러한 노래자의 이야기에서 비롯된 성어다.

【 **설지통심** 嚙指痛心 】 손가락을 깨물어 가슴을 아프게 하다. 증자는 효성이 지극하였다. 한번은 증자가 산중으로 나무하러 갔는데 손님이 찾아왔다. 증자의 어머니가 어쩔 줄 몰라 하다가 자신의 손가락을 깨물었는데 산중에서 나무하던 증자가 갑자기 가슴에 심한 통증을 느꼈다. 무슨 급한 일이 있는 것이라 짐작한 증자가 서둘러 나무를 지고 돌아오니 어머니가 말했다. "급한 손님이 찾아왔기에 손가락을 깨물어 네게 알린 것이다." 설지통심은 이러한 증자의 이야기에서 비롯되었다.

23

대수장군
大樹將軍

큰 나무 장군

중국 안휘성 동성桐城시 서남쪽에는 특별한 골목이 있다. 이름하여 '여섯 자 골목'이란 뜻의 육척항六尺巷이 그것이다. 이 골목은 폭이 여섯 자, 그러니까 약 2미터고 길이는 100미터 정도다. 이 골목을 끼고 남북으로 오래된 두 저택이 마주하고 있는데, 하나는 청나라 재상을 지낸 인물이 기거하던 장張씨 집이요, 다른 하나는 그 지역 명문가인 오吳씨 집이다. 이 육척항이 세간에 널리 알려진 것은 다음과 같은 미담 때문이다.

육척항의 미담

이웃하여 살던 장씨 집과 오씨 집 사이에 문제가 생긴 것은 장씨네가 새로 집을 증축하면서부터였다.

장씨네가 건물을 신축하고 담을 새로 쌓았는데 오씨네가 보니 그 담이 자신의 집터까지 들어와 있었다. 이에 오씨가 항의하자 장씨는 무슨 얼토당토않은 말이냐며 담을 쌓은 곳은 자신의 땅이 분명하다고 주장하였다. 두 집안 모두 조상 대대로 살아온 집이라 조금도 양보할 뜻이 없었다.

결국 쌍방은 관청에 송사를 냈다. 두 집안 모두 혁혁한 명문 집안인지라 현령은 쉽게 판결을 내리지 못한 채 눈치만 보면서 시간을 허송하였다. 그러자 장씨 집안에서는 경사에서 대학사이자 예부상서를 맡고 있던 가장 장영張英에게 편지를 써서 상황을 알리고 도움을 받고자 했다. 재상이라는 권력에 기대면 문제를 쉽게 해결할 수 있으리라고 본 것이다. 그 편지를 접한 장영은 즉석에서 시 한 수를 지어 고향집으로 보냈다. 편지가 도착하자 장씨 집에서는 큰 기대를 안고 봉투를 열어보았으나 안에 든 것은 시 한 수가 전부였다.

편지 한 통 와서 살펴보니 단지 담장 때문이라,
저쪽에 석 자 땅을 양보하는 것이 무에 어려우랴.
만리장성은 지금까지 남아 있어도
당년의 진시황을 볼 수나 있다더냐.

一紙書來只爲墻,

讓他三尺又何妨.

長城萬里今猶在,

不見當年秦始皇.

장씨네 집안사람들은 즉각 장영의 뜻을 알아채고 바로 쌓았던 담을 헐어버리고 석 자를 양보해 다시 담을 쌓았다. 혁혁한 권세를 지닌 재상집에서 권력에 기대 침탈하기는커녕 외려 석 자 땅을 양보하니 오씨 집안에서도 감동을 받아 똑같이 석 자 땅을 양보해 다시 담을 쌓았다. 결국 두 집안 사이에는 여섯 자 폭의 골목길이 생겼다. 두 집안의 집터 싸움은 자연스럽게 해결되었고 마을 사람들은 편하게 이 육척항을 오가게 되었다.

비록 길이는 100미터 정도로 짧지만 그 길이 오가는 사람들에게 주는 교훈은 결코 짧지 않았다. 중국 국무원 부총리를 지낸 우이吳儀 여사를 비롯한 중국의 당 간부들은 종종 이곳에 들러 육척항의 역사적 교훈을 되새겼다고 한다. 권력을 자신의 사욕을 위해 쓰지 않고 백성에게 양보하는 겸양의 리더십을 배운 것이다.

겸양의 리더십, 풍이 장군

겸양의 리더십을 말할 때 빼놓을 수 없는 인물이 후한 광무제光武帝 시절의 걸출한 장군 풍이馮異다. 후한 개국에 가장 큰 공을 세운 풍이 장군은 군인으로서의 능력도 뛰어났지만 자신의 공을 내세우지 않는 겸양으로 더욱 큰 칭송을 받았다. 《후한서》 〈풍이전〉에는 다음과 같은 기록이 있다.

> 여러 장수가 둘러앉아 공을 따지고 있을 때 풍이는 항상 홀로 멀찌감치 큰 나무 뒤로 물러나 있었다. 그래서 군중에서는 그를 '큰 나무 장군'이란 뜻의 대수장군大樹將軍으로 불렀다.

후한 광무제를 보좌하며 가시밭길 같은 개국의 길을 연 공을 보자면 풍이를 능가할 사람이 없었다. 그런데도 그는 늘 자신의 공에 거하지 않았고 자랑하지도 않았다. 부하들은 이런 풍이 장군을 굉장히 존경하고 신뢰했다. 덕분에 풍이의 부대는 늘 최강의 전투력을 유지할 수 있었다. 군대 조직을 개편하면 모두 풍이의 소속 부대에서 근무하기를 원해 문제가 될 정도였다고 한다. 그의 영예로운 호칭 '대수장군'은 지금까지도

공이 많음에도 그 공을 누리려 하지 않고 남에게 양보하는 겸양의 리더를 가리키는 말로 쓰이고 있다.

하나를 양보하여 백을 얻다

양일득백, 쟁십실구讓一得百, 爭十失九, 이것은 '하나를 양보해 백을 얻고, 열 개를 다투다가 아홉을 잃는다'는 뜻으로 중국의 오랜 속담이다. 이 속담이 전하는 지혜는 양보는 하나를 잃는 것이 아니라 백 개를 얻는 방법이라는 것이다. 열 개를 얻겠다고 다투는 사람은 싸우느라 값비싼 비용을 치르기 때문에 열 개를 얻어도 그 비용을 따지면 이미 아홉 개는 잃어버린 것이나 다름없다는 뜻이다.

양보와 다툼 중에서 어떤 것이 더 지혜로운 것이겠는가? 풍이는 큰 나무 뒤로 몇 걸음 물러나는 작은 양보로 대수장군이라는 영예로운 이름을 청사에 남겼다. 육척항의 재상 장영은 겨우 석 자 땅을 양보해 모래처럼 많은 관리 중에서 불멸의 이름을 얻었다. 두 사람 모두 양일득백의 산 증거가 아니겠는가?

공자는 인仁을 묻는 제자에게 선난후획先難後獲이라고 대답했다. 이것은 어려운 일에는 앞장서고, 문제를 해결해 성과가 생기면 그 열매는 남에게 양보하고 자신은 뒤로 물러선다는 뜻이다. 이런 겸양의 미덕을 실천하는 사람이 바로 유가의 미덕인 인을 실천하는 사람이라는 얘기다. 지금은 보다 많은 것을 얻고 누리려는 경쟁의 시대지만 그렇다고 양보의 미덕에 담긴 힘이 줄어든 것은 결코 아니다. 양보로 천추의 아름다운 명예를 얻은 대수장군 풍이나 육척항의 장영 이야기를 보며 양보의 리더십, 겸양의 리더십을 깊이 생각해보기 바란다.

찾아보기 ▼

【 **좌수무언**坐樹無言 】 나무에 기대 앉아 아무 말 하지 않다. 대수장군 풍이의 겸양의 미덕을 표현한 것으로 공이 높으면서도 자랑하지 않는 모습을 가리킨다. 좌수불언坐樹不言으로 표현하기도 한다.

【 **척왕심직**尺枉尋直 】 한 자를 굽혀 여덟 자를 곧게 한다. 작은 것을 양보해 더 큰 이익을 얻는다는 뜻이다. 심尋은 8척尺이다. 진수陳壽의 사서《삼국지》에 "작게 굽혀 크게 펼치고, 공을 살리고 사를 소홀히 한다. 비록 한 자 굽히지만 여덟 자를 곧게 하는 것이니, 마침내 빛을 발휘하게 된다小屈大申, 存公忽私, 雖尺枉而尋直, 終揚光以發揮也"라는 말이 있다.

【 **공성불거** 功成不居 】 공을 세우고도 그 공을 자기가 차지하지 않는다. 여기서 거居는 '점유하다', '차지하다'의 뜻이다. 《노자》에 "낳아도 소유하지 않으며 행하여도 자랑하지 않고 공을 이루어도 차지하지 않는다生而不有, 爲而不恃, 功成而不居"라는 말이 있다.

玉篇

제 4 강

당장의 이익과 장래의 손해를 가리는 지혜

24

불기암실

不欺暗室

어두운 방에서도 속이지 않다

사회가 점점 개방을 향해 나아가면서 이제는 은밀하게 모의하던 악한 일까지 하나둘 모습이 드러나 사람들의 탄식과 분노를 자아내고 있다. 특히 어두운 밀실에서 더욱 부패하게 마련인 권력이 내뿜는 악취가 세상을 덮고 있다. 《중용中庸》에는 다음과 같은 인상적인 글이 있다.

"은밀하게 숨겨져 있는 것이 가장 잘 보이며, 미세하고 희미한 것이 가장 잘 드러난다莫見乎隱, 莫顯乎微."

어두운 밀실에서 행한 음험한 일일수록, 남의 시선을 가릴 것이라고 생각한 작은 일일수록 더 분명하고 또렷하게 드러나 남에게 알려진다는 의미다. 그러니 처신과 마음가짐에 더욱 조심하라는 말이다.

간신 재상 진회의 결말

중국 남송南宋 때의 일이다. 금金나라가 북방의 중원을 대부분 차지하고 있었다. 남송의 장군 악비岳飛는 군대를 이끌고 금나라와 용감히 맞서 싸워 수많은 백성의 존경을 받고 있었다. 반면 당시 남송 조정의 재상 진회秦檜는 자신의 권력을 공고히 하려는 욕심에 눈이 멀어 금나라와의 화친을 주장하며 자신의 명령에 따르지 않는 악비를 처단하려 하였다. 그렇지만 악비를 죽일 마땅한 죄목이 없었다.

어느 날 진회가 동쪽 창가에서 악비 일로 고심하는 모습을 본 부인 왕씨王氏는 그에게 다가와 사악한 제안을 했다.

"악비 수하에 있는 왕귀王貴가 군령을 어겨 악비가 그를 참수하려 했습니다. 여러 장수가 악비에게 청하여 겨우 죽음만은 면했으나 틀림없이 악비에게 원한을 품고 있을 겁니다. 그를 설득해 악비가 조정에 모반을 꾸민다고 고발하게 하면 어떻겠습니까?"

아내의 제안대로 왕귀를 끌어들인 진회는 악비에게 모반의 누명을 씌워 죽였다.

악비가 죽은 뒤 하루는 진회가 항주杭州 서호西湖에서 뱃놀이를 하다가 잠시 낮잠을 잤는데, 꿈속에 산발을 한 사람이 나타나 쩌렁쩌렁한 목소리로 진회를 꾸짖었다.

"진회 이놈, 너는 나라를 망치고 백성을 해쳤다. 내가 이미 옥황상제에게 고발하였으니 곧 너를 잡아갈 것이다!"

잠에서 깨어난 진회는 두려움에 떨다가 큰 병이 들어 죽어버렸다. 그가 죽고 나서 오래지 않아 아들 진희秦熺 역시 세상을 떠났다. 졸지에 남편과 아들을 잃은 부인 왕씨가 도사를 불러 제를 지냈는데, 도사가 비몽사몽간에 지옥을 다녀온 이야기를 왕씨에게 들려주었다.

"내가 지옥에 갔는데 목에 죄인의 칼을 찬 당신의 아들 진희를 보았소. 아버지는 어디 계시냐 물었더니 귀성鬼城 풍도豊都에 있다고 합디다. 그래서 그곳으로 갔더니 진회 대인께서 철판으로 된 큰 칼을 목에 두른 채 온갖 모진 형벌을 당하고 있습디다. 진회 대인께서 나를 보더니 부인께 전하라며 이르더군요. '아내에게 전해주시오. 우리가 동쪽 창가에서 모의해 악비를 죽인 일이 다 발각되었다고 말이오!'"

송나라와 원나라 때 민간에 유행하던 이 이야기는 명나라 전여성田汝成이 쓴 《서호유람지여西湖游覽志餘》에 수록되어 지금까지 전해오고 있다. 여기에서 비롯된 '동쪽 창가에서 모의한 일이 발각되었다'라는 뜻의 동창사발東窓事發은 밀실에서 은밀히 모의한 일이 백일하에 낱낱이 드러난 상황을 가리키는 말로 쓰인다.

오늘날 항주의 서호 남쪽 기슭에 가면 악비의 묘소를 볼 수 있다. 그 묘소 입구에는 진회 부부의 철제 조각상이 있는데, 이들은 옷이 벗겨진 채 무릎을 꿇고 있는 모습이다. 악비의 묘소에 참배하기 위해 온 사람들은 이곳을 지나며 그들을 향해 침을 내뱉는다. 어느 사회, 어느 역사에서든 음모는 결국 언젠가 낱낱이 밝혀지기 마련이다. 이것이 성어 동창사발이 우리에게 전해주는 교훈이다.

어두운 방에 홀로 있을지라도

춘추전국시대 위衛나라 영공靈公은 한밤중에 수레 한 대가 달려오는 소리를 들었다. 그 소리는 멀리서부터 점점 가까워지더니 궁문에 이르자 더 이상 들려오지 않았다. 얼마 후 다시 수레가 움직이는 소리가 들리다가 점점 멀리 사라져갔고 결국 아무 소리도 들리지 않았다. 영공은 이상하다는 생각이 들어 부인에게 물었다.

"지금 수레를 타고 온 사람이 누구인 것 같소?"

부인이 빙그레 웃으며 자신 있게 대답했다.

"대부 거백옥蘧伯玉이 분명합니다."

영공이 재차 물었다.

"어찌 그리 확신하오?"

그러자 부인이 정색을 하며 말했다.

"신하들이 대왕께서 계신 왕궁의 궁문을 지나려면 반드시 수레에서 내려 걸어가며 인군에게 경의를 표해야 합니다. 이것이 조정의 예절입니다. 그런데 많은 신하가 낮에는 수레에서 내려 예의를 갖추지만 아무도 보지 않는 밤에는 그 예를 갖추지 않습니다. 오직 대부 거백옥만 낮이나 밤이나 누가 보든 보지 않든 항상 예를 갖추어 행동하니, 오늘밤에 다녀간 사람은 그가 틀림없습니다. 대왕께서 믿지 못하겠거든 내일 알아보십시오."

영공이 다음 날 사람을 보내 알아보니 과연 밤중에 수레를 몰아 궁문에 이른 사람은 거백옥이 분명하였다. 이때 영공은 부인을 놀려줄 심산으로 일부러 거짓말을 했다.

"하하, 당신이 틀렸소. 그 사람은 거백옥이 아니었소."

부인은 기쁜 얼굴로 술을 한 잔 따라 영공에게 올리면서 말했다.

"전하, 경하드리옵니다."

"무엇을 경하한단 말이오?"

영공이 의아하다는 듯 물으니 부인이 즐거이 대답하였다.

"저는 우리 위나라에 거백옥 같은 현인이 더는 없다고 생각했습니다. 한데 오늘 대왕께서 하신 말씀을 듣고 거백옥 외에 또 한 명의 훌륭한 신하가 있음을 알게 되었습니다. 어질고 정직한 신하가 많을수록 위나라는 번영할 것이 아니겠습니까? 그래서 제가 경하를 드린 것입니다."

한나라 유향의 《열녀전》에 수록된 거백옥 이야기를 성어로 표현한 말이 바로 '어두운 방에서도 자신의 양심을 속이지 않는다'라는 뜻의 불기암실不欺暗室이다. 남들의 시선과 상관없이 항상 광명정대한 삶의 태도를 보이는 사람을 칭송하는 말이다. 어두운 밀실에서 세상을 속일 음모를 꾸미다 마침내 자신까지도 속이는 사람들과는 정반대의 자세다.

어느 날 밤 누군가가 중국 후한의 청백리 양진楊震을 찾아와 황금을 뇌물로 바치며 말했다.

"어두운 밤이니 아무도 모릅니다."

양진은 엄한 태도로 말했다.

"하늘이 알고 귀신이 알고 내가 알고 당신이 아는데 어찌 아무도 모른다는 것이냐!"

이 이야기에서 나온 말이 바로 사지四知다.

"천지신지아지자지天知神知我知子知!"

지금도 중국의 많은 양씨가 집 안에 사지당四知堂이라고 쓴 편액을 걸어 청백리 조상을 둔 가문임을 자랑한다고 한다.

하늘이 알고 귀신이 알고 나와 네가 알고 있는 음모와 속임수는 결국 드러나게 돼 있다. 진실만이, 정직만이 가장 큰 힘이요, 승리의 비결임을 기어하면서 언제나 불기암실의 광명정대한 리더의 모습을 잃지 마시기 바란다.

찾아보기 ▼

【 **노출마각** 露出馬脚 】 마각을 드러내다. 여기서 마각은 '말의 다리'를 뜻한다. 감추어져 있던 진실이 드러났음을 비유하는 말이다. 이 성어는 명절에 추던 기린춤에서 비롯되었다. 여기서 말하는 기린은 상상 속의 상서로운 동물이다. 사람들은 기린의 모습을 그린 가죽을 말 위에 씌워 기린을 대신하였는데, 한참 춤을 추다 보면 말의 다리가 드러나는 바람에 가짜인 것이 들통났다고 한다.

명나라 태조 주원장의 황후 마씨의 큰 발과 관련된 성어로 보기도 한다. 재략과 수완으로 주원장의 신임을 받은 그녀는 자신의 큰 발을 항상 부끄럽게 여겨 가리고 다녔다. 그런데 어느 날 궁궐 밖에 나갔다가 일진광풍이 불어 가리고 있던 큰 발이 드러나는 통에 온 백성이 그녀의 발이 크다는 사실을 알게 되었다고 한다. 이 기원에 따르면 감추어져 있던 말의 다리가 아니라 '마씨 황후의 다리'가 드러났다는 뜻이 된다.

【 **광명뇌락** **光明磊落** 】 사람의 행위가 정직하여 조금도 숨김이 없음을 뜻하는 말이다. 뇌락은 높고 빛나는 모습을 뜻한다. 《진서》에 "대장부가 행하는 일은 의당 광명정대하여 해와 달처럼 환해야 한다 大丈夫行事, 當磊落落, 如日月皎然"라는 표현이 있고, 송나라 주희朱熹의 《주자어류朱子語類》에는 "비유하자면 사람이 정직하여 숨김이 없으면 좋은 사람이요, 어리석어 어두침침하면 좋은 사람이 아니다 譬如人光明磊落底便是好人, 昏昧迷暗底便不是好人"라는 말이 있다.

25

엄이율기
嚴以律己

자기 책망을 엄하게 하다

어떤 사람이 어른스러운지 아닌지 따지는 기준 중 하나는 책임감의 유무다. 아무리 나이가 들었어도 자기가 한 일을 책임질 줄 모르는 사람은 어른답지 못하다는 비판을 받는다. 사회 또한 마찬가지다. 책임질 줄 모르는 사회, 서로에게 책임을 떠넘기기에 급급한 사회는 성숙한 사회라고 할 수 없다. 간혹 대형 사건에 연루된 지도층 인사들이 서로 책임을 떠넘기기에 급급한 모습을 보면 우리 사회의 미성숙한 모습을 보는 것 같아 민망하기 이를 데 없다.

자신에게 사형을 내린 법관 이리

춘추전국시대 진晉나라에 이리李離

라는 고위 법관이 있었다. 한번은 이리가 직속 부하 관리에게 중대한 사건 하나를 보고받았다. 부하의 조사 내용을 살핀 이리는 그것을 그대로 수용해 판결을 내렸고 그 사건에 관련된 사람 하나가 결국 사형에 처해졌다. 그런데 얼마 후 이 판결이 잘못되었음이 드러났다. 잘못된 심리로 억울하게 한 사람이 죽은 것이다. 이 사실을 안 이리는 즉각 자신을 옥에 가두고 자신에게 사형을 선고했다.

이 소식을 들은 진나라 문공文公이 급히 찾아와 그를 말리며 말했다.

"벼슬에는 귀천이 있고 형벌에는 경중이 있는 법이네. 더군다나 이 일은 사건을 조사한 관리에게 근본적인 책임이 있는 것이지 자네의 과실이 아니지 않은가?"

그러자 이리가 엄숙한 어조로 말했다.

"신은 법을 맡은 최고의 수장으로서 한 번도 이 높은 지위를 수하들에게 양보한 적이 없습니다. 제가 받은 많은 봉록 역시 한 번도 아랫사람들과 나눈 적이 없습니다. 지금 제가 사건을 면밀하게 살피지 못하여 억울한 죽음이 발생했습니다. 그 책임을 아랫사람에게 미루는 것은 지위와 봉록은 혼자 다 누리고 책임만 다른 이에게 넘기는 것이니 이런 이치는 있을 수 없습니다."

진문공이 다시 설득하였다.

"자네 말대로 자네가 정말 죽을죄를 졌다고 하세. 그렇다면 자네를 법관에 임명한 내게도 죄를 물어야 할 것이 아닌가!"

이리가 말했다.

"잘못 판결하여 누군가가 형을 살았다면 그 판결을 내린 법관도 형을 살고, 잘못하여 누군가가 죽었다면 그 법관 역시 죽어야 하는 것이 우리 진나라 법입니다. 대왕께서는 신이 복잡한 사안을 공정하고 세밀하게 살펴 바른 판결을 할 것이라 여겨 저를 법관으로 임명한 것일 뿐이니 어찌 대왕께 죄가 있겠습니까? 그 임무를 다하지 못하고 잘못 판결하여 사람을 죽게 만들었으니 제게 죽을죄가 있는 것은 자명한 이치입니다."

이리는 끝내 진문공의 사면령을 받아들이지 않고 자결했다.

사마천의 《사기》 〈순리열전〉에 나오는 이리의 이야기는 자신이 부여받은 권리는 모두 누리면서도 응당 져야 할 책임은 힘없는 아랫사람에게 미루기 일쑤인 우리 사회 지도층의 뒤틀린 자화상을 선명하게 비추는 거울이다. 법관 이리의 책임감 있는 모습은 '책임을 옆으로 미루지 않는다'라는 뜻의 성어 책불방대責不旁貸로 표현한다. 방旁은 '옆'이라는 뜻이고 대貸는 '미룬다'는 의미의 한자다.

공자는《논어》〈위령공衛靈公〉에서 다음과 같이 말했다.

> 자신에게는 책임을 두텁게 묻고, 남에게는 책임을 박하게 묻는다면 원망을 듣는 일에서 멀어질 것이다.
>
> 躬自厚而薄責於人, 則遠怨矣.

《논어》는 기본적으로 당시 사회 지배층을 대상으로 한 교훈이다. 그러므로 이 말은 지도층 인사가 책임을 다른 이에게 묻지 않고 스스로 무겁게 지면 백성의 원망과 사회적 비난이 일지 않을 것이라는 말로 해석할 수 있다. 거꾸로 생각하면 사회 지도층을 향한 많은 부정적 시각은 윗사람들이 자신의 책임을 아랫사람에게 전가하는 무책임한 모습에서 비롯된 것임을 짐작하게 한다.

자신에게 엄하게 책임을 물은 제갈량

제갈량이 아끼던 장수 마속의 목을 벤 일은 매우 유명하다. 이때 제갈량은 자신에게도 책임을 엄하게 물었다. 그는 후주 유선에게 표문을 올려 일의 전말을 알리고 다음과 같이 주청하였다.

"이 실패의 모든 책임은 신의 밝지 못함에 있습니다. 바라건대 신의 벼슬을 삼 등급 깎아내려 신의 모자람과 그릇됨을 꾸짖어주옵소서. 신은 부끄러움을 이기지 못하고 다만 엎드려 폐하의 명을 기다릴 뿐입니다."

황제는 그의 뜻을 받아들여 우장군右將軍으로 벼슬을 낮추었다. 이것은 '제갈량이 스스로 삼 등급을 낮추었다'는 뜻의 성어 자폄삼급自貶三級 이야기로 전해지는 《삼국지》의 한 대목이다. 실패의 책임을 지지 않으려고 이리저리 빼는 지도층 인사들의 후안무치한 모습을 말할 때 단골로 등장하는 이야기이기도 하다.

진나라 법관 이리의 죽음, 《논어》 속 공자의 교훈, 제갈량의 자폄삼급의 이야기를 한마디로 요약한 성어가 바로 '자기 책망을 엄하게 한다'는 뜻의 엄이율기다.

책임감 있는 성숙한 사회로 가는 첩경은 사회 리더들이 엄이율기의 모습을 회복하는 데 있다. 당나라의 대문호 한유의 굵은 음성을 들어보기 바란다.

> 옛 군자는 자신에게 책임을 물을 때는 무겁고 면밀하게 했고, 남에게 책임을 물을 때는 가볍고 간략하게 하였다. 지금 군자는 그렇지 않으니 남에게 책임을 물을 때는 상세하게 하고 자신에게 책임을 물을 때는 간소하게 한다.

古之君子, 其責己也重以周, 其待人也輕以約. 今之君子則不然, 其責人也詳, 其待己也廉.

찾아보기 ▼

【 **의불용사** 義不容辭 】 의로움에는 양보를 허용하지 않는다. 다른 일이면 몰라도 의로운 일을 행할 때는 절대 남에게 양보할 수 없다는 말이다. 《삼국지》에 "또한 나 현덕이 이미 동오의 사위가 되었으니 의로운 일은 남에게 양보할 수 없다且玄德旣爲東吳之婿, 亦義不容辭"는 표현이 있다. '인을 행함에 있어서는 양보하지 않는다'는 뜻의 당인불양當仁不讓도 유사한 뜻의 성어다.

【 **의무반고** 義無反顧 】 의로운 일이라면 뒤돌아보지 않는다. 해야 할 일이 도의상 합당한 일이라고 결론을 내리면 조금도 주저하거나 지체함 없이 앞으로 나아간다는 말이다. 반고反顧는 뒤돌아본다는 뜻이다. 한나라 사마상여司馬相如의 《유파촉격喻巴蜀檄》에 "칼날에 베이고 날아오는 화살을 뒤집어써도 의로운 일이면 조금도 돌아보지 않고 계책이 세워졌으면 뒤로 물러서지 않는다觸白刃, 冒流矢, 義不反顧, 計不旋踵"는 표현이 있다.

【 **추삼조사** **推三阻四** 】세 번 미루고 네 번 막다. 온갖 구실을 내세우며 응당 해야 할 일을 미루고 거절하는 태도를 가리키는 말이다. 원나라 때 《격강투지隔江斗智》에 "나는 지금 결코 이런저런 이유로 미루고 거절하는 것이 아니라 형씨가 맘대로 자주적으로 하도록 맡기는 것이오我如今并不推三阻四, 任哥哥自主之"라는 표현이 나온다.

26

명경고현

明鏡高懸

밝은 거울이 높이 매달려 있다

우리는 매일 거울을 보며 살아간다. 거울은 이런저런 활동으로 흐트러진 우리의 모습을 단정하게 바로잡아준다. 거울의 교정 능력은 겉모습에만 국한되지 않는다. 어떤 거울은 마음을 비추어 정직함을 되찾게 하고 또 어떤 거울은 생각을 비추어 지혜롭게 해주기도 한다. 이제부터 이 특별한 거울 이야기를 살펴보자.

은나라의 거울

《시경》에 〈탕蕩〉이라는 노래가 있다.

너희 은나라 마지막 왕이여 옛 사람의 말을 잊었는가.

큰 나무가 넘어져 뿌리를 드러내면
가지와 잎이 아직은 멀쩡하다 해도
뿌리가 끊겼으니 어찌 오래가리요.
은나라의 거울이 멀리에 있지 않으니
하나라 마지막 군주 걸이 다스리던 세상이
바로 앞에 걸려 있는 거울이 아닌가.

이 시에는 흥미로운 역사적 창작 배경이 있다. 주나라 여왕厲王은 재위 시절 안으로는 무거운 세금으로 백성을 괴롭혔고 밖으로는 영토 확장 전쟁으로 주변의 소수민족을 고통스럽게 했다. 더구나 백성을 감시해 자신을 비난하는 백성은 곧바로 잡아서 죽여 버렸다.

소공召公이 크게 염려하여 간언을 올렸다.

"백성의 입을 막는 것은 강물을 막는 것보다 위험합니다. 물을 막았던 제방도 한번 터지면 그 재해가 막대하지만, 백성의 입을 막았다가는 이보다 더 큰 재앙을 만날 것입니다."

하지만 여왕은 여전히 자기 멋대로 폭압적인 정치를 했고 몇 년 뒤 백성은 반란을 일으켜 궁궐로 쳐들어갔다. 허둥지둥 도망친 여왕은 결국 객지에서 죽음을 맞이했다.

《시경》의 이 시는 은나라의 마지막 임금 주가 포악한 정치를 행하는 바람에 나라가 망했는데, 이는 은나라 바로 앞에 있던 하나라의 마지막 임금 걸이 포악한 정치로 나라를 망하게 한 사실을 거울로 삼지 않았기 때문이라고 꼬집고 있다. 그러니 지금 주나라의 여왕도 하나라, 은나라가 패망한 역사적 사실을 거울로 삼지 않으면 똑같이 패망의 길로 가리라는 경고다.

이 시에서 나온 성어가 '은나라의 거울이 먼 곳에 있지 않다'라는 뜻의 은감불원殷鑑不遠이다. 이 성어는 실패 사례가 가까운 곳에 있으니 그것을 자신을 비추는 거울로 삼으라는 의미다.

우리의 길지 않은 현대사에도 정치든 경제든 거의 유사한 형식으로 패망의 길을 걸은 사례가 꽤 존재한다. 모두 바로 앞선 세대가 실패한 역사적 경험을 진지하게 거울삼지 않아 생긴 일들이다.

묵자는 말했다.

"군자는 물에 자신을 비추어보지 않고 사람에게 자신을 비추어본다. 물에 비추어보면 얼굴을 볼 수 있을 뿐이지만 사람에게 비추어보면 길흉을 알 수 있다君子不鏡於水而鏡於人, 鏡於水, 見面之容. 鏡於人, 則知吉與凶."

이는 이른바 이인위경以人爲鏡, 즉 '사람을 거울로 삼는다'는 말이다. 타인의 성공과 실패 사례를 자세히 살펴 거울로 삼으면 인간사의 길흉을 제대로 판단하는 지혜를 갖출 수 있다.

포청천의 거울

송나라 때의 판관 포청천包青天과 관련된 이야기는 제법 널리 알려져 있다.

포청천은 공평무사한 판결과 엄격한 법집행으로 많은 억울한 사람의 누명을 벗겨준 것으로 유명하다. 권력을 전혀 개의치 않고 개인의 친분에 조금도 매이지 않는 그의 모습에 철면무사鐵面無私라는 성어까지 생길 정도였다. 이것은 사적인 상황을 전혀 고려치 않는 철로 된 얼굴이란 뜻이다.

전설에 따르면 포청천은 어려서 우물에 빠졌다가 신비로운 거울 하나를 얻었다고 한다. 이 거울 위에 피를 뿌리면 저세상의 도깨비들까지 다 들여다볼 수 있었다. 포청천은 이 영험한 거울을 이용해 미궁에 빠진 무수한 사건을 해결함으로써 억울한 백성의 원한을 갚아주었다. 포청천은 자신이 죽고 난 후 탐관오리들이 권력을 이용해 백성을 괴롭힐 것을 염려하여 이 거울을 자신이 근무하는 개봉부 중앙에 높이 매달게 하였다.

세월이 흘러 포청천이 죽고 어느 탐관오리가 개봉부를 맡게 되었는데, 마침 형제간의 재산 분할 관련 소송이 들어왔다.

한몫 단단히 챙길 기회라 여긴 탐관오리는 형의 뇌물을 받고 동생에게 곤장형을 내리고, 동생의 더 큰 뇌물을 받고 형을 매질했다. 형제는 돌아가면서 더 높은 액수의 뇌물을 바쳤고 급기야 양측 모두 가산을 탕진하기에 이르렀다.

마침내 형제는 소송을 포기하면서 돈을 돌려줄 것을 요청했다. 탐관오리가 무슨 헛소리냐며 오리발을 내밀자 형제가 큰 소리로 외쳤다.

"저기 중앙에 밝은 거울이 높이 매달려 확실한 증거를 보여주고 있지 않습니까?"

개봉부에 모인 사람들의 시선이 일제히 중앙에 매달린 거울로 향했다. 거울은 탐관오리가 형제에게 막대한 뇌물을 받는 장면을 생생하게 재현하고 있었다. 이를 본 탐관오리는 대경실색하여 그 자리에 쓰러져 죽고 말았다.

이 포청천 이야기에서 비롯된 성어가 '밝은 거울이 높이 매달려 있다'라는 뜻의 명경고현이다. 관리의 판결이 공정하고 법을 집행함이 정의롭다는 뜻이다. 안목이 예리하고 식견이 뛰어나 전면적 통찰력을 갖춘 사람을 칭송하는 말로 쓰이기도 한다. 이 성어를 현대식으로 풀자면 '명경'은 정부나 기업이 부정한 길로 가지 않도록 감시하는 국민의 여론이나 언론의 공정한 비판이라고 할 수 있다.

여러분은 지금 거울을 보고 있는가? 당태종은 직언으로 늘 자신을 바로잡아주던 현신 위징이 죽자 다음과 같이 말했다.

"청동으로 거울을 삼으면 의관을 바로 할 수 있고, 역사로 거울을 삼으면 국가의 흥망을 알 수 있고, 사람으로 거울을 삼으면 자신의 사사로움을 바로 할 수 있다. 지금 위징이 죽어서 나는 훌륭한 거울 하나를 잃게 되었다."

여러분이 보고 있는 거울은 어떤 거울인가?

찾아보기 ▼

【 **대공무사** 大公無私 】 크게 공정하여 아무런 사심이 없다. 전체의 이익을 위해 개인적 득실을 따지지 않는다는 말이다. 한나라 마융馬融의 《충경忠經》에 "충이란 중심이니 지극히 공정하여 사심이 없는 것이다忠者中也, 至公無私"라는 표현이 있다. 이와 유사한 말로 '자기를 버리고 공을 위한다'는 뜻의 사기위공舍己爲公, '공을 위하여 사를 잊는다'는 공이망사公而忘私가 있다.

【 **양수청풍** 兩袖清風 】 두 소맷자락에 맑은 바람이 인다. 뇌물을 받지 않고 법을 엄격히 집행하는 청렴한 관리를 비유한다. 옛날

관원들은 소매가 넓은 관복을 입었는데 탐관오리는 몰래 받은 뇌물을 그 소맷자락에 넣어두었다. 어떤 관원이 청렴하면 그의 소맷자락은 텅 비어 맑은 바람만 들어 있을 것이다. 청나라 석옥곤石玉昆의 《삼협오의三俠五義》에 "안 노인은 살아 있을 때 사람이 정직하여 현윤을 맡았는데, 두 소맷자락에 맑은 바람이 일었고 씻은 듯 가난하였다. 맑기가 가을 물 같았고 엄정하기가 차가운 서리 같았다. 안타깝게도 병으로 죽자 가업이 쇠락했다因顔老爺在日爲人正直, 作了一任縣尹, 兩袖清風, 一貧如洗, 清如秋水, 嚴似寒霜. 可惜一病身亡, 家業零落"라는 표현이 있다.

【 **결당영사結黨營私** 】 무리를 이루어 사적인 이익을 도모하다. 송나라 주희의 《주문공문집朱文公文集》에 "재상이 당을 만들어 사적인 이익을 도모하니 관리 임명을 바로 하지 못하고 있다宰相植黨營私, 孤負任使"라는 표현이 있다.

27

집법여산

執法如山

법을 집행함이 산과 같다

송나라 조상曹商이 왕의 사신으로 진秦나라에 가자 진왕이 그를 반겨 수레 백 대를 주었다. 송나라로 돌아와 장자를 만난 조상은 한껏 뽐내며 말했다.

"이렇게 비좁고 지저분한 뒷골목에서 군색하게 짚신이나 삼고 버썩 마른 목에 누런 얼굴로 사는 것, 이런 일에 나는 소질이 없소. 수레 만 대를 가진 임금을 한번 일깨워주고 수레 백 대를 받아오는 일, 나는 그런 데 장기가 있지."

장자가 대답했다.

"진나라 왕이 병이 나서 의원을 부르는데 종기를 따서 고름을 빼내주는 의원에게는 수레 한 대를 주고, 치질을 핥아 고쳐주는 의원에게는 수레 다섯 대를 준다더군. 자네는 치질을 얼마나 핥아 고쳐주었기에 그렇게 많은 수레를 얻었는가."

《장자》〈열어구列禦寇〉에 나오는 이 이야기는 의롭지 않은 권력에 아첨하며 부귀영화를 누리는 세상의 속물들을 향한 장자의 통쾌한 일격이다. 남보다 뛰어난 능력으로 불의한 권력에 부역하며 부귀영화를 위해 정의도 양심도 모두 버린 사람을 보면 장자의 이 풍자를 그대로 옮겨 들려주고 싶어진다.

조나라 관리 조사 이야기

전국시대 조나라에 조사趙奢라는 출중한 병법가이자 장군이 있었다. 그는 수차례나 강력한 진나라를 격파하여 위기에 빠진 조나라를 구한 영웅이었다. 젊은 시절 그가 세무를 담당하는 하급 관리인 전부리田部吏 벼슬을 맡고 있을 때의 이야기다.

당시 조나라 혜문왕의 동생으로 권세가 혁혁했던 평원군平原君 조승趙勝이 정해진 세금을 내지 않았다. 조사가 평원군의 집으로 가서 세금을 징발하려 하자 평원군의 집사가 주인의 권세를 믿고 공무 집행을 노골적으로 방해하며 말했다.

"여기는 왕의 동생 평원군의 집이다. 말단 관리 주제에 어딜 감히 세금을 내라 마라 독촉하는 것이냐!"

조사가 말했다.

"왕의 동생일지라도 국법에 따라 정해진 세금을 내야 한다."

집사가 욕을 퍼부으며 쫓아내려 하자 조사가 단호히 말했다.

"무엄하다. 나라에는 국법이 있거늘, 국법을 어기고 세금을 내지 않으려는 자는 목을 벰이 마땅하다!"

그는 그 자리에서 공무를 방해한 평원군의 가신 아홉을 죽여버렸다. 격노한 평원군이 조사를 잡아 죽이려 하자 조사가 평원군을 향해 엄하게 말했다.

"그대는 일국의 재상인데도 세금을 내지 않고 그대의 가신들이 세무 집행을 방해하도록 방조하였으니 이는 공익을 위해 법을 지켜야 하는 공인의 도리를 저버린 것이오. 법이 물러지면 나라가 약해지는 법이고 나라가 약해지면 다른 나라의 침탈을 받아 결국 조나라도 망할 텐데 그러면 당신이 누리는 이 부귀영화를 어디서 얻을 수 있단 말이오? 그대가 귀한 신분으로서 솔선하여 국법을 지키면 온 나라의 상하가 모두 공평해질 것이오. 상하가 공평하면 나라가 부강해지고 나라가 부강하면 조씨 왕조가 공고해질 것이니 당신 또한 계속하여 온 천하의 존경을 받지 않겠소?"

조사의 말에 감동한 평원군은 그를 풀어주고 왕에게 뛰어난 인재라며 적극 추천했는데, 왕은 그를 나라의 세무를 지휘하는 총책임자에 임명하였다. 그러자 나라의 세금 제도가 바르게 틀이 잡히고 집행이 공평하게 이루어져 백성이 부유해지면서 국고가 충실해졌다.

《사기》에 나오는 이 이야기에서 비롯된 성어가 '공익을 위해 법을 지킨다'는 뜻의 봉공수법奉公守法이다. 권세의 부당한 압력에 굴하지 않고 끝까지 법을 수호한 조사의 단호하고 용기 있는 모습은 청사靑史에 깊이 새겨져 오늘날까지 찬연히 빛을 발한다.

《한비자》〈유도편有度篇〉에 '법은 권세에 아부하지 않는다法不阿貴'는 말이 나온다. 법을 집행할 때 가장 경계해야 하는 대목이 바로 아귀阿貴, 즉 '부귀한 자에게 아부하는 것'이다. 법이 권력에 아부하면 법의 생명인 공정성을 잃어 죽은 법이 되고 만다. 법불아귀 정신을 잘 구현한 또 다른 예를 여기 소개한다.

권력에 아부하지 않는 말단 관리 이원굉

당나라 때 이원굉李元紘이라는 관리가 있었다. 그는 옹주雍州에서 사호司戶라는 낮은 벼슬을 하고 있었는데, 이는 백성의 각종 소소한 민원을 듣고 해결해 주는 말단 관직이었다. 그는 매사를 성실하고 공정하게 처리해 옹주 백성의 신임을 얻었다.

어느 날 옹주의 한 절에서 스님들이 찾아와 억울함을 호소하였다. 당시 황제의 여동생으로 권세가 혁혁했던 태평공주太平公主가 절에 놀러왔다가 절에서 쓰는 커다란 맷돌을 보고는 탐을 내 동의도 구하지 않고 무단으로 가져갔다는 것이었다. 이원굉은 이 사건을 꼼꼼히 조사한 후 태평공주에게 즉각 맷돌을 절에 돌려주라고 판결했다.

이 판결이 나자 화들짝 놀란 것은 이원굉의 직속상관인 옹주자사雍州刺史 두회정竇懷貞이었다. 두회정은 권력자에게 끝없이 아부하며 자신의 영달만을 위해 살아온 전형적인 소인배였다. 당시 실세였던 태평공주의 눈 밖에 나서 자신의 앞길이 막힐 것을 염려한 두회정은 이원굉을 불러 야단을 치며 판결을 번복할 것을 요청했다. 그러자 이원굉은 얼굴색 하나 변하지 않고 곧장 붓을 들어 판결문이 적힌 공문서 여백에 다음과 같이 썼다.

"남산가이, 차판무동南山可移, 此判無動."

종남산은 옮길 수 있어도 이 판결은 바꿀 수 없다는 의미였다. 이원굉이 공정한 법 집행을 위해 조금도 물러서지 않고 권력에 단호하게 맞서자 그의 직속상관 두회정과 실세 태평공주도 어쩔 수 없이 법을 따라야 했다.

《구당서》에 전하는 이 이야기를 '법을 집행함이 산과 같이 흔들림이 없다'라는 뜻의 성어 집법여산으로 표현한다. 법을 집행하면서 권세에 아부하지 않는 법불아귀의 정신을 잘 보여주는 성어다. 권력의 으름장에도 굴하지 않고 끝까지 법을 수호한 이원굉은 이후 어떤 직책에서든 줄곧 훌륭한 업적을 쌓았고 마침내 재상의 반열에까지 올랐다.

지금 우리에게는 그 어느 때보다 '공익을 위해 법을 지키는' 봉공수법의 대의가 절실하다. 권력의 불의한 압력에 맞서 '공익을 우선하는' 원칙을 지키고 태산처럼 요동 없이 법의 공정성을 수호한 이원굉 같은 사람이 많아지길 바란다. 우리 사회 곳곳에 켜켜이 쌓인 어둠을 밀어내고 공평과 정의의 새 아침을 열어가는 것은 그런 사람들이 있어야 가능하기 때문이다.

찾아보기 ▼

【 **강정불아** 剛正不阿 】 강직하고 방정하여 아부하지 않다. 청나라 포송령蒲松齡의 《요재지이聊齋志異》에 "제남에서 동지 벼슬을 하는 오공은 강직하고 방정하여 아부하지 않았다濟南同知吳公, 剛正不阿"라는 표현이 있다.

【 **아유봉승** **阿諛奉承** 】 아첨하고 비위를 맞추다. 아유阿諛는 아첨한다, 봉승奉承은 남을 받들어 모신다는 뜻으로 모두 상대방의 비위에 맞춰 아첨하고 알랑거리는 것을 가리킨다. 명나라 동로고광생東魯古狂生의 《취성석醉醒石》에 "그는 오히려 쉽게 채워지는 작은 그릇이다. 하물며 이 소인은 남들 앞에서 오직 아첨하고 알랑거릴 뿐임에랴他卻小器易盈, 況且是個小人, 在人前不過一味阿諛奉承"라는 글이 있다.

【 **극기봉공** **克己奉公** 】 사사로움을 이겨내고 공적인 일을 중시하다. 멸사봉공滅私奉公과 같은 말이다. 엄격한 법 집행으로 후한 광무제의 신임을 얻은 제준祭遵을 《후한서》는 이렇게 평가하고 있다. "제준은 사람됨이 청렴하고 검소하며 신중하여, 자신의 사사로움을 이겨내고 공적인 일을 중시하였다. 황제에게 상을 받으면 그때마다 병사들에게 다 나눠주어 집에 재산이 없었다遵爲人廉約小心, 克己奉公, 賞賜輒盡與士卒, 家無私財."

【 **공이망사** **公而忘私** 】 공을 위해 사를 잊다. 전체의 이익을 위해 개인의 득실을 고려하지 않는다는 뜻이다. 《한서》 〈가의전賈誼傳〉에 "신하된 자는 임금을 위해 몸을 잊고 나라를 위해 집을 잊으며 공을 위해 사를 잊나니, 이익이 있어도 구차히 나아가지 않

고 해가 있다고 구차히 떠나지 않는 바 오직 의가 있을 뿐이다爲人臣者主而忘身, 國而忘家, 公而忘私, 利不苟就, 害不苟去, 唯義所在"라는 글이 있다.

【 **가공제사**假公濟私 】 공적인 명분을 빌려 사적인 이익을 도모하다. 《한서》〈두업전杜業傳〉에 "(재상 적방진翟方進이) 상벌의 권한을 멋대로 하여 아부하는 자에게는 후하게 상을 주고 뛰어난 인재는 배척하며 공적인 명분으로 사적인 복수를 행하여 아무런 거리낌도 없이 방종한다專作威福, 阿黨所厚, 排擠英俊, 托公報私, 橫厲無所畏忌"라는 말이 있다. 주희의 《주자어록》에 "당태종이 태자 이건성을 죽인 것을 주공이 관숙과 채숙을 죽인 것과 비교하는데 이는 공과 사의 관점에서 판단해야 한다. 주공은 완전히 주 천하를 자신의 마음으로 여겼지만, 당태종은 공적인 명분을 빌려 사적 욕심을 도모한 사람이다太宗誅建成, 比於周公誅管蔡. 只消以公私斷之. 周公全是以周家天下爲心, 太宗則假公以濟私欲者也"라는 기록이 있다.

28

이령지혼
利令智昏

이익이 지혜를 어둡게 하다

우리는 간혹 정관계 거물급 인사가 거액의 뇌물을 받아 하루아침에 구속되면서 이름이 땅에 떨어지는 일을 목격한다. 이들은 재능과 노력으로 성공의 길을 걸으며 사회에서 많은 이들의 존경을 받은 사람들이다. 누구보다 시비를 분명히 알 것 같고 누구보다 득실을 잘 헤아릴 것 같은 사람들이 왜 그렇게 어리석은 행동으로 스스로를 파멸로 몰아가는지 참으로 안타깝기 그지없다.

황금에 눈이 먼 제나라 사람

춘추전국시대 제나라에 아주 욕심 많은 사람이 있었다. 그는 열심히 일할 생각은 하지 않고 오직 일확천금만 꿈꾸는 게으른 사람이었다. 어느 날 그가 옥황상제에게 황금으로 가득한 집을 선물받는 꿈을 꾸었다. 그는 눈부신 금덩어리를 어루만지다가 너무 흥분하여 순간 꿈에서 깨어났다. 다시 초라한 현실로 돌아온 그는 자신의 남루한 삶을 단박에 화려한 삶으로 바꾸어줄 황금을 고대하며 욕망으로 들끓었다. 길몽까지 꾸었으니 어쩌면 재물의 신이 자신에게 행운을 줄지도 모른다는 막연한 기대를 안고 그는 번화한 저잣거리로 향했다.

저자에 들어서자마자 그의 눈을 사로잡은 것은 황금과 청옥으로 만든 여러 모양의 그릇을 파는 가게였다. 아침햇살을 받아 찬연하게 빛나는 황금을 보는 순간 그는 이것이 어젯밤 옥황상제가 자신에게 선물로 준 황금이라는 확신이 들었다. 그는 감격에 겨워 큰 소리로 "황금, 내 황금이다!"라고 외치며 가게에 진열된 황금을 향해 돌진하였다. 그리고는 황금 두 덩이를 손에 움켜쥐고 몸을 돌려 도망치기 시작했다.

백주대낮에 눈앞에서 자신의 황금을 도둑맞은 주인은 얼이 빠져 있다가 가까스로 정신을 차리고 "도둑놈 잡아라!" 하고 외쳤다. 마침 순찰을 돌고 있던 포졸들이 그 소리를 듣고 달려오는 바람에 황금 도둑은 얼마 가지 못하고 붙잡혀 꽁꽁 묶이고 말았다. 포졸들이 어이없어 하며 물었다.

"너는 도대체 무슨 배포로 수많은 사람이 보고 있는 백주대낮에 남의 황금을 도둑질할 생각을 한 것이냐?"

포졸의 질문에 비로소 꿈에서 깨어난 듯 도둑이 말했다.

"제 눈에는 사람들이 전혀 보이지 않았습니다. 제 눈에는 오직 황금만 보였습니다."

《열자列子》에 나오는 이 이야기에서 비롯된 성어가 '제나라 사람이 황금을 움켜쥐다'라는 뜻의 제인확금齊人攫金이다. 재물과 권력을 지나치게 탐내는 바람에 이성이 마비되어 합리적인 판단을 하지 못하게 된 사람을 비웃는 내용이다.

어쩌면 우리 사회에서 거액의 뇌물을 받아 하루아침에 명예와 자유를 잃어버린 사람들도 똑같은 말을 할지도 모른다.

"제 눈에는 사람들이 전혀 보이지 않았습니다. 오직 재물과 권력만 보였을 뿐입니다."

작은 이익에 홀려 큰 손실을 초래하다

기원전 262년 진秦나라가 대군을 이끌고 한韓나라를 공격했다. 한나라는 강력한 진나라의 상대가 되지 못했다. 진나라 군대는 손쉽게 한나라의 야왕野王을 점령한 뒤 동남부에 있는 상당上黨을 향해 진격했다. 야왕이 함락되면서 고립무원에 빠진 상당의 장수 풍정馮亭은 이웃나라인 조나라에 사신을 보내 상당을 조나라에 넘기는 조건으로 도움을 요청했다.

당시 조나라의 국정을 맡고 있던 평원군은 진나라와의 관계가 악화될 것을 염려하는 주변 사람의 만류에도 불구하고 넓고 비옥한 상당이 탐나 풍정의 제의를 받아들였다.

다 익어 입으로 가져가던 고기를 순식간에 엉뚱한 사람에게 빼앗겨버린 진나라가 가만히 있을 리 없었다. 진나라 왕은 용장 백기白起가 이끄는 강력한 군대를 보내 조나라를 치게 했다. 삼 년 넘게 이어진 이 전쟁에서 조나라는 40만 대군이 몰살당하는 비극을 겪고 나라가 거의 망할 지경에 이르렀다.

사마천은 《사기》에서 평원군을 이렇게 평가했다.

"속담에 이르기를 '이익이 지혜를 어둡게 한다'고 했다. 평원군은 상당 장수 풍정의 그릇된 제의를 탐하여 장평에서 조나라 40만 대군을 잃었고 나라가 거의 망할 지경에 이르게 하였다."

사마천이 인용한 속담 '이익이 지혜를 어둡게 한다'는 뜻의 이령지혼은 눈앞에 펼쳐진 당장의 이익에 홀리면 지혜로운 사람도 어리석은 판단을 내린다는 말이다. 넓고 비옥한 상당이라는 이익에 홀려 진나라와 원수가 되고 결국 자국에 더할 수 없이 큰 화를 안겨준 평원군은 이령지혼의 전형적인 사례다.

본심을 잃은 사람들

《맹자》〈고자상편告子上篇〉에는 다음과 같은 맹자의 언설이 있다.

> 밥 한 그릇, 국 한 그릇을 얻어먹으면 살고 못 얻어먹으면 죽을 정도로 절박한 상황에서도 누군가가 욕을 하면서 먹으라 하면 길을 가는 배고픈 백성도 먹으려 하지 않고, 발로 차서 건네주면 거지조차 받으려 하지 않을 것이다. 그런데 만종萬鍾의 엄청난 봉록을 제의받으면 예와 의를 따지지도 않고 받는다. 만종 봉록이 무슨 좋은 점이 있는가? 화려한 가옥을 위해서인가? 처첩의 시중을 위해서인가? 아니면 가난한 사람들이 내게 고마워하게 만들기 위해서인가? 이전에는 예를 따져 차라리 죽을지언정 밥 한 그릇조차 받지 않았는데, 지금은 화려한 저택을 위해 만종 봉록을 성큼 받는단 말인가? 이전에는 의를 따져 차라리 죽을지언정 국 한 그릇조차 받지 않았는데, 지금은 처첩을 두기 위해 만종 봉록을 냉큼 받는단 말인가? 이전에는 그토록 예와 의를 따지더니 지금은 가난한 친구 자신이 베푸는 은혜에 감격하게 하려고 만종 봉록을 묻지도 따지지도 않고 받는단 말인가? 이런 짓을 도무지 그만둘 수 없는가? 이런

행위를 두고 본심을 잃었다고 말하는 것이다.

실기본심失其本心, 즉 맹자가 말한 본심은 하늘이 부여한 천성이자 우리의 양심에 깃든, 부끄러워할 줄 아는 수오지심羞惡之心이다. 소소한 이익 앞에서는 예와 의를 따지며 대인군자처럼 행동하던 사람들이 엄청난 이익 앞에서는 양심과 소신을 다 버리고 화려한 주택, 미모의 처첩으로 대변되는 저급한 욕망에 철저하게 복종한다는 말이다.

이로움을 극대화하고 손해를 극소화하는 것은 모든 지혜로운 경영의 기본이다. 한데 이 이로움이라는 과실은 크기가 클수록 모두의 표적이 되어 분쟁도 커지게 마련이다. 이때 꼭 필요한 것이 당장의 이익과 장래의 손해를 구분하는 지혜다. 당장의 이익에 휩쓸려 지혜가 흐려지지 않도록 이령지혼의 충고를 잘 기억하기를 바란다.

찾아보기 ▼

【 **유리시도** 唯利是圖 】 오직 이익만 꾀할 뿐이다. 남들이 죽든 말든 자신의 이익 외에는 어떠한 것도 고려하지 않는다는 뜻이다.

진晉나라 갈홍의 《포박자》에 "이름이 그 실제에 지나치니 말을 부풀려 속이려 함이요, 안으로 탐심이 가득하니 오직 이익만 꾀할 뿐이로다名過其實, 由於夸誕, 內抱貪濁, 唯利是圖"라는 표현이 있다.

【 **이욕훈심** **利欲熏心** 】 이익을 향한 욕심으로 마음이 그을려지다. 재물 욕심이라는 불에 마음이 시커멓게 그을려 밝음을 잃고 미혹되었다는 의미다. 송나라 황정견黃庭堅의 《증별이차옹贈別李次翁》에 "이익을 향한 욕심으로 마음이 그을려 남들을 따라 날개를 폈다 접었다 한다利欲熏心, 隨人翕張"는 표현이 있다.

【 **견리사의** **見利思義** 】 이를 보면 의를 생각한다. 자신이 얻은 재물이 부정한 수단으로 얻은 것은 아닌지 생각한다는 뜻이다. 《논어》 〈헌문憲問〉에 "이를 보면 의를 생각하고, 위험을 당하면 목숨을 바칠 것을 생각하고, 오랫동안 곤궁에 처하여도 평소에 한 말을 잊지 않으면 가히 완전한 사람이라 할 수 있다見利思義, 見危授命, 久要不忘平生之言, 亦可以爲成人矣"라는 말이 있다.

29

천리아모
千里鵝毛

천 리 길을 걸어 백조 깃털을 바치다

일명 '김영란법'이 한국 사회 각 분야에 변화를 일으키고 있다. 이것은 부정한 청탁을 금해 깨끗하고 공정한 사회를 만들자는 취지니 다소 혼란이 있어도 지혜롭게 시행해 잘 정착이 되었으면 하는 바람이다. 2016년 세계경제포럼WEF이 국가별 부패지수를 공개했다. 경제협력개발기구OECD 국가 중 부패 정도가 가장 심한 국가 11개국을 선정했는데, 대한민국은 11개국 중 9위를 차지했다. 김영란법은 이 심각한 상황을 인지한 국민의 광범위한 인식이 이끌어낸 정책이란 점에서 다행이란 생각이 든다.

돈으로 귀신도 부릴 수 있다

당나라 대신 장연상張延賞이 재정을 관장하는 탁지부度支部에 부임했을 때의 일이다. 부임에 앞서 억울한 누명을 쓴 것으로 보이는 큰 사건 하나를 알았던 그는 부임하자마자 사건의 전모를 다시 조사할 작정으로 아래 관리들을 불러 엄하게 분부했다.

"이 사건은 피해자가 거듭 억울함을 호소하고 재조사를 요청하였음에도 불구하고 지금까지 오랫동안 방치하고 있었으니 필시 무슨 곡절이 있을 것이다. 이 사건과 관련된 인물들을 철저히 조사하여 열흘 내에 진실을 밝히도록 하라!"

대신의 추상 같은 명령에 주무 관료들의 얼굴에 수심이 가득 드리워졌다.

이튿날 장연상이 관청에 나갔더니 종이 한 장이 책상 위에 놓여 있고 그 위에 이렇게 쓰여 있었다.

'삼만 관貫을 내놓을 것이니 사건을 덮어주기 바랍니다.'

삼만 관이면 오늘날로 환산해 무려 6억 원에 달하는 거액이다. 노골적인 뇌물 제안에 장연상이 대노하여 큰 소리로 외쳤다.

"삼만 관으로 내 깨끗한 양심을 사겠다는 것이냐! 여봐라! 내 반드시 이 사건을 파헤칠 것이니 닷새 안으로 단서를 찾도록 하여라!"

다음 날 아침 관청에 출근한 장연상은 '오만 관을 내놓을 테니 편의 좀 바랍니다'라는 글이 쓰인 쪽지를 발견했다. 이에 장연상은 더욱 마음을 다잡고 부하 관리들을 더 다그쳐 사흘 안으로 사건을 조사해 종결할 것을 주문했다.

나흘째 아침, 그의 책상에는 어김없이 쪽지 한 장이 기다리고 있었다. 이번에는 딱 네 글자가 쓰여 있을 뿐 다른 어떤 주문도 없었다. '전십만관錢十萬貫', 그 네 글자를 읽은 장연상의 얼굴이 순간 창백해졌다. 온몸에 힘이 빠져나가 비틀거리며 겨우 자리에 앉은 그는 곁에 있는 부하 관리에게 중얼거리며 말했다.

"이 사건은 이미 명명백백하게 조사가 끝난 것이다. 자네들은 왜 내게 진즉 말해주지 않았느냐!"

얼마 후 그의 아들이 물었다.

"어째서 이 사건을 더 조사하지 않은 겁니까?"

장연상은 마치 누가 들을까 무섭다는 듯 조심스럽게 대답했다.

"아들아, 돈이 십만 관이다. 이 돈이면 귀신도 부릴 수 있는 거액인데 무슨 일인들 못하겠느냐. 돈이야 거절할 수 있지만 목숨까지 버릴 수는 없는 것 아니겠느냐!"

당나라 때 장고張固가 쓴 《유한고취幽閑鼓吹》에 실린 이 이야기에서 비롯된 성어가 '돈은 귀신과도 통할 수 있다'는 뜻의 전가통신錢可通神이다. 청백리조차 한순간에 무력화하고 공정해야 할 법을 멋대로 농락하는 뇌물의 막대한 영향력을 풍자한 내용이다. 이제 우리 사회도 김영란법 같은 부패방지법이 잘 정착되어 전가통신이라는 그릇된 관념이 속히 사라졌으면 싶다.

백조 깃털 하나에 담긴 무거운 정성

명나라 때 서위徐渭가 쓴 《노사路史》에 뇌물로 시작했다가 선물이 된 재미있는 이야기가 실려 있다.

운남雲南 지역을 다스리던 지방의 한 토호土豪가 황제에게 잘 보일 요량으로 아름다운 백조 한 마리를 예물로 보내기로 했다. 그는 많은 비용을 들여 깃털이 눈처럼 희고 자태가 풍만한 아름다운 백조를 준비했다. 그리고 부하 중에서 성실하고 책임감이 강하며 언변이 뛰어난 면백고緬伯高를 시켜 그 귀한 백조를 먼 장안에 있는 황제에게 전달하도록 했다. 그는 이 특별한 예물이 황제의 마음을 움직여 자신의 앞길을 열어줄 것으로 확신했다.

면백고는 가는 내내 백조를 정성껏 돌보면서 긴 여행을 계속했다. 일행이 호북성 면양호沔陽湖에 이르렀을 때 면백고는 여행길 먼지에 더러워진 백조를 호숫가로 안고 가 조심스럽게 씻겼다. 그런데 면백고가 잠시 힘을 빼는 찰나 백조가 날개를 맹렬하게 퍼덕이더니 하늘 높이 날아가버렸다. 순식간에 일어난 일이라 망연자실 하늘만 바라보고 있던 면백고 앞으로 백조의 깃털 하나만 펄렁이며 날아왔다. 면백고는 그 깃털 하나를 붙잡고 실성이라도 한 듯 대성통곡했다. 그리고 무슨 생각에서인지 깃털 하나만 달랑 들고 황제가 있는 장안으로 먼 길을 떠났다. 산 넘고 물 건너 마침내 장안에 도달한 그는 황제를 알현하고 백조의 깃털 하나를 바쳤다. 놀란 황제가 이것이 무엇이냐고 묻자 면백고는 시 한 수를 지어 황제에게 바쳤다.

백조를 당나라 조정에 바치고자
높은 산 먼 길을 하염없이 걸어왔건만,
면양호에서 백조가 날아가버리니
땅을 치며 울고불고 한들 아무 소용없어라.
당 천자께 고하옵나니
면백고를 용서하여주옵소서.

예물은 가벼우나 사람의 정성은 무거우니
천 리 먼 길 걸어 백조 깃털 하나 바치옵니다.
將鵝貢唐朝, 山高路遠遙.
沔陽湖失去, 倒地哭號號.
上覆唐天子, 可饒緬伯高.
禮輕人意重, 千里送鵝毛.

이 시를 읽은 황제는 그의 정성과 글에 감동하여 죄를 묻지 않고 오히려 큰 상을 내렸다.

이 이야기에서 비롯된 성어가 '천 리 길을 걸어 백조 깃털을 바친다'는 뜻의 천리아모다. 비록 예물은 깃털처럼 가볍지만 그 예물에 담긴 마음은 천 리 길을 걸어온 사람의 정성처럼 천금같이 무겁다는 의미다.

예나 지금이나 상대방의 감동을 자아내는 것은 예물의 중함이 아니라 그 예물에 담긴 마음이다. 더구나 이제 중한 예물은 뇌물로 둔갑해 위법이 될 수도 있으니 가벼운 예물에 무거운 마음을 담는 묘수가 더욱 필요하다. 천리아모의 선물로 사람의 마음을 얻는 지혜로운 리더가 되기 바란다.

【 **유전능사귀추마 有錢能使鬼推磨** 】 돈이 있으면 귀신을 시켜 맷돌을 돌릴 수도 있다. 금전 만능을 표현하는 중국 속담이다. 명나라 풍몽룡馮夢龍의 《유세명언喻世明言》에 "바로 '관에서 처리하는 사건은 삼 일이 지나면 흐지부지되지 않는 것이 없다'는 말이요, 또 '돈이 있으면 귀신을 시켜 맷돌을 돌릴 수도 있다'는 말이다正是官無三日緊, 又道是有錢能使鬼推磨"라는 표현이 있다.

【 **인연위시 因緣爲市** 】 서로의 인연으로 장사하다. 위시爲市는 사고파는 장사를 한다는 뜻으로, 인연위시는 옛 관리들이 서로의 연줄에 근거해 불공정한 판결을 하고 그 대가로 뇌물을 받는 행위를 가리킨다. 《후한서》에 "혹은 같은 일에 다른 법을 쓰고 같은 죄를 다르게 판결하니, 간악한 관리가 연줄로 장사를 하고 있다或一事殊法, 同罪異論, 奸吏得因緣爲市"는 기록이 있다.

【 **포기사낭 飽其私囊** 】 자신의 사적인 주머니를 가득 채우다. 불법으로 재물을 얻어 자신의 배를 불리는 것을 말한다. 청나라 이보가李寶嘉의 《관장현형기官場現形記》에 "그는 또한 결코 그 돈을 관가에 귀속시키지 않을 것이니 모두 다 자신의 주머니를 채울 것이다他又幷不將此款歸入公家, 一律飽其私囊"라는 표현이 있다.

玉篇

제 5 강

다스림의 여덟 가지 비결

30

일엽장목

一葉障目

나뭇잎 하나로 눈을 가리다

엄연한 객관적 사실을 끝까지 외면하고 자신의 믿음만 줄기차게 우기는 사람들이 있다. 이들은 어리석게도 한 뼘도 되지 않는 어설픈 신념으로 태양처럼 환한 진실을 가리겠다고 나선다. 이는 진실을 마주할 용기도 없고 진실 앞에 벌거벗은 자신의 모습을 보기도 부끄러운 까닭이다. 이처럼 자신을 속이면서 세상도 속일 수 있다고 생각하나 세상은 그의 생각대로 속아주지 않으니 필경 낭패를 당하기 마련이다. 자신의 눈을 가리면 세상도 보지 못할 것이고, 자신의 귀를 막으면 세상도 듣지 못할 것이라고 생각하는 어리석은 사람들이 예나 지금이나 참 많다.

잎사귀 하나로 태산을 가리랴

중국 삼국시대에 쓰인 이야기책 《소림笑林》에 전하는 재미있는 이야기가 있다.

한 가난한 초나라 사람이 어느 날 《회남자淮南子》라는 신비한 책을 읽다가 희한한 사실을 발견했다. 사마귀가 먹잇감을 찾다가 곤충을 발견하면 나뭇잎으로 자기 몸을 가리고 접근해 아무것도 모른 채 무방비로 있는 곤충을 쉽게 잡아먹는다는 내용이었다. 놀라운 점은 이 사마귀가 쓴 나뭇잎을 사람이 얻어 몸에 지니면 그 사람의 몸도 보이지 않는다는 것이었다.

이 믿기 어려운 이야기를 철석같이 믿은 그는 가난한 처지에서 일거에 벗어날 좋은 방법으로 여겨 숲으로 가 사마귀를 찾기 시작했다. 운 좋게도 남자는 사마귀가 나뭇잎으로 몸을 가리고 매미를 사냥하는 현장을 발견했다. 사마귀의 사냥이 끝난 뒤 사냥에 쓴 나뭇잎이 펄렁거리며 날아왔지만 그는 너무 흥분한 나머지 허둥대다가 그 나뭇잎을 놓치고 말았다. 나뭇잎이 떨어진 곳은 이미 다른 나뭇잎으로 가득한 곳이라 어느 것이 그 나뭇잎인지 도무지 알 수가 없었다.

하는 수 없이 이 남자는 부근의 나뭇잎을 모조리 쓸어 담아 집으로 가져왔다. 그리고는 하나씩 집어 자신의 눈을 가리고는 다짜고짜 아내에게 묻기 시작했다.

"내 몸이 보이는가?"

아내가 웃으며 말했다.

"그 작은 이파리 하나로 당신의 큰 몸을 가리는데 어찌 안 보인단 말이오? 당신 정신이 좀 이상해진 거 아네요?"

이 남자는 아내의 핀잔에도 아랑곳하지 않고 다시 다른 나뭇잎을 들고 물었다.

"이래도 보이오?"

한나절 내내 반복되는 남편의 괴상한 질문에 질려버린 아내는 그 상황에서 벗어나고자 하는 수 없이 대답했다.

"네, 안 보입니다. 전혀 안 보여요!"

아내의 대답을 그대로 믿어버린 남자는 그 나뭇잎을 가지고 부리나케 저잣거리로 달려갔다. 그리고는 대담하게 물건을 훔치기 시작했다. 당연히 남자는 사람들에게 붙잡혀 관가로 끌려갔다. 무슨 까닭으로 백주대낮 중인환시에 공공연히 그런 짓을 했느냐는 현령의 엄한 추궁에 남자가 이실직고하자 현령은 한바탕 웃고는 풀어주었다.

이 이야기에서 비롯된 고사성어가 '나뭇잎 하나로 눈을 가린다'는 뜻의 일엽장목이다. 작은 것에 가려 큰 것을 보지 못하는 상황을 가리킬 때 흔히 쓰는 말이다. '나뭇잎 하나로 눈을 가리면 태산도 보이지 않는다'는 일엽장목, 불견태산一葉障

目, 不見泰山이란 표현으로 활용한다. 자신의 좁은 견해에 갇혀 남들은 다 보는 전체적인 상황을 파악하지 못하거나, 눈앞의 작은 이익에 몰두하느라 멀리 장기적인 이익을 내다보지 못하는 어리석은 사람을 일컫기도 한다.

귀를 막고 종을 훔친 사내

중국 춘추시대 진晉나라에서 있었던 일이다. 진나라 귀족들 간에 벌어진 권력 투쟁의 소용돌이 속에서 범范씨 가문이 큰 화를 당했다. 난리통에 도둑까지 몰려들어 그 집안의 물건을 닥치는 대로 훔쳐 달아났다.

나중에 한 좀도둑이 들어갔는데 이미 가져갈 만한 것은 남아 있지 않았고 동으로 만든 커다란 종만 하나 있었다. 도둑은 그 종이라도 훔치려 했으나 너무 무겁고 커서 종이 꿈쩍도 하지 않았다. 한참을 고민하던 도둑은 종을 조각조각 부수어 가져가기로 하고는 커다란 망치를 들고 와 힘껏 내리쳤다. 종은 뎅그렁하며 어마어마하게 큰 소리를 냈다. 종소리를 예상치 못한 도둑은 소스라치듯 놀랐다. 자기 스스로 도둑질을 온 천하에 알리는 꼴이 아닌가. 퍼져가는 소리를 막아볼 요량으로 종을 껴안았으나 아무 소용이 없었다.

당황한 도둑은 얼떨결에 자신의 두 귀를 손으로 막았다. 그랬더니 글쎄 종소리가 아주 작게 들리는 게 아닌가? 도둑은 옳거니 하고는 천조각을 찾아 자신의 두 귀를 막았다. 그런 다음 '이제 종소리가 들리지 않으니 아무도 모르겠지' 하고 생각하며 다시 망치를 들어 종을 부수기 시작했다. 하지만 이 어리석은 도둑의 생각과 달리 종소리는 멀리멀리 퍼져 나갔고 도둑은 그 소리를 들은 사람들에게 발각되어 붙잡혔다.

《여씨춘추》에 실린 이 이야기에서 비롯된 성어가 '귀를 막고 종을 훔친다'는 뜻의 엄이도령掩耳盜鈴이다. 본래 '종을 훔치다'는 뜻의 도종盜鐘이었는데 '방울을 훔치다'는 의미의 '도령盜鈴'으로 바뀌었다. 이것은 명백한 결점이나 잘못이 있어도 그것을 인정하지 않고 자신과 세상을 속이려는 사람을 비유하는 성어다.

나아가 이 이야기는 일국의 군주가 자신의 잘못을 정면으로 바라볼 것을 요구하는 내용이기도 하다. 군주가 자신의 그릇된 행위를 비판하는 간언을 듣지 않고 아무 일 없다는 듯 자신과 세상을 속이려 하면 결국 어리석은 좀도둑처럼 비웃음을 면치 못할 것이라는 교훈이다.

자신의 주관적 견해에 매몰되면 명명백백한 사실도 객관적으로 바라보지 못할 가능성이 크다. 잘못이 분명한 경우에도 이런저런 이유나 변명을 들어 비판적인 소리를 외면하기도 한다. 나뭇잎같이 조그만 자신의 좁은 견해를 치우면 태산처럼 큰 세상의 진면목이 비로소 눈앞에 들어온다. 또한 천조각 같은 억지와 변명의 귀마개를 빼내면 자신의 적나라한 진실과 마주할 수 있다. 이런 용기가 리더십의 핵심이 아닐까?

찾아보기 ▼

【 **자기기인** 自欺欺人 】 스스로를 속이고 남을 속이다. 진상을 분명히 알면서도 자신을 속이고 남을 속이면서 진실과 마주하려 들지 않는다는 말이다. 《주자어류》에 "자신을 속이고 남을 속이는 사람에게 이르기를 '남을 속이는 것 역시 자신을 속이는 것이니, 이 것이야말로 자신을 심하게 속이는 것이다因說自欺欺人曰, 欺人亦是自欺, 又是自欺之甚者"라는 표현이 있다. 루쉰의 〈중국인은 자신감을 잃었는가中國人失掉自信力了嗎〉에는 "중국인을 논하려면 반드시 얼굴 표면에 칠해진, 자신을 속이고 남을 속이는 화장에 속지 말고 그의 근골과 척추의 모습을 봐야 한다要論中國人, 必須不被搽在表面的自欺欺人的脂粉所誆騙, 却看看他的筋骨和脊梁"라는 글이 있다.

【 **엄목포작** 掩目捕雀 】 눈을 가리고 참새를 잡다. 참새를 잡으려는 사람이 자기 손으로 눈을 가리고 자신이 참새를 못보니 참새 또한 자신을 못 볼 것이라고 여긴다는 말로 자기기인과 같은 뜻이다. 진수의 《삼국지》〈위서魏書〉에 "속담에 자기 눈을 가리고 참새를 잡는다고 했다. 미물조차 속여서는 뜻을 이룰 수 없거늘 하물며 나라의 대사에서 임금을 속일 수 있겠는가諺有掩目捕雀. 夫微物且不可欺以得志, 況國之大事, 其可以詐主乎?"라는 표현이 있다.

【 **고명조예** 沽名釣譽 】 이름을 사고 명예를 낚시하다. 고沽는 정상적이지 않은 방식으로 얻는 것을 뜻하고, 조釣는 미끼로 물고기를 유인하듯 남을 속이는 것을 가리킨다. 즉, 고명조예는 부정한 방법으로 이름과 명예를 얻는 것을 가리킨다. 《관자管子》에 "속여서 이름을 얻는 사람 중에는 현자가 없다釣名之人, 無賢士焉"라는 표현이 있고, 《후한서》〈일민전서逸民傳序〉에 "저들은 비록 이치가 확실하고 기세가 장중하지만 이름을 사는 자와 비슷하다彼雖硜硜有類沽名者"는 글이 있다.

31

이일대로
以逸待勞

편안히 쉬게 하여 지친 적을 기다리다

나관중羅貫中의 《삼국지》에서 안타까운 대목 중 하나는 제갈량이 오장원伍丈原에서 죽는 순간이다. 많은 독자의 마음을 사로잡은 영웅 제갈량이 죽은 뒤로는 어쩐지 소설을 읽는 맛이 현저하게 떨어진다. 어찌 보면 소설 《삼국지》는 제갈량의 죽음과 함께 끝난 것이나 다름없다는 생각도 든다. 그런데 역사서 《진서》는 제갈량의 죽음과 관련하여 다음과 같은 내용을 싣고 있다.

제갈량의 과로사

제갈량이 이끄는 촉나라 대군이 사마의司馬懿가 이끄는 위나라 대군과 오장원에서 맞붙었을 때 사마의는 줄곧 피하기만 할 뿐 싸우려 들지 않았다. 아무리 제갈량에게 신출귀몰하는 재주가 있다한들 싸우지 않겠다는 상대를 두고 무슨 재주를 부릴 수 있겠는가? 제갈량은 사마의의 진영으로 사신을 보내 싸움을 청하였다. 이때 사마의는 싸움 얘기는 전혀 하지 않은 채 엉뚱하게도 사신에게 제갈량의 식사량을 물었다.

"제갈공께서는 요즘 식사를 얼마나 드시는가?"

사신이 답했다.

"겨우 쌀 서너 되 분량을 드십니다."

사마의는 다시 제갈량의 집무량을 물었다.

"군진에서 처리하는 일이 많으신가?"

"곤장 이십 대 이상의 처벌은 제갈공께서 일일이 읽고 재가하십니다."

사신이 떠난 뒤 사마의는 사람들에게 말했다.

"먹는 것은 적고 하는 일은 많으니 오래 버틸 수 있겠는가. 필시 제갈량은 오래 살지 못할 것이다."

사마의의 예견대로 오래지 않아 제갈량은 오장원의 군중에서 병으로 세상을 떴다.

이 《진서》의 기록에서 알 수 있듯 제갈량의 사인은 바로 '먹는 것은 적고 하는 일은 많다'는 뜻의 식소사번食少事繁이었다. 몸을 돌보지 않는 과중한 업무로 인해 소화력이 떨어져 식사조차 제대로 못한 것이니 결국 제갈량의 죽음은 과로사였던 셈이다.

식소사번은 지금도 과중한 업무 때문에 몸이 극도로 허약해진 상태를 가리키는 성어로 활용하고 있다. 재물과 명예를 향한 끝없는 욕망을 어쩌지 못하고 무한 경쟁의 길로 가혹하게 내몰리는 현대인 중에 식소사번의 위태로운 삶을 살고 있는 사람이 얼마나 많은가?

과보의 무모한 욕심

중국의 기서 《산해경山海經》에는 과보夸父라는 아주 특별한 인물이 등장한다. 과보는 아득한 북방의 도재천都載天이라는 산에 살고 있는 장대한 몸집의 거인이었다. 이 과보가 어느 날 갑자기 태양을 따라잡고 싶다는 강렬한 욕망에 사로잡혔다. 그는 자신의 장대한 체구와 막강한 체력을 믿고 태양을 따라 달리기 시작했다. 그리고 마침내 태양이 지는 골짜기 우곡禺谷에 이르러 태양을 거의 따라잡았다.

골짜기에 도달할 무렵 먼 길을 쉼 없이 달려온 과보는 심한 갈증을 느꼈다. 황하와 위수渭水의 물을 다 들이켰지만 갈증은 채워지지 않았다. 그는 끝없는 갈증을 해소하기 위해 북쪽의 큰 호수를 찾아가다가 도중에 그만 쓰러져 죽었다. 이때 그가 쓰던 지팡이가 변하여 등림鄧林이라는 거대한 숲이 되었다.

이 이야기에서 비롯된 '과보가 태양을 쫓아 달린다'는 뜻의 과보축일夸父逐日은 대자연에 도전하는 인간의 불굴의 의지를 상징하는 의미로 해석하기도 하지만, 대체로 자신의 한계를 모르고 무모하게 행동하는 자를 경계하는 뜻으로 활용한다. 태양을 따라 쉼 없이 달리다가 마침내 갈증으로 쓰러진 과보는 무한 경쟁 사회에서 쉼 없이 달려가다 마침내 과로로 쓰러지는 수많은 현대인을 닮았다.

과보와 현대의 우리에게 필요한 것은 무엇일까? 과보가 쓰러져 죽고 난 뒤 그가 쓰던 지팡이는 등림이라는 숲이 되었다고 한다. 이것은 과보가 우리에게 전하려 한 것이 숲으로 상징되는 휴식, 쉼이었음을 말해주는 것이 아닐까? 쉰다는 뜻의 휴休는 사람이 나무에 기대고 있는 모습이다.

편히 쉰 군대가 승리한다

사람들은 쉬고 싶지만 그러면 남보다 뒤처져 경쟁에서 패배할까 두려워 갈증을 무릅쓰고 힘들어도 계속 달려가는 것이라고 말한다. 그러나 때로는 쉬는 것이 가장 좋은 경쟁력이다.《손자병법》에 다음과 같은 말이 있다.

가까운 전장에서 멀리서 오는 적을 기다리고
편안하게 쉬게 하여 피로한 적을 기다리고
배부르게 먹여 굶주린 적을 기다리는 것,
이것이 전투력을 관리하는 방법이다.
以近待遠, 以逸待勞, 以飽待饑, 此治力者也.

이는 공격해오는 강력한 적을 맞아 싸워 승리하는 법이다. 멀리서 오는 적은 비록 압도적인 숫자일지라도 오랜 행군으로 피로와 굶주림에 지쳐 전투력이 크게 떨어져 있다. 이런 상태에서는 충분한 휴식과 보급으로 전투력을 끌어올린 쪽에 승산이 있다는 말이다. 이일대로以逸待勞, 여기에서 일逸은 '편안하게 하다, 쉬다'라는 뜻이고, 로勞는 '피로하다, 지쳤다'는 의미다. 결국 병사들을 편안하게 쉬게 하여 피로한 적군을 제압하라는 얘기다. 역사 속의 수많은 명장이 이 이일대로의 병법을 활용하여 불리한 싸움에서 오히려 큰 승리를 거두었다.

지금 우리 사회는 너나 할 것 없이 과도한 경쟁 탓에 심한 피로에 찌들어 있다. 아무리 창조적이고 창의적인 경영을 외쳐도 과부하가 걸린 상태에서는 참신한 발상이 나오기 힘들다. 이럴 때는 적절한 휴식으로 조직을 관리하는 것이 승리로 가는 지름길이다. 영웅 제갈량의 꿈을 무너뜨린 식소사번의 피로, 거인 과보를 쓰러뜨린 과보축일 이야기는 모두 조직을 이끌어가는 리더가 깊이 생각해봐야 할 내용이다.

당나라 시인 왕유王維는 자신의 쉼을 이렇게 노래했다.

돌아보아 아무런 대책이 없을 때
그저 숲으로 돌아가 쉰다네.
지나는 솔바람에 허리띠를 풀고
맑은 달빛 아래 거문고를 탄다네.
自顧無長策, 空知歸舊林.
松風吹解帶, 山月照彈琴.

찾아보기 ▼

【 **양정축예** 養精蓄銳 】 정신을 기르고 예기銳氣를 쌓는다. 지친 군대가 충분히 쉬게 함으로써 사기를 드높이고 강한 전투력을 회복해 새로운 전투에 대비하게 한다는 말이다. 《삼국지》에 "장차 반년을 쉬면서 정신을 기르고 예기를 쌓게 하면 유표와 손권을

단번에 무너뜨릴 수 있다且待半年, 養精蓄銳, 劉表孫權可一鼓而下也"는 표현이 있다.

【 **휴양생식**休養生息 】 쉬면서 요양하고 번식하여 자라게 한다. 나라에서 백성의 세금과 부역을 경감해주어 그들의 생활이 안정적이고 풍요롭도록 해준다는 말이다. 한나라 초기 오랜 전쟁으로 지친 백성을 위해 이러한 휴양생식 정책을 실행함으로써 부국강병의 기초를 쌓았다. 당나라 한유의 《평회서비平淮西碑》에 "고종, 중종, 예종이 휴양생식 정책을 실행하니 현종에 이르러 그 공을 거두게 되었다高宗中睿, 休養生息, 至於玄宗, 受報收功"는 표현이 있다. 청나라 필원畢沅의 《속자치통감續資治通鑒》에는 "화친을 윤허하고 전쟁을 그치니 휴양생식이 거의 이루어져 각기 목숨을 바로 하고 우러러 천심에 합하게 되었다許其修睦, 因以罷兵, 庶幾休養生息, 各正性命, 仰合於天心"는 기록이 있다.

【 **정피력진**精疲力盡 】 정신이 피곤하고 힘이 다하다. 몸과 마음이 극도로 피로한 상태를 일컫는다. 당나라 한유의 《논회서사의장論淮西事宜狀》에 "비록 한때 침략하여 약간 얻은 바가 있지만 힘이 다하고 근력이 피로하니 그 비용을 보상받지 못하였다雖時侵掠, 小有所得, 力盡筋疲, 不償其費"라는 표현이 있다. 송나라 이강李綱

의 시 〈병우病牛〉에는 "천 무의 땅을 쟁기 갈아 천 가마니를 채우건만, 힘이 다하고 근력이 피곤한 것을 뉘 슬퍼하나. 오직 중생이 모두 배부를 수만 있다면야, 야위고 병들어 서양에 누워 있음도 사양하지 않으리라耕犁千畝實千箱, 力盡筋疲誰復傷. 但得衆生皆得飽, 不辭羸病臥殘陽"라는 표현이 있다.

32

개원절류

開源節流

물의 근원을 넓게 열고 물의 흐름을 조절하다

중국인이 자주 쓰는 덕담 중 하나가 공희발재恭喜發財다. 중국어로 공시파차이라고 하는데, '돈 많이 버신 것을 축하합니다'라는 뜻이다. 특히 새해 덕담으로 많이 사용하는 이 말은 우리가 흔히 쓰는 새해 덕담과 차이가 있다. '돈 많이 버시기 바랍니다', '부자 되세요'처럼 미래에 좋은 결과가 있기를 기원하는 게 아니라 이미 좋은 결과를 얻은 양 축하를 한다. '돈을 많이 버셨다니 감축드립니다', '부자가 되셨다니 축하합니다'라는 뉘앙스인 셈이다.

한국학중앙연구원에서 조선시대의 새해 인사말을 발표한 적이 있는데, 조선시대에도 좋은 결과를 확정된 사실로 여기고 인사를 건넸다고 한다. '새해 복 많이 받으세요'가 아니라

'새해 복 많이 받으셨다니 축하드립니다' 하는 식으로 말이다. 중국어 공시파차이는 이런 조선시대의 덕담과 맥을 같이한다. 혹시 설날 즈음 중국인을 만날 일이 있으면 큰 소리로 이렇게 인사해보기 바란다.

"공시파차이!"

이렇게 너도나도 '돈 많이 벌어라', '부자가 되어라' 하면서 경제적인 성공을 축복하는데 돈 버는 비결이나 부자가 되는 비법이 어디 없을까? 우리가 잘 알고 있는 사서삼경 중《대학》에 돈 버는 법이 나온다. 바로 '재물을 얻는 데는 큰 방도가 있다'라는 뜻의 생재유대도生財有大道인데 이어지는 글에 그 방도를 명쾌하게 설명하고 있다.

> 생산하는 사람은 많게 하고, 먹어 치우는 사람은 적게 한다. 재화를 만드는 사람은 부지런하게 하고, 재화를 쓰는 사람은 느리게 한다.
>
> 生之者衆, 食之者寡. 爲之者疾, 用之者舒.

지극히 당연한 말이라 좀 싱거운가?《대학》에서 말하는 '생산하는 사람'은 물론 농사일을 하는 사람들이다. 농민이 늘어나면 생산력이 높아지는 것은 당연하다. '먹어 치우는 사람'은 조정에서 빈둥거리며 자리만 차지한 채 녹을 먹어 치우는 관리를 가리킨다. 즉, 먼저 재화를 축내는 불요불급한 관리 숫자를 줄이라는 말이다. 그다음에는 농민이 농사일을 부지런히 하도록 환경을 만들어주고, 그들에게 거둬들인 세곡을 쓸 때는 서두르지 말고 신중히 따져 천천히 집행하라는 의미다. 이른바 '들어오는 양을 잘 헤아려 지출을 결정한다'는 뜻의 양입위출量入爲出을 행하라는 얘기다. 이렇게 하면 "곳간이 늘 풍족해질 것이다財恒足"라고《대학》은 결론짓는다.

어디 나라만 그렇겠는가? 회사도 마찬가지다. 생산력을 높이는 것도 중요하지만 그 생산력으로 얻은 재화를 어떻게 소비하느냐가 더 중요하다. 어렵게 얻은 재화를 하는 일 없이 자리만 지키는 관리자들의 보수로 다 써버린다면 회사가 제대로 돌아갈 수 없는 것은 자명한 이치가 아니겠는가.《대학》의 이 말을 다른 방식으로 설명한 것이 성어 '개원절류'다.

나라가 부유해지는 법

'물의 근원을 넓게 열고 물의 흐름을 조절하라'는 뜻의 개원절류는 전국시대 사상가 순자가《순자》〈부국편富國篇〉에서 제시한 나라를 부유하게 하는 방도다. 그는 재화의 생산과 소비를 물의 근원과 흐름에 비유하고 있다. 물의 근원을 넓게 여는 '개원'은 샘물을 눌러 막는 돌을 치우고 잡목이나 가시덤불을 제거하는 등 생산활동을 저해하는 여러 악조건을 정리한다는 뜻이다. 이처럼 불필요한 규제를 없애고 불량한 작업환경을 개선하면 능률이 올라 생산력이 향상되기 마련이다.

그렇게 얻은 맑은 샘물이 아무렇게나 흘러가도록 내버려두면 안 된다. 이른바 '절류'를 해야 한다. 다시 말해 생산현장에서 땀 흘려 얻은 귀한 재화는 관리자들이 신중하게 판단하고 거듭 생각해서 소비해야 한다. 재화가 정말로 필요한 곳으로 흘러가도록 잘 조절해야 하는 것이다. 불요불급한 곳이 아니라 긴요하고 시급한 곳으로 흘러가 새로운 생산의 근원을 여는 힘이 되도록 말이다.

끊임없이 새로운 재화의 근원을 개척하고, 그렇게 얻은 소중한 재화를 신중하게 소비하는 것이 바로 생재지도生財之道, 즉 돈 버는 법이다.

'추호'처럼 사소한 문제일지라도

생재지도와 관련된 또 다른 성어로 이석추호利析秋毫가 있다. 이익을 분석할 때는 아주 세심하고 꼼꼼하게 따진다는 의미다. '추호'는 새나 짐승이 가을에 털갈이를 할 때 새로 돋아나는 작은 털을 뜻한다. 사소한 문제라도 그것이 이익과 관련이 있으면 소홀히 여기지 않고 꼼꼼하게 따진다는 얘기다. 이 말은 중국 역사에서 뛰어난 경제 전문가 중 하나로 꼽히는 상홍양桑弘羊 이야기를 기록한 《사기》에 나온다.

낙양에 사는 장사꾼의 아들로 태어난 상홍양은 열세 살에 뛰어난 암산 실력 덕분에 벼슬에 발탁되었다. 그는 이석추호의 경영 방식으로 곧 한나라 무제의 눈에 들어 제국의 경제를 책임지는 요직에 올랐다. 한무제가 미증유의 강력한 국가를 이룬 것은 바로 상홍양의 뛰어난 경제 정책 덕분이라고 한다. 《사기》의 저자 사마천도 상홍양이 이끈 한나라의 경제 상황을 두고 "백성은 세금을 더 내지 않았지만 천하가 쓸 것이 풍족하였다"고 칭찬하고 있다.

만사를 꼼꼼히 따지는 것은 너무 피곤한 일이겠지만, 그것이 기업의 목표인 '이利', 즉 이익과 관련된 것이라면 추호라도 차질이 없도록 세밀하게 살펴야 한다. 중국 속담에 '미세한 실수 하나가 천 리만큼의 차이가 나는 결과를 만든다'는 뜻의 실지호리, 차지천리失之毫釐, 差之千里라는 말이 있다. 개원절류와 이석추호는 모두 돈을 잘 버는 법의 기본이다.

【 **절의축식 節衣縮食** 】 입는 것을 절약하고 먹는 것을 줄이다. 《사기》에 "먹고 마심을 박하게 하고, 즐기는 일을 참으며, 의복을 절약할 줄 알고, 일꾼이나 종과 동고동락하는 사람은 기회가 오면 맹수나 맹금처럼 솟구쳐오를 수 있다能薄飮食, 忍嗜欲, 節衣服, 與用事僮僕同苦樂, 趨時若猛獸摯鳥之發"는 말이 있다.

【 **극근극검 克勤克儉** 】 근면하고 검소할 줄 안다. 여기서 극克은 능能의 뜻으로 쓰였다. 《서경》에서는 순임금 때 치수를 담당한 우의 근면하고 검소한 모습을 "나라에서는 근면하였고, 집에서는 검소하였다克勤於邦, 克儉於家"라는 말로 형용하였다.

【 **치수필교 錙銖必較** 】 극히 작은 것도 반드시 시시콜콜 따진다. '치수'는 아주 작은 중량의 단위를 이른다. 도량이 극히 협소해 작은 일도 시시콜콜 따지는 것을 비유하는 말이다. 명나라 정등길程登吉의 《유학경림幼學瓊林》에 "탐욕이 끝이 없어 비록 아주 작은 것일지라도 반드시 꼼꼼히 따졌다貪婪無厭, 雖錙銖必較"라는 표현이 나온다.

【 **대수대각大手大脚** 】 손발이 크다. 돈이나 물건을 마구 헤프게 쓰는 것을 의미한다. '돈을 흙처럼 뿌린다'는 뜻의 휘금여토揮金如土도 같은 뜻의 성어다.

33

쾌도난마

快刀亂麻

헝클어진 삼을 단칼에 잘라버리다

우리가 여러 매체에서 자주 접하는 성어 중 하나가 '쾌도난마'다. 헝클어진 삼을 잘 드는 칼로 자른다는 뜻으로, 뒤얽힌 사물이나 비꼬인 문제를 솜씨 있고 바르게 처리함을 비유하는 말이다. 복잡하기 이를 데 없는 현대사회에서 얽히고설킨 각계각층의 현안을 대할 때마다 이 성어를 떠올리는 사람이 많을 것이다. 사실 이 말은 복잡한 문제를 풀어가는 능숙한 일솜씨보다 훨씬 더 중요한 것을 강조한다. 바로 신속한 결단력이다.

이 아이는 반드시 큰 인물이 될 것이다

중국 남북조시대에 고환高歡이라는 사람이 동위의 재상을 지내고 있었다. 고환에게는 어린 자식이 많았는데, 어느 날 그는 자식들의 재능을 시험해보기로 했다. 그는 아들들에게 마구 헝클어진 삼줄을 한 꾸러미씩 나눠주며 어떤 방법으로든 빨리 풀어서 정리하라고 했다. 아들들은 저마다 이런저런 방법을 써가며 서둘러 삼실을 풀어갔다.

그런데 유독 고양高洋만은 방법이 달랐다. 못생기고 과묵해서 형제들에게 늘 놀림을 받던 고양은 잠시 생각에 잠기는 듯하더니 밖으로 나가 예리한 칼을 한 자루 들고 들어와 헝클어진 삼실을 가차 없이 잘라버렸다. 그리고 잘린 삼실 꾸러미를 가지고 고환에게 맨 먼저 찾아가 일을 마쳤노라고 보고했다. 기이하게 생각한 고환이 왜 그런 방식으로 정리했느냐고 묻자 고양은 단호하게 말했다.

"난자필참亂者必斬!"

이것은 '어지러운 것은 필히 칼로 베어야 한다' 혹은 '난리를 일으킨 자는 반드시 죽여야 한다'라는 뜻이다. 이 말을 들은 고환은 깜짝 놀라 속으로 생각했다.

'이 아이는 반드시 큰 인물이 될 것이다.'

과연 고환의 예견대로 고양은 나중에 황제의 자리에 올랐다. 동위를 무너뜨리고 북제를 세운 문선제文宣帝가 바로 그다.

이 이야기에 나오는 성어가 쾌도난마인데, 여기서 쾌도는

'날카로운 칼'뿐 아니라 '신속한 칼'이라는 뜻으로도 쓰인다. 이에 따라 '쾌도난마'에는 신속하게, 주저함 없이, 과감하게 일을 처리한다는 뜻도 있다. 사실상 해결하기 어려운 난제는 시급히 처리해야 하기에 더 까다롭다. 짧은 시간 안에 결단하지 않으면 안 되는 급박한 상황에서는 대개 과감한 결단력이 요구된다. 급박한 상황에서 시기를 놓치지 않고 신속하게 결단하는 것을 성어로 당기립단當機立斷이라고 한다. 사람들이 이 당기립단의 예로 자주 인용하는 이야기가 있다.

결단을 내려야 할 때는

항아리를 가득 실은 수레 한 대가 좁다란 길을 가로막고 있었다. 날은 춥고 길은 눈과 얼음으로 뒤덮여 매우 미끄러운데 길 옆은 천 길 낭떠러지였다. 항아리를 실은 수레는 항아리 무게 때문에 앞으로 나아가지 못했는데, 그렇다고 뒤로 빼자니 다른 수레들이 줄줄이 있어서 물러날 수도 없는 형편이었다. 날은 저물어가고 관리와 상인, 여행객 들은 속수무책으로 발만 동동 구르며 서 있었다. 이 답답한 상황에서 유파劉頗라는 사람이 말채찍을 휘두르며 틈을 비집고 멈춰 선 항아리 수레까지 왔다. 상황을 파악한 유파는 수레 주인에게 물었다.

"수레에 실은 항아리 값이 모두 얼마요?"

주인이 말했다.

"칠팔천 냥쯤 됩니다."

유파는 지갑을 열어 즉각 항아리 값을 치렀다. 종을 시켜 수레 위로 올라가 짐을 묶은 줄을 끊고 항아리를 모두 절벽 아래로 밀어버리게 했다. 잠시 뒤 한결 가벼워진 수레가 움직이기 시작했고, 그 뒤에서 낭패에 빠져 있던 무리도 안도하며 길을 지나갔다.

당나라 때 이조李肇가 쓴《당국사보唐國史補》에 실린 이 이야기 덕분에 무명의 존재였던 유파는 유구한 역사에 길이 이름을 남기게 되었다. 손해를 감수하는 과감한 결단력과 행동으로 외길이 막혀 아무런 대책이 없던 많은 사람의 문제를 일거에 해결하고, 개인적으로는 영예로운 이름을 청사에 남겼으니 결국 유파는 손해를 보기는커녕 후하게 남는 장사를 한 셈이다.

호랑이를 잡으려면 호랑이 굴로 들어가야

선선국과의 수교를 위한 사신의 직책을 맡은 동한의 명장 반초班超는 서른여섯 명의 관원을 인솔해 서역으로 갔다. 처음에 선선국 국왕은 한나라 사신들을 정중하게 영접했지만 얼마 지나지 않아 갑자기 태도가 냉랭해졌다. 알고 보니 한나라와 적대 관계인 흉노국에서 사신을 보내 두 나라의 수교를 방해한 까닭이었다. 선선국의 국왕은 한나라와의 수교 논의를 미루었고 사신 일행을 만나주지도 않았다. 위기에 몰린 반초는 관원들을 모아놓고 대책을 논의했다.

"지금 흉노 사신의 방해공작으로 수교는 물론 우리의 목숨까지 안심할 수 없는 상황이 되었다. 지금 당장 흉노 사신 일행을 처치하지 않으면 상황은 갈수록 악화될 것이다."

관원 하나가 말했다.

"하지만 흉노 사신 일행은 우리보다 세 배나 많습니다. 그리고 선선국은 그들에게 훨씬 더 우호적입니다. 어떻게 그들을 이길 수 있겠습니까?"

반초가 단호하게 말했다.

"호랑이 굴에 들어가지 않고 어찌 호랑이 새끼를 얻을 수 있겠는가!"

반초는 어둠을 틈타 부하들을 이끌고 흉노 사신이 머무는 곳으로 쳐들어갔다. 이런 일이 일어나리라고는 전혀 예상치 못한 흉노 사신 일행은 일당백의 용기와 배수진의 분투로 무장한 한나라 관원들에게 일망타진되었다. 결과를 보고받은 선선국 왕은 결국 한나라와의 수교를 결정했고 반초 일행은 영광스럽게 귀국했다.

절체절명의 위기 앞에서 반초는 불입호혈, 언득호자不入虎穴, 焉得虎子라는 말로 관원들을 일깨우고 과감한 결단력으로 전세를 뒤엎어 성공을 일궈냈다.

한편 한비자는 '망할 징조'와 관련해 다음과 같이 논했다.

> 군주가 마음이 유약해 결단력이 부족하고 좋은지 싫은지 결론을 내리지 못하며 어디에 설 것인지 정하지 못하면 그 나라는 망한다.
>
> 緩心而無成, 柔茹而寡斷, 好惡無決, 而無所定立者, 可亡也.

쾌도난마, 당기립단의 과감한 결단력과 신속한 실천력을 갖춘 리더는 위기를 오히려 기회로 바꿔놓을 수 있다.

찾아보기 ▼

【 **민결**敏決 】 민첩하고 결단성이 있다. 명대의 학자이자 문장가인 방효유方孝孺의 〈송하남첨사탕후서送河南僉事湯侯序〉에 "일을

할 때는 민첩하고 결단력이 있어서 때에 맞춰 판단을 내리며, 이론을 잡을 때는 확실하고 견고하여 떨쳐 일어나 용기 있게 결단한다遇事敏決而應机立斷, 執理堅確而奮起勇決"라는 글이 있다.

【 **담소여서**膽小如鼠 】 담이 쥐만큼 작다. 담이 작아 일이 생기는 것을 극히 꺼린다는 의미다.《위서魏書》에 "말은 앵무새요, 담은 생쥐로다言同百舌, 胆若鼷鼠"라는 말이 나온다.

【 **외수외미**畏首畏尾 】 머리도 두렵고 꼬리도 두렵다. 겁이 많고 소심하여 이러지도 저러지도 못하는 상황을 가리킨다. 진나라와 초나라 두 강대국 사이에 끼인 정나라 왕이 자신의 신세를 탄식한 "머리도 두렵고 꼬리도 두려우니 이 몸이 얼마나 남았는가畏首畏尾, 身其餘幾!"라는 표현에서 나온 성어로《춘추좌씨전》에 보인다.

34

대인호변
大人虎變

위대한 사람은 호랑이처럼 변한다

성군으로 일컬어지는 은나라 탕왕은 늘 사용하는 목욕통에 '진실로 어느 날에 새로워졌거든 나날이 새롭게 하고 또 나날이 새롭게 하라!'라는 좌우명을 새겼다. 흔히 일신우일신日新又日新으로 줄여 쓰는데, 탕왕은 목욕으로 몸의 때를 씻듯 늘 삶을 새롭게 할 것을 스스로에게 주문한 것이다. 그는 신新, 즉 새로워짐을 강조하는 데 그치지 않고, 일日로 날마다 일상적으로 새로워질 것을 요구했다. 한 번 목욕했다고 다시 목욕하지 않는 사람이 없듯 자기혁신은 일회성으로 그쳐서는 안 된다. 직장에서든 나라에서든 혁신은 아무리 강조해도 지나치지 않다.

혁신의 원리

대인호변은 《주역》 64괘 중 49번째 괘인 〈혁괘革卦〉의 "대인은 호랑이처럼 변하나니 그 무늬가 찬란하다"라는 말에서 나왔다. '호변'은 호랑이가 가을에 털갈이를 해 아름다운 모습으로 변하는 것을 가리킨다. 이런 호랑이처럼 위대한 사람은 자신을 변혁하여 찬란하게 만든다는 말이다. 혁괘에는 세 종류의 변혁이 나오는데 처음은 대인호변이고 그다음은 군자표변君子豹變이며 맨 나중은 소인혁면小人革面이다.

대인은 가장 높은 지위에 있는 사람, 예컨대 대통령이나 기업의 총수 등 조직의 최상위 리더를 가리킨다. 먼저 대인의 자기혁신이 이루어지면 그 변혁의 여파가 군자와 소인에게로 미친다. 군자는 사회의 각계 지도층 인사, 기업의 핵심 간부 같은 계층을 가리킨다. 이들 군자는 대인을 본받아 역시 표범처럼 찬란한 자기혁신을 이룬다. 바로 군자표변이다. 그리고 대인과 군자의 변혁은 마침내 소인의 변화를 이끌어낸다. 소인은 국가로 보자면 서민, 기업으로 보자면 일반 직원을 가리킨다. 《주역》에서는 서민 혹은 직원의 변화를 소인혁면, 즉 '소인이 얼굴빛을 바꾼다'라고 설명한다. 소인이 감화를 받아 복종한다는 뜻이다.

결론적으로 대인이 호변하면 군자도 표변하고 소인 역시 혁면한다. 변혁의 물결이 위에서부터 아래로 물 흐르듯 자연스럽게 흘러 전체 사회, 전체 집단이 변혁을 이루는 원리다.

또한 〈혁괘〉는 변혁의 시기도 언급한다. 이 괘의 효사爻辭 구삼九三에 다음과 같은 말이 있다.

"무턱대고 나아가면 흉하다. 바른 일이라도 위험하다. 개혁을 구하는 세론世論이 무르익어 달리 무슨 방도가 없는 상태에 놓일 때 실행한다면 만백성의 신뢰를 얻고 성공하리라征凶, 貞厲. 革言三就, 有孚."

여기에 나오는 혁언삼취革言三就를 직역하면 '혁신해야 한다는 말이 세 번 나온다'는 뜻이다. 일반적으로 한문에서 삼三은 많다는 뜻으로 쓰인다. 그러므로 이 말은 한 집단에서 많은 구성원이 변혁에 공감하는 상태여야 함을 의미한다. 구성원이 공감할 때까지 몇 번이고 계속 설득해야 한다고 풀이할 수도 있다.

아무리 변혁이 지상 과제임에 틀림없을지라도 구성원 대다수의 공감을 사야 비로소 성공할 수 있다. 곧 〈혁괘〉의 풀이를 종합하면 먼저 지도자가 자신을 변혁하고 시기를 기다려 사람들의 신뢰를 얻은 이후 변혁을 주도해야 비로소 참다운 변혁을 완성할 수 있다는 것이다.

혁신의 완성

리더가 혁신의 당위성을 천명하고 깃발을 높이 들어도 성과가 더디기만 한 것은 무엇 때문인가? 집단 내에 변화를 두려워하고 자기혁신에 인색한 사람들이 존재하기 때문이다. 우리 주변에는 오랫동안 답습해온 규범과 규칙에 얽매여 변화와 혁신을 받아들이지 못하는 사람이 많다. 이런 사람이 많은 집단을 변혁으로 이끌어가는 것은 참으로 어려운 일이다. 이를 보여주는 재미있는 이야기가 있다.

제나라 사람이 조나라로 가서 거문고를 배웠다. 그런데 연주할 때마다 안족을 움직여 음을 조율하는 일이 여간 어려운 게 아니었다. 잔꾀를 부린 그는 선생이 음을 골라준 그대로 거문고를 가져와 안족을 모두 아교로 붙여버렸다. 그는 그 거문고를 가지고 제나라로 돌아와 삼 년 동안 열심히 연습했다. 하지만 그는 한 곡도 제대로 연주할 수 없었다. 이 어리석은 사람은 자신의 잘못은 모른 채 조나라의 거문고 선생이 엉터리라며 원망했다고 한다.

여기서 비롯된 성어가 교주고슬膠柱鼓瑟인데 이것은 '기둥을 아교로 붙이고 거문고를 연주한다'는 뜻이다. 이 성어에서 기둥을 뜻하는 주柱는 거문고의 현을 지탱하면서 음을 조율하는 데 활용하는 안족을 말한다. 안족은 고정되어 있지 않고 그때 그때 움직여 음을 고르게 되어 있다. 그런데 이를 아교로 딱 붙여놓고 연주하니 연주다운 연주가 될 수 있겠는가. 이런 까닭에 이 성어는 기존의 관습에 얽매여 변화를 거부하고 융통을 모르는 어리석은 모습을 표현하는 말로 쓰인다.

《주역》〈혁괘〉 풀이에는 또 다른 주목할 만한 내용이 있다. 대인이 호변하고 군자가 표변해 소인까지 혁면하면 마침내 한 집단이 변혁에 성공하지만 "정벌하면 흉하다. 마음을 곧게 가지면 길하다征凶, 居貞吉"라는 말이 나온다. 이게 무슨 뜻일까? 변혁에 동참하지 않은 구성원을 바로 징계하지 말라는 의미다. 변혁의 성과를 굳게 지켜가면 결국 그들도 변화할 테니 서둘러 징계하고 숙청하지 말라는 주문이다. 즉, 그들을 껴안고 가라는 말이다.

대인호변처럼 먼저 리더가 자기혁신을 이루면, 나아가 리더에게 변혁에서 이탈한 사람들을 품을 넓은 아량이 있으면, 교주고슬의 고집쟁이들도 끝내 변혁의 물결에 동참하게 된다. 그러면 마침내 혁신을 완성할 수 있다.

청나라 말기 중국이 봉건사회의 폐단과 서구 열강의 침입으로 쇠락하고 있을 때, 시인 공자진龔自珍은 다음과 같이 읊었다.

온 천하가 생기를 찾으려면
바람과 우레에 의지해야 하는 법.
만 마리 말이 모두 벙어리가 되어 있는 슬픈 현실이여!
하늘이시여, 다시 세상을 흔들어 털어버리소서
그리고 하나의 틀에만 매이지 않는
참된 인재를 내려주소서!
九州生氣恃風雷, 萬馬齊喑究可哀.
我勸天公重抖擻, 不拘一格降人才.

나라와 기업에, 모든 집단과 조직에 변화의 바람이 불고 혁신의 우레가 울려 변화를 두려워하지 않고 격식에 매이지 않는 많은 인재가 모여들었으면 좋겠다. 이 바람과 우레는 먼저 리더가 스스로를 혁신하는 대인호변으로부터 불어오는 바람이요 울리는 우레일 것이다.

찾아보기 ▼

【 **토고납신** 吐故納新 】 옛것을 토해내고 새것을 받아들이다. 이 말은 원래 탁한 기운을 뱉어내고 신선한 공기를 들이마시는 호흡

을 일컫는 표현인데, 진부한 것을 버리고 참신한 것을 받아들이는 진보적이고 개혁적인 자세를 가리키는 말로 활용한다. 《장자》에 "숨을 내쉬고 들이마시는 것은 옛것을 토하고 새것을 받아들이는 것이다吹呴呼吸, 吐故納新"라는 말이 있다. '진부한 것을 밀어내 새로운 방향으로 나아가게 한다'는 퇴진출신推陳出新도 같은 뜻으로 쓰인다.

【 **일성불변**一成不變 】 한 번 정해지면 변함이 없다. 옛날 방식만 고집하는 것을 가리킨다. 《예기》의 "'형벌의 형刑'은 '이룬다는 뜻의 형侀'이다. 한 번 이루어진 것은 변할 수 없으므로 군자는 최선을 다하는 것이다刑者, 侀也. 侀者, 成也. 一成而不可變, 故君子盡心焉"라는 말에서 나왔다. 법은 한 번 정해지면 고치지 못한다는 뜻인데, 나중에 기존 법규에 지나치게 얽매여 융통을 모르는 경우를 가리키는 말로 바뀌었다.

【 **묵수성규**墨守成規 】 종래의 규칙, 관례 등을 지키다. 낡은 틀에 매달린다는 의미다. 묵수는 묵자墨子가 성을 잘 수호했다는 데서 나온 말로 자신의 생각, 습관, 관습 등을 굳게 지키는 것을 뜻한다. 성규는 '이미 이루어진 법규'라는 뜻이다. 옛 방식에만 안주해 새로운 변화를 거부하는 사람들을 비난하는 말로 많이 쓰인다.

【 **수기응변** 隨機應變 】 상황 변화에 맞춰 융통성 있게 대처하다. 한마디로 임기응변을 말한다. 《삼국지》에서 제갈량과 더불어 책사로 이름을 날린 방통龐統이 노숙魯肅의 주선으로 오나라 왕 손권을 만났을 때의 일이다. 무엇을 잘하느냐는 손권의 질문에 그는 이렇게 대답했다. "어느 것 하나에 매여 있을 필요가 있겠습니까? 상황 변화에 맞춰 융통성 있게 대처하는 것이 제 장기입니다不必拘執, 隨機應變."

【 **견풍사타** 見風使舵 】 풍향을 보고 키를 조정하다. 형세 변화를 보고 방향이나 태도를 바꾼다는 뜻으로 수기응변과 같은 말이다. 기회주의적 태도를 취한다는 부정적인 뜻으로 쓰이기도 한다.

35

한단학보
邯鄲學步

한단에서 걸음을 배우다

"나를 배우는 자는 살 것이요, 나를 흉내 내는 자는 죽을 것이다."

청나라 말에서 20세기 중반까지 활동한 중국의 유명한 화가 치바이스齊白石가 그림을 배우던 제자에게 한 말이다. 스승의 독보적인 새우 그림을 흡사하게 그려내며 득의양양하던 제자는 이 한마디에 정신이 번쩍 들었다. 그는 스승의 손을 배우려던 종래의 방식을 버리고 스승의 마음을 배우려고 노력했다. 그 결과 자신만의 독특한 화풍을 이루어내 중국 근현대 회화사에 큰 자취를 남기게 되었다.

이것은 치바이스의 마지막 제자 쉬린루許麟廬의 이야기다. 그는 힘주어 말한다.

"문을 더듬어 찾아 들어가고, 문을 부수고 나와라."

모방은 학습의 최초 형식이자 창조로 가는 첫걸음이다. 하지만 보이는 모습을 흉내 내기만 하면 창조에 이를 수 없다. 보이지 않는 것을 배워야 한다.

이런 걸음, 저런 걸음을 배우다 보니

춘추전국시대 연나라 수릉이란 곳에 한 소년이 살았다. 이 소년은 집안 형편도 어지간하고 공부도 곧잘 했다. 아주 잘생긴 것은 아니지만 특별히 못생기지도 않았고, 재주도 보통 수준은 되었다. 소년의 커다란 단점은 매사에 자신감이 없다는 것이었다. 소년은 아무 이유 없이 늘 자신이 남보다 못났다는 열등감에 시달렸다. 자신감도 열정도 없이 일을 하다 보니 성과가 좋지 못해 늘 남에게 핀잔을 들었고, 가족에게도 환영받지 못했다. 이런 상태가 오래 이어지면서 그는 행동거지마저 어눌해졌는데, 특히 꾸부정한 자세로 비틀거리며 걷는 모습에 많은 사람이 눈살을 찌푸렸다.

어느 날 길을 걷던 그는 사람들이 자신을 보고 비웃으며 하는 말을 들었다.

"저 친구, 걷는 모습이 참 기괴하군. 듣자하니 조나라 한단 사람들의 걷는 모습이 우아하고 근사하다던데 저 친구는 거기 가서 걸음걸이부터 배워야겠구먼. 하하……."

수릉 소년은 그 말을 듣고 한단으로 가서 걸음걸이부터 배우기로 작정했다. 우아한 걸음걸이가 자신의 삶에 새로운 자신감을 줄지도 모른다고 생각한 것이다. 먼 길을 걸어 한단에 도착한 소년은 곧바로 성내의 번화한 거리로 나갔다. 그리고는 사람들의 걸음을 관찰하면서 그들을 흉내 내기 시작했다.

어린아이가 걷는 모습을 보니 깡충깡충 장난스러운 모습에서 활력이 넘쳤다. 이것이 보기 좋다고 생각한 수릉 소년은 아이의 걸음걸이를 배웠다. 잠시 뒤에는 길을 걷는 노인을 만났는데, 노인의 걸음걸이는 장중하고 멋스러웠다. 수릉 소년은 그 노인의 걸음걸이도 흉내 냈다. 잠시 뒤 한 아름다운 부인이 엉덩이를 흔들며 교태스럽게 지나가니, 이번에는 그 부인의 걸음걸이를 열심히 흉내 내었다.

이런 걸음, 저런 걸음을 배우다 보니 보름이 훌쩍 지났다. 소년은 어떻게 되었을까? 우아한 걸음걸이는커녕 한 걸음도 제대로 내딛지 못하는 신세가 되고 말았다. 한단 사람들의 멋진 걸음걸이도 배우지 못하고 자신의 본래 걸음걸이도 잊어버린 그는 결국 기어서 고향으로 돌아갔다.

《장자》에 나오는 이 이야기에서 비롯된 성어가 '한단에서 걸음을 배우다'라는 뜻의 '한단학보'다. 어설프게 흉내만 내면 남의 장점을 배우지 못할 뿐 아니라 자신의 장점이나 재주마저 잃어버릴 수 있음을 경계하는 성어다. 자신의 장점과 재주를 살리지 않고 무작정 남을 따라 하다 보면 결국 수릉 소년처럼 될 수 있다는 얘기다.

남을 따라 했다가 긴긴 역사에 웃음거리로 남은 또 다른 예가 있다. 중국 사대미인 중 한 사람인 서시西施와 관련된 이야기로《장자》에 나온다.

천하절색 서시와 천하박색 동시

천하절색 서시는 많은 사람들의 사랑을 받았다. 그녀가 길을 나서기만 하면 사람들이 그녀의 모습을 홀린 듯 바라보았다. 그런데 서시는 심장이 좋지 않았던지 가슴에 자주 심한 통증을 느꼈다. 그때마다 손으로 가슴을 문지르며 미간을 찡그리곤 했는데, 사람들 눈에는 그렇게 고통스러워하는 모습조차 아름답게만 보였다.

서시가 살던 마을 동쪽에 동시東施라는 추녀가 살았다. 생김새가 좀 개성적이었던 이 여인은 자신의 용모에 불만이 많았다. 그녀는 어떻게 하면 서시처럼 사람들의 관심과 사랑을 받을 수 있을지 늘 고민했다. 그러던 어느 날 그녀는 가슴을 문지르며 눈썹을 찡그리는 서시의 모습을 보게 되었다. 옳거니, 이거다 싶었던 동시는 서시의 그 모습을 배우기로 했다. 가슴을 문지르며 미간을 찡그리는 것만 연습하면 자신도 서시처럼 많은 사람들을 매료시킬 수 있으리라 생각했다.

결과는 어땠을까? 화려한 옷을 차려입고 길을 나선 동시는 가슴을 손으로 문지르며 눈썹을 잔뜩 찡그리고 걸었다. 그러자 외출하려고 문을 나서던 그 마을의 부자가 동시의 모습을 보고는 깜짝 놀라 도로 집으로 들어가 문을 닫아버렸다. 아내와 아이들을 데리고 길을 가던 마을의 가난뱅이도 동시의 모습을 보고 마치 못 볼 것이라도 본 양 화들짝 놀라 아내와 아이들을 끌어당겨 얼른 자리를 피했다.

이 이야기에 나오는 성어가 '동시가 눈썹 찡그리는 것을 따라 배운다'는 뜻의 동시효빈東施效顰이다. 줄여서 '효빈'이라고도 하는 이 성어는 무작정 따라 하기의 부정적 결과를 풍자하는 말이다. 동시가 서시의 찡그린 표정을 배우려 애쓸 것이 아니라 자신만의 개성적인 아름다움을 찾아 연마하고 연출했다면 훨씬 결과가 좋지 않았을까? 아니면 서시를 찾아가 그녀의 선진 화장 기법이라도 제대로 배웠더라면 더 낫지 않았을까? 사실 타인의 선진 기법을 배우는 것도 결코 쉽지 않다. 그러니 남들이 평생에 걸쳐 축적한 노하우를 곁눈질로 얼렁뚱땅 흉내 내는 것으로 어찌 좋은 결과를 기대할 수 있겠는가.

우리 주변에는 남보다 앞서 성공한 사람, 성공한 기업, 성공한 정부가 있다. 그들에게 배우는 것은 의당한 일이다. 하지만 무작정 따라 해서는 안 된다. 따라 하기에 앞서 나와 그들의 다른 점을 생각해야 한다. 벤치마킹은 나만의 개성과 장점을 더욱 갈고닦는 차원으로 이루어져야 한다. 즉, 피상적으로 흉내만 낼 것이 아니라 깊이 연구하고 오래 생각해 제대로 익혀야 한다.

찾아보기 ▼

【 **앵무학설** 鸚鵡學舌 】 앵무새가 사람의 말을 배우다. 내용도 모른 채 남들이 하는 대로 흉내만 내는 것을 비유하는 말이다. 송나라 석도원釋道原의 《경덕전등록景德傳燈錄》에 "앵무새가 그저 사람의 말만 배우고 사람의 뜻은 알지 못하는 것과 같도다. 경은 부처님의 뜻을 전하는 것인데 그 부처님의 뜻은 얻지 못하고 외기만 하니 이는 말을 배우는 사람일 뿐이다如鸚鵡只學人言, 不得人意. 經傳佛意, 不得佛意而但誦, 是學語人"라는 기록이 있다.

【 **역보역추** 亦步亦趨 】 남이 걸으면 나도 걷고 남이 뛰면 나도 뛰다. 줏대 없이 늘 남을 모방하는 것을 비유한 말이다. 《장자》에 나

오는 "선생님께서 천천히 걸으면 저도 천천히 걷고, 선생님께서 급히 걸으면 저도 급히 걷고, 선생님께서 빨리 뛰면 저도 빨리 뜁니다. 그러나 선생님께서 쏜살같이 하늘로 날아가면 저 안회는 뒤에서 눈만 크게 뜨고 바라볼 뿐입니다夫子步亦步, 夫子趨亦趨, 夫子馳亦馳, 夫子奔逸絶塵, 而回瞠若乎後矣"라는 글에서 비롯되었다. 공자의 제자 안회가 공자에게 한 말인데, 원래 스승을 따라 열심히 배우고 익힌다는 뜻이었으나 후에 남들이 하는 대로 따라 하기만 해서는 그 사람을 넘어설 수 없다는 뜻으로 활용하게 되었다.

36

출기제승

出奇制勝

기이한 방식으로 승리를 쟁취하다

유명한 병법서 《손자병법孫子兵法》에는 '무릇 전쟁에서는 정正으로 적군에 맞서고, 기奇로 승리를 쟁취한다'는 뜻의 정합기승正合奇勝이라는 말이 있다. 여기서 '정'은 정규전을, '기'는 유격전을 가리킨다. '정'은 직선적인 공격, '기'는 우회적인 기습이다. 또한 '정'은 본연의 실력인 데 반해 '기'는 순간적인 기회 포착 능력으로 이해할 수 있다. '정'이 어떤 방향성이 있는 원칙이라면 '기'는 민활한 융통성을 수반하는 순간적인 판단력이라 할 수 있다. 어쨌든 두 군대가 맞선 상황에서 승리는 어느 편이 '기'를 잘 활용하느냐에 달려 있다는 이야기다. 현대에는 이 '기'를 뭐라고 할까? 바로 평범함을 거부하는 창의적인 사고, 참신한 발상, 독창적인 경영 등이다.

즉묵성의 전투

전국시대 연나라와 제나라 사이에 전쟁이 일어났다. 제나라 군대를 연파해 제나라 전역을 거의 다 점령한 연나라의 악의樂毅 장군은 이제 독거와 즉묵 두 성만 남겨놓은 상태였다. 악의의 군대가 즉묵성을 포위하자 제나라의 멸망은 시간문제인 듯 보였다. 그렇지만 즉묵성에는 명장 전단田單이 있었다. 전단을 중심으로 일치단결한 즉묵성의 관민은 막강한 악의 군대의 포위공격에도 무려 삼 년 동안 버텨냈다.

삼 년이 지나 즉묵성 관민들의 저항이 한계에 도달할 무렵, 마침 악의 장군을 신임하던 연나라의 소왕이 죽고 혜왕惠王이 보위에 올랐다. 전단은 이 기회를 이용해 악의가 군대를 이끌고 연으로 돌아가 왕이 되려 한다거나 다른 나라로 귀순하려 한다는 등의 거짓 소문을 퍼뜨렸다. 악의를 시샘하는 간신배들은 이러한 소문을 더욱 확대했다. 마침내 어리석은 혜왕은 악의의 군대통수권을 박탈해버렸다.

위급한 상황에서 명장을 잃은 연나라 군대는 사기가 땅에 떨어졌다. 전단은 다시 두 번째 전략을 세웠다. 이는 간첩을 보내 즉묵성 사람들은 남이 조상 무덤을 파헤치는 것을 가장 두려워한다는 헛소문을 연나라에 퍼뜨리는 것이었다. 만일 무덤이 훼손되면 그들은 두려움으로 공황상태에 빠져 난리가 날 거라는 거짓 정보였다.

악의를 대신한 이리식은 연나라 장군은 그 말을 곧이곧대로 믿었다. 그래서 성 주변에 있는 즉묵성 사람들의 조상묘를 대대적으로 훼손하고 유골을 흩뿌려놓아 능욕했다. 이를 본 즉묵성 관민들은 두려움이 아닌 분노와 적개심으로 피가 끓었다. 이들은 죽음으로 끝까지 연나라 군대와 싸울 것을 맹세했고 시들어가던 사기는 다시 하늘을 찔렀다.

밖으로 명장을 잃은 연나라 군대의 전투력과 사기는 형편없이 약해졌고, 안으로 즉묵성 관민의 사기는 한층 높아졌다. 이제 결전의 시기가 무르익었다고 판단한 전단은 거짓 항복으로 연나라 군대를 안심시킨 뒤 신종병기를 이용해 연나라 진영을 쑥대밭으로 만들었다. 그 신종병기는 다름 아닌 소였다. 건장한 소의 뿔에 날카로운 검을 장착하고 꼬리에는 폭죽을 매단 다음 터뜨려서 놀란 소가 연나라 진영을 향해 돌진하게 하는 기발한 방법이었다. 이 전략으로 전단의 군대는 대승을 거두었고, 마침내 잃었던 땅을 모두 탈환하였다.

연나라와 제나라 사이에 벌어진 즉묵성 전투는 춘추전국시대에 몹시 치열했던 전쟁 중 하나였다. 사마천은 이 전투를 '출기제승'이라는 단 네 글자로 요약했다. 승패가 뻔한 싸움에서 예상을 뒤엎고 즉묵성의 군대가 막강한 연나라 군대를 상대로 승리한 것은 남들이 생각지도 못한 기이한 전략을 썼기 때문이라고 본 것이다.

어찌 국가 간의 전쟁만 그렇겠는가. 우리가 처한 경제적 환경은 전쟁터보다 치열하고 우리를 둘러싼 경쟁자들은 하나같이 쟁쟁하다. 이러한 상황에서 남들과 똑같은 방식으로 경쟁하려 하면 승산이 별로 없다. 반면 남들이 생각하지 못하는 특별한 '기'가 있으면 주도적으로 싸워볼 만하다. '기이한 방식으로 승리를 쟁취하다'라는 뜻으로 출기제승을 기억하자.

왕해봉의 영업 전략

중국 상인은 병가의 전략인 출기제승을 경영 전략으로 바꿔 활용했는데 그중 하나가 인기아취人棄我取이다. 이것은 '남이 버린 것을 나는 취한다'는 뜻으로 중국 산서성 출신 상인인 진상晉商의 영업 전략이었다. 경영 안목이 남달랐던 진상은 남들이 하지 않는 것에 주목하고 남들이 가지 않는 곳에 찾아가 훌륭한 성과를 올린 것으로 유명했다.

명나라 포주 출신 왕해봉王海峰도 그런 사람 가운데 하나였다. 그는 다른 상인들이 모두 관심을 보이며 모여드는 관중,

절강, 사천 등지로 가지 않고 오히려 이문이 남지 않는다고 모두 포기한 산동성의 창주를 찾아갔다. 창주는 소금을 사고파는 염업으로 유명한 곳인데, 관료와 지방 토호 세력의 결탁으로 상인들이 모두 손을 들고 떠난 터였다. 그는 그곳의 상황을 정확히 파악한 후 개선책을 만들어 정부에 건의했다.

왕해봉의 적극적인 노력에 힘입어 창주의 염업은 다시 크게 부흥하기 시작했다. 곳곳에서 염상들이 모여들면서 관청은 세수입이 세 배나 올랐고 왕해봉은 이 지역 최고의 부상이 되어 만금을 물 쓰듯 했다고 한다. 그가 일흔의 나이로 고향 포주에 돌아갔을 때 명대의 대학자 장사유張四維는 그를 이렇게 평가했다.

"포주에는 거상이 많았지만 왕해봉처럼 재략이 뛰어난 큰 상인은 없었다."

노자는 말했다.

"남들이 배우지 않는 것을 배우고, 남들이 지나치는 것에 다시 주목한다學不學 復衆人之所過."

치열한 경영의 전장에서 살아남기 위해 모두들 얼마나 수고가 많은가. 분명한 것은 이 전쟁에서 승리하려면 남과 다른 무언가가 있어야 한다는 것이다. 그게 바로 출기제승의 '기'

다. 어려운 환경이 거대한 적군처럼 옥죄어올 때 출기제승, 인기아취의 교훈을 생각하면서 창의적인 안목과 참신한 발상으로 마침내 승리하기를 바란다.

찾아보기 ▼

【 **표신립이 標新立異** 】 새로움을 표방하고 남과 다른 모습을 세우다. 새로운 주장 혹은 견해를 제시하거나 참신하고 기발한 방식을 창조해내는 것을 뜻한다. 송나라 유의경劉義慶의 《세설신어世說新語》에 나오는 다음의 글에서 유래했다. "지도림이 백마사에 있으면서 풍회馮懷와 함께 말을 나누었는데, 《장자》 〈소요유逍遙遊〉에 이르자 지도림은 (곽상郭象, 상수向秀와 같은) 양대 주석가들과 다른 새로운 이론을 탁월하게 표방하였고 여러 현자와도 다른 기이한 뜻을 뚜렷하게 내세웠다支道林在白馬寺中, 將馮太常共語, 因及逍遙, 支卓然標新理於二家之表, 立異義於衆賢之外."

【 **독수일치 獨樹一幟** 】 홀로 깃발 하나를 세우다. 남과 다르게 자신만의 일가를 이룬 것을 비유한 말이다. 청나라 원매袁枚의 《수원시화隨園詩話》에 "구양수는 한유의 문장을 배웠으나 그 글이 완

전히 한유와는 같지 않은바, 팔대가 중에서 홀로 깃발을 세운 이유이다歐陽公學韓文, 而所作文全不似韓, 此八家中所以獨樹一幟也"라는 표현이 있다. 이와 유사한 성어로 '홀로 길을 개척한다'는 뜻의 독벽혜경獨辟蹊徑이 있다.

【 **육출기계**六出奇計 】 여섯 번 기이한 계책을 내놓다. 원래는 유방의 신하 진평陳平이 제시한 여섯 가지 기이한 계책을 일컬었으나 후에 출기제승의 뛰어난 모략을 비유하는 말로 쓰였다.《사기》의 "(진평이) 모두 여섯 번 기이한 계책을 내었는데, 그때마다 (유방이) 식읍을 더해주어 모두 여섯 차례나 봉읍을 더하였다. 그 기이한 계책은 자못 비밀스러워 세상 어느 누구도 들을 수 없었다凡六出奇計, 輒益邑, 凡六益封. 奇計或頗秘, 世莫能聞也"라는 기록에서 비롯되었다. 청나라 전대소錢大昭의《한서변의漢書辨疑》에는 진평의 계책과 관련하여 이런 기록이 있다. "초나라의 임금과 신하를 이간질해 멀어지게 한 것이 첫째 기이한 계책이요, 밤에 여인 이천 명이 영양 동문을 나서게 하여 유방의 탈출을 도운 것이 둘째 기이한 계책이요, 유방의 발을 밟아 한신을 제왕으로 세운 것이 셋째 기이한 계책이요, 운몽으로 유람한다고 거짓말을 하고 한신을 사로잡은 것이 넷째 기이한 계책이요, 평성의 포위를 푼 것이 다섯째 기이한 계책이다. 그 여섯째 계책

은 응당 진평이 유방을 따라 장도, 진희, 경포를 칠 때 있었을 것이나 역사에 전하는 글은 없다間疏楚君臣, 一奇計也. 夜出女子二千人滎陽東門, 二奇計也. 躡漢王立信爲齊王, 三奇計也. 僞游雲夢縛信, 四奇計也. 解平城圍, 五奇計也. 其六當在從擊臧荼陳豨黥布時, 史傳無文."

【 **공기무비**攻其無備 】 적이 준비되지 않았을 때 공격하다. 《손자孫子》에 나오는 "준비되지 않았을 때 공격하고 예상하지 않았을 때 나선다攻其無備, 出其不意"는 말에서 비롯되었다. '비어 있는 기회를 틈타 쳐들어간다'는 승허이입乘虛而入도 같은 뜻이다.

【 **좌실량기**坐失良機 】 앉아서 좋은 기회를 잃어버리다. 상황을 관망만 하고 주도적으로 행동하지 못해 좋은 기회를 잃어버리는 것을 뜻한다. 청나라 소련昭槤의 《소정잡록嘯亭雜錄》에 "만약 적의 상황을 자세히 살피지 않고 앉아서 좋은 기회를 잃어버리면 병사들의 사기는 땅에 떨어질 것이다若不審敵勢, 坐失良機, 使兵心至于潰敗"라는 말이 있다.

37

개권유의
開卷有益

책을 펼치면 유익함이 있다

맑은 연못

무성하고 소란한 여름이 힘을 잃어가면 아침저녁으로 바람이 선선하게 불면서 가을이 성큼 다가온다. 등불을 밝히고 책을 펼치는 독서의 계절, 일상의 분망함을 잠시 내려놓고 반성과 사색의 책장을 펼치는 시간이다.

> 반듯한 연못 거울처럼 펼쳐져 있어
> 하늘빛과 구름 그림자 함께 떠다니누나.
> 묻노니 어찌 그렇게 맑을 수 있는가
> 그 근원에서 살아 있는 물이 흘러온 까닭이라네.
> 半畝方塘一鑒開, 天光雲影共徘徊.

問渠那得清如許, 爲有源頭活水來.

연못이 거울처럼 맑은 것은 그 근원에서 살아 있는 물을 공급받기 때문이라고 읊은 이 시는 주희의 〈관서유감觀書有感〉이다. 이 시는 독서의 의미를 밝히는 시로 종종 인용된다. 복잡다단한 세상사를 명징하게 이해하려면 심상을 거울처럼 맑게 유지해야 하는데, 그러기 위해서는 꾸준한 독서 활동으로 생각을 계속 새롭게 해야 한다는 것이다. 분주한 일상에 매몰돼 독서를 소홀히 하면 어느 순간 세상사를 바라보는 시야가 흐려질 수 있다는 말이다.

황제의 독서

송나라 제2대 임금 태종太宗 조광의趙匡義는 독서로 유명한 군주다. 태종은 신하들에게 명하여 방대한 규모의 백과전서를 편찬하게 했다. 문신 이방李昉 등이 황제의 명을 받들어 1,600여 종류의 옛 전적에서 중요한 내용을 가려 뽑고 55개 항목으로 분류하여 일천 권의 방대한 백과전서를 편찬하였다. 이 책은 역사, 문화, 과학 등 다양한 방면의 지식을 담고 있는 유용한 책이다.

책을 편찬한 시점의 태종 연호 태평흥국太平興國을 따서《태평총류太平總類》라고 이름하였는데, 책을 받아든 태종은 그 유용성을 한눈에 파악하고는 매일 세 권씩 읽어 일 년 내에 독파할 것을 계획했다. 그리고 책의 이름도 《태평총류》에서 황제가 본다는 뜻의 《태평어람太平御覽》으로 바꾸었다.

태종 재위기는 송나라가 오대십국五代十國의 혼란기를 막 벗어나 개국한 지 그리 오래지 않은 시기였으므로 황제가 처리해야 할 국가대사가 산더미처럼 쌓여 있었다. 태종은 조정에 나가 종일토록 조정 대신들과 함께 국사를 논의하고 처리하였다. 그리고는 내전으로 돌아와 피곤을 무릅쓰고 《태평어람》을 꺼내 매일 세 권씩 읽었다. 다급한 국사로 인해 책을 읽지 못하면 후에 읽지 못한 분량을 채웠다.

황제의 건강을 염려한 주변의 신하들이 독서를 만류하자 태종은 이렇게 말했다.

"나는 책을 읽는 것이 즐겁소. 책을 펼치면 피로했던 몸이 오히려 가뿐해짐을 느낀다오. 더욱이 이 책에서 배우는 것이 얼마나 많은지 아시오? 책을 펼치면 좋은 점이 많소."

태종의 《태평어람》 독서는 꾸준히 이어졌고 그의 치국에 적지 않은 도움을 주었다. 그리고 황제의 독서는 조정 대신들에게도 영향을 미쳐 광범위한 독서 열풍이 일어났다. 중국의 출판문화가 송대에 이르러 크게 융성한 것에 어쩌면 태종의 독서 애호가 한몫을 했는지도 모른다.

송태종의 이야기에서 나온 성어가 '책을 펼치면 유익함이 있다'는 뜻의 개권유익이다. 이 성어는 지금도 독서를 권장하는 데 빈번하게 쓰이고 있다. 태종에 이어 제3대 황제에 오른 진종眞宗 조항趙恒은 독서의 유익함을 이렇게 설명했다.

> 편안히 살려고 높은 집 지을 필요 없나니
> 책 속에 황금으로 된 집이 절로 있다네.
> 좋은 아내를 취하려 중매쟁이 구할 것 없나니
> 책 속에 옥 같은 미인이 절로 있다네.

다소 속물적인 느낌도 들지만 독서의 유익함을 말할 때 자주 인용하는 말이다. 황금과 미인으로 대변되는 유용하고 소중한 가치를 얻기 위해서는 책을 펼쳐야 한다는 의미다. 문제는 유익한 책이 너무 많아 무엇을 읽어야 할지 난감하다는 데 있다. 쏟아져 나오는 수많은 책으로 가득한 서점에 들어서면 숨이 턱 막히는 느낌이 들지 않는가. 정말 이 많은 책을 다 읽어야 하는 걸까?

《논어》 반절로 천하를 다스리다

송나라 태종에게는 조보趙普라는 재상이 있었다. 조보는 원래 송 태조 조광윤趙匡胤의 참모였다. 그는 조광윤이 황제가 되어 송나라를 개국하는 데 결정적인 역할을 한 덕분에 재상이 되었다. 태조를 이어 태종이 황제가 된 뒤에도 그는 여전히 재상을 맡았다. 그런데 어떤 사람이 조보가 학식이 천근하여 읽은 책이라곤 겨우 《논어》 한 편에 불과하니 근본적으로 재상을 맡을 자격이 없다고 비난했다.

어느 날 태종이 조보에게 직접 물었다.

"재상께서 《논어》 한 편을 읽은 게 전부라고 헐뜯는 자들이 있던데 그게 사실이오?"

조보가 공손하게 말했다.

"예, 그 말이 맞습니다. 제가 알고 있는 것은 확실히 《논어》를 벗어나지 못합니다. 과거에 저는 《논어》 반 권으로 태조 폐하를 도와 천하를 평정했습니다. 그리고 지금 저는 《논어》의 나머지 반 권으로 폐하를 도와 천하의 태평을 일궈냈습니다."

여기서 나온 말이 '논어 반 권'이라는 뜻의 반부논어半部論語다. 이것은 '반 권의 논어로 천하를 다스린다'는 반부논어치천하半部論語治天下의 준말이다. 유가 경전인 《논어》의 우수성을 설명할 때 쓰이기도 한다. 나중에 조보가 죽은 뒤 가족이 그의 책상 서랍을 열어보니 과연《논어》한 권만 덩그러니 놓여 있었다고 한다.

조보의 이 이야기는 우리에게 독서의 새로운 모델을 보여준다. 많이 읽을 수 있으면 좋겠지만 시간상 혹은 습관상 그럴 형편이 안 된다면 좋은 책 한두 권을 지속적으로 꼼꼼히 읽는 것도 좋다는 얘기다. 송태종의《태평어람》읽기가 다독의 전형적인 모습이라면, 조보의《논어》읽기는 정독의 경우라고 할 수 있다.

좋은 책 한 권은 유익한 벗, 즉 익우益友 한 사람을 사귀는 것과 같다고 했다. 선선한 가을에는 유익한 벗 하나를 초대해 삶을 풍요롭고 바르게 살아가도록 해주는 유익한 대화를 나눠보기 바란다.

찾아보기 ▼

【 **학부오거學富五車** 】수레 다섯 대 분량의 책을 읽어 학문이 연박하다. 이는 독서량이 많은 것을 비유한 성어다. 전국시대 저명한 정치가이자 철학가였던 혜시惠施의 방대한 독서량을 가리키는

말에서 비롯되었다. 《장자》 〈천하天下〉에 "혜시는 박학다식하니 그 읽은 책이 수레 다섯 대 분량이다惠施多方, 其書五車"라는 말이 있다.

【 **위편삼절**韋編三絕 】 책을 엮은 가죽 끈이 세 번 끊어지다. 위편韋編은 소가죽 끈으로 죽간을 엮은 것을 가리킨다. 공자가 《주역》을 여러 차례 읽어 책을 엮은 가죽 끈이 세 차례나 끊어질 정도였다는 일화에서 비롯된 성어다. 분발하여 근실하게 독서하는 모습을 형용한다. 《사기》 〈공자세가孔子世家〉에 "공자는 만년에 《주역》을 좋아하여 책을 엮은 가죽 끈이 세 번이나 끊어질 정도로 《주역》을 읽었다孔子晩而喜易 … 讀易, 韋編三絶"는 기록이 보인다.

【 **우각괘서**牛角掛書 】 소뿔에 책을 걸다. 수당隋唐 시기의 군웅 중 한 명인 이밀李密이 소를 타고 길을 가면서 소뿔 위에 책을 걸쳐 놓고 독서했다는 고사에서 나온 말로 열심히 분발하여 독서하는 모습을 형용한다. 《신당서》 〈이밀전〉에 "짚방석을 소에 걸어 타고서 《한서》 한 질을 뿔 위에 걸치고 길을 가며 책을 읽었다以蒲韉乘牛, 掛漢書一帙角上, 行且讀"는 기록이 나온다.

玉篇

제 6 강

높은 파도가 밀려올 때

38

범이불교
犯而不校

무례를 당해도 따지지 않다

사람 사는 이치는 예나 지금이나 큰 차이가 없을 텐데, 지금 세상은 온갖 시끄러운 일이 실시간으로 들어오면서 잠시도 평안한 날이 없는 것 같다. 마치 세상이 온통 분쟁의 소용돌이 한복판에 놓여 있는 듯하다. 어떤 철학자가 말한 대로 우리네 세상은 만인의 만인에 대한 투쟁일까?

중국의 유구한 역사가 만들어낸 수많은 성어에도 다툼을 뜻하는 '쟁爭'이라는 글자가 무수히 들어가 있다. 무슨 다툼이 그리 많은지 인간의 역사가 곧 다툼의 역사이자 싸움의 역사인 것처럼 보인다. 가령 용과 호랑이가 싸운다는 뜻의 용호상쟁龍虎相爭, 어부지리에 등장하는 도요새와 조개의 싸움이란 뜻의 휼방상쟁鷸蚌相爭, 두 마리 호랑이가 싸운다는 뜻의 양호상쟁兩虎相爭 등은 우리가 익히 알고 있는 성어다.

그렇게 '쟁'이라는 글자로 표현한 수많은 다툼과 경쟁 중에서도 유독 이목을 끄는 특별한 싸움이 있다. 바로 만과 촉의 치열한 싸움인데 만촉상쟁蠻觸相爭 혹은 와각지쟁蝸角之爭으로 불리는 이 이야기는《장자》에 나온다.

달팽이 뿔 위에서 벌어진 전쟁

전국시대 위나라 혜왕은 제나라 위왕과 동맹을 맺었으나 위왕이 그 맹약을 깨뜨리자 몹시 노하여 자객을 보내 위왕을 죽이려 했다. 한데 이 암살 계획을 놓고 대신들의 의견이 나뉘어졌다. 한쪽은 자객을 보내는 일은 떳떳하지 않으니 차라리 전쟁을 선포하자는 의견이었고, 다른 한쪽은 막대한 전쟁 비용을 고려할 때 암살이 낫다는 의견이었다.

양쪽 의견이 팽팽해 결론도 없이 지루하게 논쟁이 이어지자 혜시惠施가 혜왕에게 대진인戴晉人이란 현인을 초청해 자문을 구할 것을 건의했다. 혜시는 대진인이 학문이 높고 사물의 이치에 통달한 인물이므로 속시원히 대답해줄 거라고 장담했다. 이리하여 조정에 불려온 대진인은 이야기를 듣고 난 뒤 혜왕에게 뜬금없이 이렇게 물었다.

"전하께선 달팽이란 미물을 알고 있지요?"

"알다마다요."

"그 달팽이의 왼쪽 뿔에 촉씨觸氏의 나라가 있고 오른쪽 뿔에 만씨蠻氏의 나라가 있는데, 양쪽이 영토 분쟁을 일으켜 격하게 싸우는 바람에 전사자가 수만 명에 이르고, 보름 만에야 겨우 싸움이 멎었다고 합니다."

혜왕이 말도 안 된다는 듯 피식 웃으며 말했다.

"그런 터무니없는 이야기가 어디 있소?"

그러자 대진인이 진지하게 대꾸했다.

"전하께서는 이 우주의 사방 위아래에 끝이 있다고 생각하십니까?"

"아니오."

"그렇습니다. 우주에는 끝이 없습니다. 끝없는 우주공간에서 이 유한有限한 땅덩이를 내려다본다면 나라 따위는 있을까 말까 한 아주 작은 것이 아니겠습니까?"

"하긴 그렇겠지요."

"그 나라들 가운데 '위'라는 나라가 있고, 위나라 안에 대량大梁이라는 수도가 있으며, 그 수도의 대궐 안에 대왕이 계십니다. 그렇다면 달팽이 더듬이 위의 만씨 나라와 대왕께 무슨 차이가 있겠습니까?"

혜왕이 얼떨결에 대답했다.

"그런 논리라면 차이가 없겠군요."

말을 마친 대진인은 자리를 떠났고 위나라 혜왕은 제나라와 전쟁을 치를 생각을 버렸다. 아무리 거창한 명분을 내걸고 전쟁을 일으켜도 그것은 달팽이 더듬이 위에 있는 두 나라 사이에서 벌어진, 다시 말해 아무런 의미도 가치도 없는 시시한 싸움에 불과한 것임을 깨달은 것이다.

《장자》에 나오는 이 우화에서 비롯된 달팽이 뿔 위의 다툼이란 뜻의 와각지쟁과 만씨와 촉씨의 다툼이란 뜻의 만촉상쟁은 사소한 이유로 벌어진 다툼을 의미하는 성어다. 다들 거창한 이유와 떠들썩한 명분 아래 싸움을 하지만 막상 그 내막을 살펴보면 알량한 자존심이나 이기적인 욕심에서 시작되는 경우가 많다. 그런 사소한 이유가 싸움의 발단이고 보니 하찮은 이유로 벌어진 하찮은 싸움으로 세상이 온통 시끄럽지 않은가.

무례를 당해도 따지지 않다

《논어》〈태백泰伯〉에서 증자는 공자의 수제자 안회를 이렇게 술회하고 있다.

능력이 있으면서도 무능한 사람에게 묻고
많이 알고 있으면서도 적게 알고 있는 사람에게 묻고
있어도 없는 척, 꽉 차 있으면서도 텅 빈 척
누가 자신에게 무례를 범해도 일일이 따지지 않았으니
옛날 내 친구 안회가 바로 이러했다.

증자의 말에 나오는 '무례한 대접을 받아도 일일이 따지지 않는다'는 뜻의 범이불교犯而不校는 보통 도량이 넓고 인내심이 강한 사람을 칭송할 때 쓴다. 이것은 요즘같이 분쟁과 다툼이 많은 세상에 꼭 필요한 덕목이 아닐까?

당나라 측천무후則天武后가 다스리던 시절 측천무후에게는 누사덕婁師德이라는 유능한 재상이 있었다. 문무를 겸비한 그는 특히 도량이 넓어서 실수를 범한 아랫사람들을 너그럽게 감싸주는 것으로 유명했다.

그가 재상으로 있을 때 그의 동생이 대주代州 태수에 임명되었다. 임지로 떠나는 자리에서 누사덕은 동생에게 말했다.

"나는 지금 재상의 지위에 있고 너는 태수로 발탁되었으니 우리 가문이 황제께 입은 은혜가 유독 크다. 이로 인해 많은 이의 질투를 받아 우리가 위험에 처할 수도 있다. 너는 어찌 처신하겠느냐?"

동생이 겸손하게 말했다.

"만일 저를 질투하는 자들이 제 얼굴에 침을 뱉는다면 그저 침을 닦을 뿐 일체 대응하지 않겠습니다."

이 말을 들은 누사덕이 그럴 줄 알았다는 듯 한숨을 쉬며 말했다.

"그래서 내가 걱정하는 것이다. 사람들이 네게 침을 뱉은 것은 네게 화가 났기 때문인데, 그들 앞에서 침을 닦는 것은 그들을 거스르겠다는 뜻이 아니냐. 결국 그들은 네게 더욱 화를 낼 것이다. 그들이 침을 뱉거든 아예 닦을 생각을 말거라. 그 침이 절로 말라붙을 때까지 그저 허허 웃으면서 받아주도록 하여라."

이 이야기에서 나온 성어가 '얼굴에 뱉은 침이 절로 마르다'라는 뜻의 타면자건唾面自乾이다. 이것은 자신에게 가해지는 모욕을 극도의 인내심으로 끝까지 참아내는 자세를 말한다. 누사덕은 이 타면자건의 자세로 자신에게 쏟아지는 온갖 질투의 화살을 막아내고 70세 천수를 다할 때까지 두 번이나 재상을 지내는 명예를 역사에 남겼다. 그야말로 범이불교의 극단적인 예가 아닌가.

노자의 《도덕경》에 곡즉전曲則全이라는 말이 나온다. 굽히면 온전해질 수 있다는 뜻이다. 남들의 무례에 대응하지 않고 너그럽게 넘어가는 것은 부분이 아닌 전체를 생각하는 자세에서 나온다. 이러한 자세는 자신을 굽혀 전체를 구한다는 뜻의 위곡구전委曲求全이란 성어로 표현하기도 한다.

온갖 다툼으로 소란한 세상에서 우리가 뛰어든 싸움은 어떤 싸움인가? 그것이 정당한 싸움이면 당연히 열심히 싸워야 하겠지만, 싸움에 뛰어들기에 앞서 혹시라도 그 싸움이 와각지쟁, 촉만상쟁 같은 무의미한 싸움은 아닌지 한번쯤 생각해보기를 권한다. 그리고 조직 전체의 유익을 위해 당장의 모욕을 참아내는 범이불교, 타면자건의 리더십을 발휘해보기 바란다.

찾아보기 ▼

【 **역래순수** 逆來順受 】 열악한 환경이나 무례한 대우에도 참고 받아들이는 모습을 뜻한다. 명나라 주집周楫의 《서호이집西湖二集》에 "만약 뭘 좀 아는 사람이라면 집주인이 찾아왔을 때 무례한

모습도 참고 받아들일 것이다若是一個略略知趣的, 見家主來光顧, 也便逆來順受"라는 표현이 있다.

【 **침봉상대**針鋒相對 】 바늘 끝과 칼끝이 서로 마주하고 있다. 쌍방이 전략이나 논점 혹은 행동 방식에서 첨예하게 대립하는 경우를 두고 하는 말이다.

39

인욕부중
忍辱負重

치욕을 참고 책임을 지다

《예기》〈유행편儒行篇〉에는 "선비는 죽일 수는 있어도 모욕을 줄 수는 없다儒者可殺而不可辱"는 말이 있다. 이것은 권력과 재력의 핍박에도 끄떡없는 선비의 강인한 모습을 설명한다. 또한 자신의 잘못으로 야기된 사건의 책임을 져야 할 때 죽음이라는 극단적인 방법을 써서라도 그 치욕에서 벗어나겠다는 선비 특유의 자존심 강한 면모를 설명하기도 한다. 역사 속에 출현한 많은 영웅호걸 중에는 이렇게 치욕보다 죽음을 택한 사람이 적지 않다. 그 대표적인 예가 유방과의 싸움에서 패해 다 잡은 천하를 놓치고 하늘을 원망하며 자결한 항우다.

항우의 죽음

사면초가 상태에서 가까스로 해하성垓下城을 탈출해 오강의 나루터까지 온 항우는 오강 수졸이 강을 건너 강동으로 피신했다가 재기할 것을 권고하자 "강동의 팔천 자제를 이끌고 전쟁에 나갔다가 그들을 다 죽게 만들고 내가 무슨 얼굴로 강동의 부형들을 볼 것이냐"는 말을 남기고 자살했다. 다 잡은 천하를 유방에게 넘겼다는 불명예를, 강동의 팔천 자제를 전부 죽게 만들고 저 혼자 살아 돌아왔다는 수치심을 감내하지 못하고 죽음으로 그 치욕을 벗어나려 한 것이다.

당나라 시인 두목杜牧은 항우가 죽은 그 오강 나루터에서 이런 시를 남겼다.

> 이기고 지는 것은 전쟁에서 알 수 없는 것
> 치욕을 참고 견디는 것이 남자가 아니더냐.
> 강동에는 수많은 뛰어난 인재가 있으니
> 권토중래하지 못할 것도 없지 않았더냐.

항우가 절체절명의 순간에 치욕을 참고 오강을 건너 강동으로 피신했다면 다시 천하를 도모할 기회가 올 수도 있었을 것이라는 내용이다.

두목이 말한 것처럼 치욕을 참고 받아들여 마침내 그 치욕을 영광으로 바꾼 역사의 영웅들도 있다. 오나라와의 전쟁에서 패한 뒤 오왕의 신하가 되어 그의 대변을 맛보면서까지 자신을 낮추며 굴욕적인 삶을 견뎌낸 월왕越王 구천句踐과 궁형宮刑이라는 치욕적인 형벌을 받고도 끝까지 살아남아 역사적 저작물《사기》를 완성한 사마천이 대표적이다. 이들이 치욕을 참고 이겨낼 수 있었던 것은 이 치욕을 넘고 꼭 이루어야 할 일에 대한 강한 책임감이 있었던 까닭이다.

이러한 모습을 표현하는 성어가 바로 '치욕을 참고 무거운 책임을 지다'라는 뜻의 인욕부중이다. 내려놓을 수 없어 참아낸다는 의미다. 구천은 월나라의 존망이라는 무거운 책임을, 사마천은《사기》저작이라는 필생의 책임을 내려놓을 수 없었기에 끝까지 치욕을 참고 견뎌낸 것이다.

명재상 인상여와 명장 염파 이야기

전국시대 일곱 나라 중에서 조나라는 약한 국세 때문에 강한 진秦나라에 늘 핍박받고 모욕을 당해야 했다. 훌륭한 장군 염파廉頗 덕분에 국방은 그런대로 유지되었지만 외교 면에서는 속수무책이어서 조나라의 국격은 형편없이 구겨졌다.

이런 상황에서 혜성처럼 나타난 사람이 인상여藺相如였다. 사신으로 발탁되어 진나라로 간 인상여는 특유의 용기와 기지로 유명한 보물 화씨벽을 둘러싸고 일어난 진나라와의 외교적 마찰을 훌륭하게 해결했다. 또 민지澠池에서 있었던 두 나라 정상 간의 회담에서 목숨을 걸고 진나라 왕의 무례함을 꾸짖어 조나라의 위신을 높였다. 회담이 끝난 뒤 조나라 왕은 인상여의 능력을 높이 평가해 재상에 임명했다.

인상여는 조나라 조정에서 왕에게 가장 높은 신임을 받는 1인자가 되었다. 그러나 곧바로 문제가 생기고 말았다. 조나라 대장군 염파가 상한 기분을 노골적으로 드러냈던 것이다. 그도 그럴 것이 인상여가 나타나기 전까지 조나라 최고의 영웅은 염파였다. 강력한 진나라 군대의 공격에도 조나라가 버틸 수 있었던 것은 염파라는 불세출의 장군이 존재했기 때문이었다. 그래서 왕도 백성도 모두 염파를 최고의 영웅으로 꼽기에 주저함이 없었다.

그런 염파가 기분이 상해서 말했다.

"인상여는 말재주 하나에 의지해 재상에 오른 자일 뿐 대단한 능력이 있는 게 아니다. 그런데도 나보다 높은 자리를 차지하고 있다니 용납할 수 없다. 앞으로 그를 만나면 면전에서 한

바탕 욕을 해줄 것이다."

염파의 이 말은 인상여에게까지 들어갔다. 그러나 인상여는 화를 내기는커녕 자신의 수하들에게 염파 사람들과 절대로 싸우지 말라고 당부하고 자신도 염파를 피해서 다녔다. 큰길을 가다가 멀리서 염파의 수레가 마주 오는 것을 보면 얼른 좁은 골목으로 숨었다가 그 수레가 지나간 뒤 길을 가곤 했다. 주변 사람들은 인상여가 염파를 두려워한다며 비웃기 시작했다.

어느 날 인상여의 집에 머물고 있던 식객들이 인상여를 찾아와 실망스런 얼굴로 말했다.

"우리는 모두 재상의 용기와 지혜를 듣고 그 명망을 우러러 받들고자 찾아온 사람들입니다. 한데 요즘 재상께서 염파 장군을 두려워하는 모습을 보니 아무래도 우리가 잘못 알고 온 것 같습니다. 그만 돌아가겠습니다."

인상여가 그들에게 물었다.

"그대들이 보기에 염파 장군과 진나라 왕 중에서 누가 더 무섭소?"

"염파 장군이 비록 용맹하다 하나 어찌 진나라 왕만 하겠습니까?"

인상여가 말했다.

"나는 그 무서운 진나라 왕을 면전에서 꾸짖고 그의 신하들을 욕한 사람입니다. 내가 어찌 염파를 두려워하겠습니까? 저 시랑豺狼 같은 진나라가 우리 조나라를 함부로 하지 못하는 것은 오직 안으로는 나 인상여가 있고, 밖으로는 염파 장군이 있기 때문입니다. 우리 둘은 두 마리 호랑이와 같으니 둘이 싸우면 필경 둘 다 심각한 부상을 입을 것입니다. 그러면 누가 좋아하겠습니까? 진나라가 아닙니까? 이런 위급한 시기에 나라의 안위가 우선이겠습니까? 내 체면이 중요하겠습니까?"

이 말은 염파의 귀에까지 전해졌고 염파는 즉시 자신의 잘못을 깨달았다. 그는 웃통을 벗은 채 한 묶음의 회초리를 어깨에 메고 인상여의 집으로 찾아가 매를 청했다. 이후 두 사람은 목숨을 나누는 친구가 되었고 인상여와 염파 덕분에 조나라는 평안을 누렸다.

'회초리를 지고 가서 매를 청하다'라는 뜻의 성어 부형청죄負荊請罪는 이 이야기에서 비롯되었다. 인상여가 당장의 수모와 치욕을 감내할 수 있었던 것은 국가의 안위에 대한 큰 책임감 때문이었으니 인욕부중의 좋은 예라고 할 수 있다.

조직을 이끌고 무한 경쟁의 전장을 누비다 보면 어찌 억울하고 속 터지는 일이 한두 번이겠는가? 때론 내 실수 때문에, 또 때론 남들의 오해 때문에 분노가 치밀기도 하고 지독한 모욕감을 안겨주는 일 앞에서 좌절감을 느끼기도 한다. 그때마다 인욕부중을 떠올리자. 치욕과 분노를 넘어 자신에게 부여된 큰 책임을 감당할 줄 아는 멋진 리더가 되기 바란다.

찾아보기 ▼

【 **인기탄성**忍氣呑聲 】 화를 참고 소리를 삼키다. 수모를 당해도 억지로 참아내며 아무런 말도 하지 않는 모습을 뜻한다. 원나라 양현지楊顯之의 《소상우瀟湘雨》에 "지금부터는 화를 참고 소리를 삼킬 것이니 다시는 감히 큰 소리로 통곡하지 않겠다從今後忍氣呑聲, 再不敢嚎啕痛哭"는 표현이 있다. 비슷한 말로 '수치를 머금고 치욕을 참는다'는 뜻의 함구인욕含垢忍辱이 있다. 구垢는 '때, 더러운 것, 수치'를 말하며 함구含垢와 인욕忍辱은 같은 뜻을 중복한 것이다. 《후한서》 〈조세숙처전曹世叔妻傳〉에 "착한 일을 해도 자랑하지 않고 악한 일을 당해도 말하지 못하며, 치욕을 참고 수치를 머금으며 항상 두려워하는 듯하였다有善莫名, 有惡莫辭, 忍辱含垢, 常若畏懼"라는 표현이 있다. '눈물을 마시고 소리를 삼킨다'는 뜻의 음읍탄성飮泣呑聲도 같은 뜻으로 활용하는 성어다.

【 **인무가인**忍無可忍 】 참으려야 참을 수가 없다. 도저히 더는 참을 수 없는 상황에서 쓰는 말이다. 진수의 사서 《삼국지》 〈위서〉에 "손례가 눈물을 하염없이 흘리자 사마선왕司馬宣王이 말했다. '그만 울어라. 참으려야 참을 수가 없구나.' 涕泣橫流, 宣王曰, 且止, 忍不可忍"라는 기록이 보인다.

【 **위곡구전**委曲求全 】 억지로 자신을 굽혀 온전함을 도모하다. 일신의 안위를 위해 비굴하게 굴복한다는 나쁜 뜻으로 쓰이기도 하고, 전체를 위해 자신이 양보한다는 좋은 뜻으로 쓰이기도 한다. 《한서》 〈엄팽조전嚴彭祖傳〉에 "어떻게 자신을 굽혀 시속을 따르며 구차하게 부귀를 구할 수 있단 말인가何可委曲從俗, 苟求富貴乎"라는 표현이 있다.

40

분사난

忿思難

화를 내면 닥칠 어려움을 생각하다

수많은 관계로 복잡하게 얽혀 있는 현대 사회를 살다 보면 우리는 자주 심한 스트레스에 시달리게 된다. 경쟁의 가속페달을 쉬지 않고 밟아가는 과정에서 스트레스는 극에 달한다. 이는 결국 사소한 계기를 통해 격한 분노로 터져 나오기 십상인데, 그 결과 분노를 접한 대상은 물론이고 본인 역시 심각한 후유증을 겪는다. 우리 사회 전반에 걸친 분노지수의 상승은 우리 스스로의 생명과 안전을 심각하게 위협하는 요소가 되고 있다. 개인이건 사회건 이 분노 문제를 심각하게 고려할 때가 아닌가 한다.

장량과 황석공 이야기

한고조 유방의 참모 장량은 한신, 소하와 함께 한나라 삼대 개국공신에 들 정도로 대단한 인물이다.

천하를 차지한 뒤 유방은 수고한 여러 신하와 함께하는 잔치 자리에서 장량을 칭찬하며 이렇게 말했다.

"후방의 군막 안에서 전략을 짜 천 리 밖에 있는 군대가 승리하게 만드는 사람이 바로 장량이다."

이 말에서 비롯된 운주유악運籌帷幄은 당면한 상황을 전면적으로 통찰해 뛰어난 실천 전략을 구사하는 리더를 칭송하는 말로 지금도 자주 쓰이고 있다.

장량은 전국시대 한韓나라의 귀족 출신으로 조부와 부친이 모두 재상을 지냈다. 그런데 이 한나라가 진시황의 진秦나라에 멸망당하면서 명문귀족 장량의 안온한 삶은 풍비박산 났다. 그는 그 모든 책임을 진시황에게 돌리고 그를 죽이기 위해 온 가산을 털어 자객을 구했다. 그러나 어렵게 준비한 복수는 결국 실패로 끝나고 장량은 쫓기는 신세가 되고 말았다.

그가 하비下邳라는 곳에 숨어 살 때의 일이다. 장량이 저녁나절 산책을 나가 개울가 다리 쪽을 지나가는데, 마침 다리 난간에 앉아 있던 어떤 노인 하나가 자기 신발 한쪽을 벗어 다리 아래로 떨어뜨렸다. 그리고는 다짜고짜 장량을 향해 소리쳤다.

"얘야, 내려가서 신발 좀 가져오너라!"

장량은 어디 이런 경우 없는 노인네가 있는가 싶어 속에서 천불이 올라왔다. 욕설을 퍼부으며 한 대 패주고 싶은 생각마저 들었지만 그는 꾹 참고 다리 아래로 내려가 신발을 가져왔다.

그러자 노인은 한술 더 떠서 신을 자기 발에 신기라고 했다. 장량은 이왕 시작한 일이니 좋은 일 한번 하자는 생각으로 무릎을 꿇고 신발을 신겨주었다. 노인은 흡족한 표정으로 일어나더니 이렇게 말했다.

"어린 것이 가르칠 만하구나. 닷새 뒤 새벽에 이곳으로 나오거라. 네게 줄 것이 있다."

장량은 노인의 말대로 닷새 후 새벽에 그곳으로 갔다. 그런데 노인이 먼저 와 있으면서 화를 내며 꾸짖었다.

"어린놈이 노인보다 늦게 오다니 이게 무슨 짓이냐! 다시 닷새 후에 오너라!"

닷새 후 장량은 이른 새벽 닭이 울자마자 일어나 그곳으로 갔다. 하지만 여전히 그 노인이 먼저 와서 야단을 쳤다. 다시 닷새 뒤로 정한 약속한 날 장량은 아예 전날 밤 자정부터 가서 기다렸다.

새벽이 되자 노인이 나타나더니 먼저 와 있는 장량을 보고 웃으며 말했다.

"진즉 이렇게 할 것이지."

노인은 장량에게 책을 한 권 건넸다.

"이 책을 읽으면 너는 임금의 스승이 되어 십 년 후 큰 공을 이룰 것이다. 훗날 제수의 북쪽 곡성산 아래에서 누런 돌을 보면 그게 나인 줄 알아라."

장량이 노인에게 받은 책은 병법의 대가 강태공이 썼다고 하는《태공병법》이었다. 이후 장량은 이 책을 열심히 익혀 병법의 대가가 되었고 유방의 참모로서 혁혁한 공을 세웠다.

이 이야기는 '흙다리 위에서 신발을 신겨드리다'라는 뜻의 성어 이상경리圯上敬履와 함께 지금에 전해지고 있다. 이 고사가 우리에게 주는 교훈은 무엇일까? 외부의 강력한 적을 이기려면 먼저 자기 자신과의 싸움에서 이겨야 한다는 것이다. 분노를 참지 못하고 충동에 휩쓸려 욕설을 내뱉고 폭력을 행사하면 이미 자신과의 싸움에서 진 셈이다. 이런 사람이 외부의 강력한 적을 이기는 것은 불가능하다.

노인은 장량이 분노를 참고 자신과의 싸움에서 이기는 것을 보고 그에게 진시황을 이길 가능성이 있음을 알아보았다. 그래서 "어린 것이 가르칠 만하구나"라고 말한 것이다. 먼저 자신을 이기는 법을 배운 장량은 훗날 외부의 강력한 적인 진시황을 넘어 그가 세운 진나라까지 무너뜨렸다.

소동파는 장량을 논하는 글에서 이렇게 말하고 있다.

> 보통사람은 욕을 먹으면 즉각 칼을 뽑아 들고 일어서서는 몸을 곧추세워 싸움을 하는데 이것은 용기라고 칠 수도 없다. 천하에 큰 용기를 지닌 자가 있으니, 이런 자는 돌발적인 상황을 만나도 놀라지 않으며 이유 없이 수모를 당하여도 화를 내지 않는다. 이는 그의 가슴이 심히 넓고 그 목표가 원대하기 때문이다.

장량이 노인의 무례함에 화를 내지 않고 끝까지 공손하게 대한 것은 그가 가슴에 원대한 뜻을 품은 대용大勇의 자세를 갖췄기 때문이라고 본 것이다. 자신을 무시했다고 혹은 모욕을 주었다고 곧바로 분노를 터트리며 싸우려 달려드는 이는 용기도, 원대한 목표도, 넓은 흉회도 없는 지질한 필부임을 확실히 증명하는 셈이다.

군자의 분노 관리

《논어》〈계씨季氏〉에서 공자는 다음과 같이 군자를 논한다.

군자는 아홉 가지를 생각한다. 볼 때는 밝게 볼 것을 생각하고, 들을 때는 똑똑히 들을 것을 생각하고, 얼굴빛은 온화할 것을 생각하고, 모습은 공손할 것을 생각하고, 말은 진심을 다할 것을 생각하고, 일은 정성스러울 것을 생각하고, 의문이 나면 질문할 것을 생각하고, 화가 나면 나중에 어려워질 것을 생각하고, 재물이 생기면 의로운 것인가를 생각한다.

君子有九思. 視思明, 聽思聰, 色思溫, 貌思恭, 言思忠, 事思敬, 疑思問, 忿思難, 見得思義.

이것은 이른바 '아홉 가지 생각'이란 뜻의 구사九思다. 이 아홉 가지 군자의 생각 중에서 여덟 번째가 바로 '화가 나면 어려워질 것을 생각하라'라는 뜻의 분사난이다. 속에서 분노가 치밀어 오르면 잠깐 참으며 그 분노를 겉으로 드러냈을 때 닥칠 어려운 상황을 미리 생각해보라는 말이다.

여러분은 어떻게 분노를 관리하는가? 속상한 일, 화나는 일이 생기면 장량의 흙다리 이야기와 공자가 전하는 분사난의 덕목을 떠올리며 분노를 잘 관리해보자. 분노를 관리해 자신을 이기면 외부의 강력한 적까지 멋지게 제압할 수 있다.

【 **식노정진**息怒停瞋 】 분노를 누그러뜨리다. 식息과 정停은 모두 '멈추다'의 뜻이고, 진瞋은 눈을 부릅뜨며 화를 낸다는 말이다. 식노정진은 주로 분노한 상대에게 진정할 것을 권하는 말로 쓰인다. 원나라 왕실보의 《서상기》에 "부인께서는 손을 비틀지 마십시오. 잠시 화를 가라앉히고 홍랑이 말하는 것을 들어보시오夫人休閃了手, 且息怒停瞋, 聽紅娘說"라는 표현이 있다.

【 **포수인치**包羞忍恥 】 수치심을 참고 이겨내다. 항우가 유방에게 패해 오강에서 자결한 역사적 사실을 두고 당나라 시인 두목은 〈제오강정題烏江亭〉에서 다음과 같이 말했다. "이기고 지는 것은 전쟁에서 알 수 없는 것, 수치심을 참고 이겨냄이 남아로다. 강동의 젊은이 중 뛰어난 이들 많으니 권토중래 못할 것이 무에라勝敗兵家事不期, 包羞忍恥是男兒. 江東子弟多才俊, 卷土重來未可知."

41

문계기무
聞鷄起舞

닭 울음소리를 듣고 일어나 검무를 추다

새해가 오면 또 한 살을 먹었구나 싶어 쏜살같이 지나가는 세월의 흐름을 실감하는 사람이 많다. 더러는 속절없이 흘러가는 시간을 야속해하기도 하고 세상 만물을 부식시키는 시간의 폭력 앞에서 만사가 다 부질없다는 무상감에 젖기도 한다. 하지만 새해부터 우울해지면 곤란하지 않겠는가. 앞으로 달려갈 길이 먼데 소극적인 감상에만 젖어 있을 수는 없는 노릇이다.

중국 남북조시대의 시인 도연명은 〈잡시雜詩〉에서 이렇게 읊었다.

> 젊은 시절은 다시 오지 않는 법이요
> 하루는 두 번의 새벽이 있을 수 없다네.

때를 맞추어 의당 열심히 분발해야 하느니

세월이 사람을 기다려주지 않는다네.

盛年不重來, 一日難再晨.

及時當勉勵, 歲月不待人.

이 시에 '세월은 사람을 기다리지 않는다'라는 뜻의 성어 세월부대인歲月不待人이 나온다. 이처럼 세월은 우리를 기다리지 않고 달려가므로 우리도 그 시간을 따라잡기 위해 열심히 달려가는 수밖에 없다.

닭 울음소리를 듣고 일어나 검무를 추다

위진남북조시대에 중국 북방 지역은 이민족의 침입으로 사회가 혼란스럽고 백성의 삶이 고생스러웠다. 이 시기에 어지러운 세상을 바로잡겠다는 큰 꿈을 품은 조적祖逖과 유곤劉琨이라는 두 젊은이가 있었다.

두 사람은 친한 친구로 같은 꿈을 품고 서로를 격려하며 열심히 미래를 준비했다. 부패한 조정과 전란 중에 신음하는 백성을 입에 올릴 때마다 두 사람은 모두 가슴에 의분이 가득해 눈물을 흘리기까지 했다. 둘은 함께 기거하며 공부하였다.

조적과 유곤이 같은 침상에서 잠자리에 든 어느 날 조적은 장래를 생각하며 쉽게 잠을 이루지 못하고 있었다. 그가 이런 저런 생각으로 뒤척이고 있는데 갑자기 뒤뜰에서 한밤중에 닭 울음소리가 들려왔다. 조적은 잠자리에서 벌떡 일어나 잠에 푹 빠져 있는 유곤을 깨웠다.

"여보게, 닭 울음소리를 듣지 못했는가? 일어나세나!"

유곤은 등을 돌리며 귀찮은 듯 말했다.

"지금은 한밤중이 아닌가. 새벽이 오려면 아직 멀었네. 한밤중에 닭이 울다니 이는 불길한 일이 아닌가!"

조적이 다시 유곤을 깨우며 말했다.

"이건 불길한 소리가 아니네. 잠든 우리를 깨워주는 고마운 소리일세. 앞으로 한밤중이든 새벽이든 닭이 울면 무조건 일어나 검법을 익히도록 하세나. 내 제의가 어떤가?"

유곤은 갑자기 자리에서 벌떡 일어나더니 검을 들고 나가며 말했다.

"뭘 그리 꾸물대고 있는가! 얼른 나가 한바탕 검무를 추자고!"

이후로 두 사람은 추운 겨울이든 무더운 여름이든 비가 오나 눈이 오나 첫닭 울음소리가 들려오면 어김없이 일어나 검무를 익히고 검법을 단련했다.

세월이 흘러 수준 높은 무예 실력을 갖춘 두 사람은 큰 공을 세웠다. 훗날 조적은 이민족에게 빼앗긴 광활한 땅을 수복한 공로를 인정받아 진서장군鎭西將軍에 봉해졌다. 유곤도 병주幷州, 기주冀州, 유주幽州의 군사軍事로서 반란을 평정하였다.

이 이야기에서 비롯된 '닭 울음소리를 듣고 일어나 검무를 추다'라는 뜻의 문계기무는 야무진 뜻을 세우고 그 뜻에 걸맞은 실력을 갖추기 위해 때에 맞춰 각고의 노력을 기울이는 모습을 비유한다. 다시 말해 목표를 세우고 시간표를 짜 그에 맞춰 성실히 노력하는 사람들에게 걸맞은 성어다.

청나라 때 위원魏源은 이런 시를 썼다.

젊어서는 닭 울음소리 들어도 잠을 자더니
늙으매 닭 울음소리에 잠을 깨는구나.
천대 만대 무수한 사람들
몇 줄기 닭 울음소리 속에서 좋은 세월 다 허송하였네.
少聞雞聲眠, 老聽雞聲起.
千古萬代人, 消磨數聲裏.

닭 울음소리를 들으면서도 여전히 꿈속을 헤매는 사람들을 경계하는 시다. 닭 울음소리 사이로 가장 화려한 날들이 속절없이 사라져가니 그렇게 빠져나가는 시간의 덜미를 잡기 위해서라도 지금 자리를 박차고 일어나라는 얘기다.

장강 한복판에서 외친 맹세

문계기무의 주인공인 조적 이야기를 조금 더 해보자. 조적은 이민족에게 빼앗긴 북쪽 지역을 수복하기 위해 병사를 이끌고 장강을 건넜다. 배가 장강 한복판에 이르렀을 때 조적은 노를 들어 장강의 물결을 치며 많은 이들 앞에서 맹세하였다.

"내가 만일 빼앗긴 중원 지역을 평정해 수복하지 못한다면 다시 남쪽으로 돌아가지 않을 것이다. 돌아오지 못하는 이 강물처럼 나 또한 돌아가지 않으리라!"

이 결연한 맹세를 들은 군사들은 용기백배하여 이구동성으로 외쳤다.

"적을 무찌르지 않고는 집에 돌아가지 않을 것이다!"

조적의 굳센 의지와 뛰어난 리더십으로 그의 군대는 막강한 전력을 갖춘 정예부대로 거듭났다. 그리고 마침내 황하 남쪽 지역을 대부분 수복하였다. 조정은 그의 공로를 인정하여 그를 진서장군에 봉했다.

조적이 장강을 건너며 맹세한 이 이야기에서 비롯된 성어 중류격즙中流擊楫은 '강 한복판에서 노를 치다'라는 뜻이다. 조적처럼 원대한 뜻을 세우고 그것을 이루기 위해 굳은 결심으로 분발하는 사람을 칭송하는 말이다. 뜻을 이룰 때까지는 죽어도 그만둘 수 없다는 굳센 결심으로 분발하는 사람을 격려하는 성어이기도 하다.

묵자는 말했다.

"뜻이 강하지 않은 사람은 지혜를 충분히 발휘할 수 없다志不强者智不達."

굳은 결심이 없으면 좋은 방책을 세우기도 어렵다는 의미다. 어떻게든 해보겠다는 굳은 결심이 있어야 그 일을 이룰 방법들이 보인다. 새로운 일을 꿈꾸고 있는가? 중류격즙의 단호한 결심과 문계기무의 성실한 노력으로 꿈을 현실로 만들어 가기 바란다.

찾아보기 ▼

【 **폐침망식**廢寢忘食 】 잠을 자지 않고 식사를 잊다. 목표를 이루기 위해 전심을 다해 노력하는 모습을 뜻한다. 북제北齊 안지추顔之推의 《안씨가훈顔氏家訓》에 "원제가 장강과 형주에 있을 때 다시

즐겨 학문을 익히셨으며 학생들을 불러 친히 가르치셨으니, 잠을 폐하고 식사를 잊어 밤에서 아침까지 이르곤 했다元帝在江荊間, 復所愛習, 召置學生, 親爲教授, 廢寢忘食, 以夜繼朝"는 표현이 있다.

【 **야이계일** 夜以繼日 】 밤에서 낮까지 이어지다. 일이나 공부에 매진하여 밤을 새우는 것을 말한다. 《맹자》에서는 주공의 근실한 모습을 다음과 같이 칭송한다. "문제가 생겼을 때는 밤이 다가고 날이 밝아질 때까지 하늘을 우러러 생각했다. 다행히 해결책을 얻으면 그대로 앉아 아침을 기다렸다仰而思之, 夜以繼日. 幸而得之, 坐以待旦."

【 **발분도강** 發憤圖強 】 열심히 분발하여 강성함을 도모하다. 혹은 힘써 앞으로 나아갈 것을 결심한다는 의미로도 쓰인다. 요설은姚雪垠의 《이자성李自成》에 "상하가 한마음이 되어 밤낮으로 신중하고 근실하게 분발하여 강성함을 도모하였으며 항상 어떻게 백성을 위해 이로움을 일으키고 폐단을 없앨 것인가를 생각하였으니, 비록 역량이 작고 실패하여 이리저리 떠돌았어도 결코 가벼이 볼 수가 없었다上下一心, 日夜兢兢業業, 勤勤懇懇, 發憤圖強, 又常想着如何爲百姓興利除弊, 縱然力量小, 顛沛流離, 也不可輕視"라는 표현이 있다.

42

사회부연

死灰復燃

죽은 재가 다시 불타오르다

사회 곳곳이 마치 중병을 앓는 환자처럼 고통의 신음소리를 내고 있다. 때론 어처구니없는 일들이 아무렇지 않게 벌어져 도무지 답이 보이지 않는다는 생각마저 든다. 문득문득 이제는 우리 사회가 어떤 처방도 통하지 않는 심각한 병증을 앓고 있는 것은 아닐까 싶어 마음이 덜컥 내려앉는다.

병이 고황에 들다

춘추전국시대 진晉나라 경공이 중병에 걸리자 수많은 의원을 불러 치료했으나 소용이 없었다. 그러던 차에 이웃 진秦나라에 완緩이라는 명의가 있다는 소문을 듣고 급히 사람을 보내 그 의원을 초청했다. 경공은 장기간 병을 앓아 몸은 수척하고 얼굴은 누렇게 뜬 상태로 두 눈을 감고 누워 있었다. 진나라 의원 완은 경공의 몸을 자세히 살피고 맥을 짚었다. 그렇게 한참을 살핀 뒤 물러나더니 그는 아무런 말도 하지 않은 채 그저 조용히 앉아 있었다. 경공이 눈을 가늘게 뜨고 떨리는 음성으로 물었다.

"어떤가? 과인의 병을 치료할 방법이 있겠는가?"

완은 한참을 머뭇거리다 겨우 말했다.

"대왕의 병마가 몸 깊숙이 침투하여 심장과 횡격막 사이 고황에 깊게 자리를 잡고 있는데 어떤 치료로도 그곳까지는 이를 수가 없습니다. 실로 백약이 무효합니다."

경공이 길게 탄식하며 말했다.

"과연 그대는 명의가 틀림없구려. 그대 말이 맞소. 치료가 불가능하다는 것을 나는 이미 알고 있었소. 어젯밤에 내가 기이한 꿈을 꾸었소. 내 몸 안에 있는 병이 두 명의 어린아이로 변해서 나타났는데, 그중 한 아이가 이렇게 말했소. '곧 고명한 의원이 온다고 하니 틀림없이 병을 치료하여 우리를 해칠 텐데 어디로 도망하면 좋을까?' 그러자 다른 아이가 느긋하게 대꾸하였소. '심장과 횡격막 사이 고황에 숨으면 제아무리 뛰어난 명의라도 우리를 어쩌지 못할 거야!' 두 아이가 깔깔거리며 웃는 소리에 나는 깜짝 놀라 깨어났소."

진경공은 자신의 병을 정확히 진단해준 의사에게 후하게 상을 내리고 모든 것을 체념한 채 죽음을 기다렸다.

《좌전》에 나오는 이 이야기에서 비롯된 성어가 바로 '병이 고황에 들다'라는 뜻의 병입고황病入膏肓이다. 이는 병이 깊어 고치기 어려운 상태나 오래되어 고치기 어려운 고질적인 병폐를 의미한다.

《시경》〈대아〉에는 다음과 같은 시가 있다.

하늘은 흉포함을 드러내고 있나니
어찌하여 즐기고 노는 것만 돌아보는가.
늙은이 걱정스런 마음에 잠을 못 이루는데
소인배들은 왕을 도와 멋대로 전횡하는구나.
너희는 나랏일을 아이 장난으로 아는가
아직도 늙은이의 상투적인 걱정으로 여기는구나.
뜨거운 불이 벌써 집 처마까지 번지고 있으니
너희는 정말로 구할 약이 없겠구나!

이 시는 서주 말기 역사상 유명한 폭군인 주여왕 때의 현신賢臣 범백凡伯이 지었다고 전해진다. 폭력적이고 무능한 군주로 인해 온 나라가 도탄에 빠졌는데 왕 주위의 간신배들은 임금을 바로잡을 생각은 없고 나랏일을 애들 장난으로 여기는 듯 제멋대로 하니 이제 처마까지 불이 옮겨붙은 엄중한 상황이라 아무런 대책이 없다는 탄식이다.

여기서 비롯된 성어가 '구할 약이 없다'는 뜻의 불가구약不可救藥이다. 우리 사회의 여러 병증도 혹시 불가구약의 엄중한 상황은 아닐까 심히 염려된다. 불이 처마에 옮겨붙기 전에 정신을 차려 대책을 세우고, 병이 고황에 들기 전에 서둘러 치료를 해야 한다. 현대 의학이 눈부시게 발전해 불치의 병까지 치료하듯 병을 바르게 인식한다면 비록 고황에 이르렀어도 희망이 있을 것이다. 설사 처마에 불이 붙어 잿더미가 되더라도 다시 정신만 차리면 회생할 기회는 있게 마련이다.

죽은 재에서 불이 피어오르다

한나라 때 대신 한안국韓安國은 도량이 넓고 재능이 출중해 당시 양효왕梁孝王의 측근으로 기용되어 왕의 신임을 받았다. 한번은 그가 정쟁에 휘말려 벼슬을 잃고 옥에 갇히게 되었다.

그때 옥의 간수 중에서 전갑田甲이란 자가 한안국을 심하게 괴롭혔다. 그는 한안국의 벼슬이 높던 시절에는 그에게 갖은 아부를 하며 굽신거리던 사람이었다. 견디다 못한 한안국이 말했다.

"너는 내가 영원히 이런 죄수의 모습으로 있을 줄 아는 모양이구나. 다 식은 재에서 다시 불이 타오른다는 걸 모르느냐!"

그러자 전갑이 기세등등하게 대꾸했다.

"어찌 다 타버린 재에서 불길이 일어난다는 것이냐. 설령 불길이 일어날지라도 내가 오줌을 싸서 꺼버릴 것이다!"

그런데 얼마 지나지 않아 한안국은 사면을 받고 다시 기용되어 이전보다 더 높은 벼슬을 받았다. 이 소식을 들은 전갑은 보복이 두려워 멀리 도망쳤다가 결국 붙잡혀 한안국 앞에 무릎을 꿇었다. 한안국이 근엄하게 말했다.

"이놈 보거라, 지금 다 식은 재에서 다시 불이 붙지 않았느냐. 얼른 오줌을 싸서 꺼보도록 해라!"

한안국은 목숨만 살려달라 애걸복걸하는 전갑에게 일장 훈시를 하고 풀어주는 넓은 도량을 보여주었다.

《사기》에 나오는 이 이야기에서 비롯된 성어가 '식은 재에서 다시 불길이 타오른다'는 뜻의 사회부연이다. 이 성어는 권세를 잃었던 사람이 다시 득세하거나 곤경에 처해 있던 사람이 다시 역량을 키워 권토중래하는 것을 의미한다.

병입고황과 불가구약이 우리의 현실을 가리키는 말이 되지 않도록 하려면 정신을 바짝 차려야 한다. 특히 병이라는 진단을 두려워해 의사를 피하다가 더 큰 병이 찾아오게 해서는 안 된다. 또한 불이 처마에 옮겨붙어 잿더미가 되더라도 절망하지 말고 사회부연의 신념으로 인내하면서 새로운 도약의 기회를 모색해야 한다.

찾아보기 ▼

【 **기사회생** 起死回生 】 죽음에서 일어나 삶으로 돌아오다. 본래 죽은 사람을 회생시킬 정도의 수준 높은 의술을 설명하는 말이지만, 위기 상황을 딛고 일어나 사태를 호전시킨다는 뜻으로 쓰인다. 원나라 때《박망소둔博望燒屯》에 "이 사람은 재주로는 관중과 악의를 기만하고, 지혜로는 손자와 오자를 압도하며, 의술로는 죽은 사람을 다시 살리고, 복술로는 길흉을 정확히 알아맞힌다此人才欺管樂, 智壓孫吳, 論醫起死回生, 論卜知凶定吉"는 기록이 있다.

【 **동산재기** 東山再起 】 동산에서 다시 일어나다. 은퇴 후 다시 벼슬에 나아가 요직을 맡거나 권력을 잃은 뒤 옛 지위를 회복한 경우를 말한다. 중국 위진남북조시대 동진東晉의 명사 사안謝安은

조정 소인배들의 참소에 밀려 동산에 은거했지만, 전진前秦 부견符堅의 대군이 침략하자 다시 조정의 부름을 받고 대도독이 되어 전쟁을 승리로 이끌었다. 동산재기는 이 같은 사안의 행적에서 비롯된 성어다. 《진서》〈사안전〉에 "사안은 젊어서부터 명성이 있어 조정에서 누차 불렀으나 나아가지 않고 회계 동산에 은거하였다. 나이 40이 넘어 다시 출사해 환온의 사마가 되고 중서, 사도 등의 요직을 두루 맡았으니 진나라 왕실이 그에게 의지하여 위기를 넘기고 편안해졌다謝安少年既有名聲, 屢次征辟皆不就, 隱居會稽東山, 年逾四十復出爲桓溫司馬, 累遷中書司徒等要職, 晉室賴以轉危爲安"는 기록이 있다.

43

마상봉후
馬上封侯

말 위에서 제후에 봉해지다

고대 중국 문화에서 원숭이의 이미지는 그리 긍정적이지 않다. 대개는 경박하거나 잔꾀를 부리는 존재로 그려진다. 그래서 원숭이 관련 성어는 대체로 반면교사의 부정적인 교훈을 준다. 《장자》에 다음과 같은 이야기가 있다.

잔재주를 부린 원숭이의 비극

오나라 왕이 병사들을 데리고 장강을 건너 원숭이들이 살고 있는 산에 올랐다. 한 무리의 원숭이가 왕의 일행을 보고는 깜짝 놀라 숲 깊은 곳으로 도망쳤다. 그런데 희한하게도 한 원숭이가 도망치지 않고 사람들 앞에서 나뭇가지를 이리저리 옮겨다니며 잡을 테면 잡아보라는 듯 재주를 부렸다.

오왕이 활을 당겨 그 원숭이를 향해 한 발 쏘았다. 그랬더니 이 원숭이가 날아오는 화살을 잽싸게 낚아채는 것이 아닌가. 기분이 상한 오왕은 자신을 수행하는 호위 군사들에게 일제히 활을 쏘게 했다. 어떻게 되었을까? 손오공이라면 근두운을 타고 훌쩍 피했겠지만 불행하게도 이 원숭이에게는 그런 큰 재주가 없었다. 수많은 화살을 맞아 고슴도치처럼 되어버린 원숭이는 나무를 끌어안고 죽어버렸다.

오왕은 자신을 따르던 사람들을 보고 말했다.

"이 원숭이는 자신의 민첩함을 믿고 알량한 재주를 자랑하다가 결국 죽고 말았다. 이를 교훈으로 삼아, 함부로 뽐내며 자신의 재주를 자랑하다가는 외려 큰 낭패를 볼 수 있다는 사실을 명심해야 한다."

이 이야기에서 비롯된 '원숭이가 날아오는 화살을 잡아채다'라는 뜻의 후자박시猴子搏矢는 작은 재주를 믿고 무모하게 나섰다가 큰 낭패를 보는 상황을 가리키는 성어다. 오왕의 군대에 맞선 원숭이는 무리에게 용감하다는 칭송을 받아 잠시 우쭐했겠지만 결국 그 무모함과 경솔함 때문에 죽임을 당하고 말았다. 자기 능력의 크기를 헤아려 감당할 수 있는 일이 아니면 함부로 나서지 않는 것이 지혜롭다.

의관을 갖춘 원숭이 항우

진秦나라 군대를 대파하고 수도 함양咸陽으로 쳐들어간 항우는 이미 항복한 진왕 자영子嬰을 끌어내 죽이고 화려한 진나라 궁전을 불살랐다. 그리고 온갖 금은보화와 미녀들을 약탈한 뒤 자기 고향이 있는 강동으로 돌아갈 준비를 했다. 이 소식을 들은 한생韓生이라는 사람이 찾아와 항우에게 말했다.

"진나라 수도 함양이 자리한 이곳 관중關中은 동으로는 함곡관, 남으로는 무관, 서로는 산관, 북으로는 소관으로 둘러싸여 가히 천혜의 요새라 할 수 있습니다. 또한 땅이 비옥하여 물산이 풍부하니 이곳을 도읍으로 하면 천하를 얻을 것입니다."

항우는 그 말을 듣지 않았다. 이미 왕궁을 불태운데다 고향으로 돌아가고 싶은 마음이 간절했기 때문이다. 항우가 말했다.

"사람이 부귀를 이룬 후 고향에 돌아가지 않는 것은 화려한 비단옷을 입고 밤중에 길을 가는 것과 같다. 누가 그를 알아보겠느냐!"

나중에 한생은 항우를 비난하며 이렇게 말했다.

"사람들이 이르기를 초나라 사람은 사람이 아니라 모자를 쓰고 옷을 걸친 원숭이일 뿐이라고 하더니 지금 항우를 보니 틀림없는 말이로다."

옛날 초나라 지방은 중원에 비해 상대적으로 문화 수준이 낮아 그런 말이 생긴 모양인데, 초나라 출신인 항우는 이 말을 전해 듣고 한생을 잡아 솥에 삶아 죽였다. 훗날 항우는 유방에게 패해 천하를 잃고 자결했다. 일부 역사가는 훨씬 막강했던 항우가 패배한 원인 중 하나로 관중을 수도로 삼지 않은 점을 꼽는다.

이 이야기에서 비롯된 '사람의 의관만 갖추었을 뿐 사실은 원숭이다'라는 뜻의 목후이관沐猴而冠은 권력에 기대 높은 자리를 차지하고 있지만 그 자리에 걸맞은 재주도 능력도 없는 사람을 풍자할 때 쓰는 말이다. 조직을 이끌어가는 리더는 자신이 그 자리가 요구하는 덕성과 능력을 갖추고 있는지 자문해봐야 한다. 덕을 길러 조직구성원을 널리 품지 못하고 능력을 갖춰 조직을 효율적으로 이끌어가지도 못한다면 이런 리더는 목후이관이라는 비난을 받아도 자업자득일 뿐이다.

말 위의 벌과 원숭이

원숭이와 관련된 성어 중 축복과 기원을 담은 것은 없을까?

특별한 역사적 사건이나 배경이 있는 것은 아니지만 중국인이 원숭이의 해에 흔히 축복의 말로 전하는 성어가 있다. 그것은 말 위에서 제후에 봉해진다는 뜻의 성어 마상봉후馬上封侯다. '말 위'라는 뜻의 마상馬上은 현대 중국어로 곧, 바로 머지않아 등의 뜻이다. 그러니까 이 말로 상대방을 축복하면 '당신은 곧 제후에 봉해질 것입니다', '당신은 곧 높은 지위를 얻게 될 겁니다' 하는 뜻이 된다.

말과 원숭이가 제후와 무슨 관련이 있는 걸까? 제후를 뜻하는 후侯와 원숭이를 뜻하는 후猴는 서로 발음이 같다. 중국에는 발음이 같으면 뜻도 통하는 것으로 보는 이른바 해음諧音 문화가 있다. 가령 넉 사四 자와 죽을 사死 자가 발음이 같아 뜻도 통하는 것으로 보는 식이다. 이 해음 문화 덕분에 마상봉후라는 성어가 생겨났다. '말 위에 벌과 원숭이'라는 뜻의 마상봉후馬上蜂猴에서 벌을 나타내는 봉蜂이 '봉하다, 임명하다'라는 뜻의 봉封과 발음이 같기 때문에 '곧 제후에 봉해진다'는 뜻의 마상봉후馬上封侯가 되는 것이다.

마상봉후는 승진을 갈망하는 주변 사람에게 건네는 축복의 성어로 잘 어울린다. 원숭이와 관련된 이 성어처럼 머지않아 높은 지위로 승진하는 복이 찾아오기를 바란다.

【 **원후취월**猿猴取月 】 원숭이가 달을 취하다. 여기에는 어리석은 행위를 하다 혹은 쓸데없는 일에 힘을 쓰다의 의미가 있다. 이 성어는 다음과 같은 이야기에서 비롯되었다. 옛날 파라나성波羅奈城에 오백 마리의 원숭이가 살았다. 어느 날 이 원숭이들이 숲을 거닐다가 나무 아래 우물에 비친 달을 보게 되었다. 원숭이 대왕이 원숭이들에게 말했다. "오늘 달이 우물에 빠졌으니 모두가 달을 끌어올릴 방법을 생각해내 다시 하늘에 달도록 하자!" 이에 원숭이들이 나뭇가지를 붙잡고 한 마리씩 서로 손을 맞잡아 우물 속까지 이어지게 하였다. 하지만 나뭇가지가 무게를 이기지 못하고 부러지는 바람에 모두 우물에 빠져버렸다.

【 **살계경후**殺雞儆猴 】 닭을 죽여 원숭이에게 경고하다. 간단히 말해 일벌백계하는 것이다. 전하는 바에 따르면 원숭이는 피를 보면 극도로 두려워한다고 한다. 그래서 원숭이를 훈련시키는 사람은 먼저 닭을 죽여 원숭이에게 보여준다. 처음에 완강히 저항하던 원숭이도 닭의 피를 보면 온몸에 힘이 쭉 빠져 고분고분해진다. 이 성어는 한 사람을 본보기로 처벌해 다른 사람들이 두려워하게 만든다는 말이다.

【 **극자모후**棘刺母猴 】 가시나무의 가시에 조각한 암컷 원숭이. 이것은 극도로 어려운 일 또는 남을 기만하는 행위를 가리킨다. 《한비자》〈외저세좌상外儲說左上〉에는 이 성어와 관련된 다음과 같은 이야기가 있다. 연나라 왕이 기묘한 재주가 있는 사람을 구하자 위나라에서 한 사람이 와서 말하기를 "저는 가시나무의 작은 가시 끝에 암컷 원숭이를 조각할 수 있습니다"라고 하였다. 연나라 왕은 기뻐하며 수레 다섯 대를 내주어 봉양하였다. 어느 날 왕이 말했다. "그대가 만든 가시나무 끝의 원숭이 조각을 보고 싶소." 그러자 위나라 사람이 말했다. "왕께서 보고자 한다면 반년 동안 여인과 동침해서는 안 되고, 술과 고기를 먹어서도 안 됩니다. 그렇게 한 후 비가 그치고 해가 나와 반쯤 어둡고 반쯤 밝은 시각이 되어야만 가시 위에 새긴 암컷 원숭이를 볼 수 있습니다." 연왕은 이 조건을 지킬 수 없었으므로 원숭이 조각을 보지도 못하면서 어쩔 수 없이 위나라 사람을 봉양했다. 정나라 대장장이가 연나라 왕에게 말했다. "저는 물건을 깎아서 만드는 사람입니다. 아무리 미세한 물건도 반드시 칼로 깎아서 만들게 돼 있습니다. 그러니 깎이는 사물은 깎는 칼보다 반드시 커야 합니다. 지금 가시 끝이라고 한다면 그곳은 칼끝을 받아들일 공간이 없으니 칼로 가시 끝을 조각하기란 실로 어렵습니다. 왕께서 그 위나라 사람의 조각칼을 볼 수 있다면 그의 말이 사

실인지 아닌지 알 수 있을 것입니다." 왕이 그 말을 듣고 확연히 깨달아 곧바로 위나라 사람을 찾아 물었다. "그대는 가시 끝에 원숭이를 조각할 때 무엇으로 그것을 만드시오?" 위나라 사람이 말했다. "조각칼로 합니다." "그럼 그 조각칼을 보여주시오." 위나라 사람은 집에 가서 가져오겠다 말하고는 그 길로 도망하였다.

44

태약목계
呆若木鷄

나무 닭처럼 어리숙하게 보이다

유비의 어리숙함

《삼국지》에는 이런 장면이 나온다.

유비가 조조에게 의탁하고 있을 때다. 유비는 의심 많은 조조에게 해를 당할 것을 염려하여 일부러 채마밭을 일궈 채소를 길렀다. 관우와 장비가 유비의 마음을 헤아리지 못하고 화를 내며 말했다.

"유비 형님은 천하의 대사에는 관심을 두지 않고 소인들의 하찮은 일이나 배우고 있으니 이게 어찌된 일입니까?"

유비가 달래며 말했다.

"이건 두 동생이 알 바가 아니네."

그러던 어느 날 조조가 유비를 떠보려고 후원으로 초청했다. 두 사람이 함께 술을 마시는데 갑자기 하늘이 어두워지면서 돌풍이 일고 멀리서 회오리바람이 용오름의 장관을 연출했다. 조조가 돌연 당세의 영웅 이야기로 화제를 바꾸며 유비에게 물었다.

"유황숙께서는 천하를 다 돌아보았으니 많은 인물을 만나봤을 것인데, 지금 세상의 영웅이라 할 자가 누구겠습니까?"

유비가 하북의 원소, 회남의 원술, 강동의 손책 등을 당세의 영웅으로 지목하자 조조는 손사래를 치며 말했다.

"그들은 모두 영웅이 아니오. 무릇 영웅이라 하려면 가슴에 원대한 뜻이 가득 차고, 뱃속에는 뛰어난 모략이 가득해야 하며, 우주를 끌어안고 천지를 삼키고 토하는 기상이 있어야 하는 것이오."

유비가 누가 그런 영웅이냐고 묻자 조조는 손가락으로 유비와 자신을 가리키며 말했다.

"지금 천하의 영웅은 바로 유황숙과 나 조조 두 사람뿐이오."

유비는 이 말을 듣자마자 깜짝 놀라 손에 들고 있던 젓가락을 떨어뜨렸다. 마침 근처 어디에 벼락이 떨어졌는지 고막을 찢을 듯 엄청난 천둥소리가 들려왔다. 유비는 놀란 가슴을 쓸어내리며 고개를 숙여 젓가락을 찾아 들고 말했다.

"무슨 천둥의 위력이 이리 대단하단 말입니까?"

조조가 사내대장부가 어찌 천둥소리를 두려워하느냐고 핀잔을 주자 유비는 "성인도 급한 우레와 바람에는 반드시 얼굴빛이 변한다고 했으니 저 같은 이가 어찌 두려워하지 않겠습니까?"라고 응수했다. 마침내 조조는 유비를 향한 경계심을 풀고 다시는 그를 의심하지 않았다.

유비가 채소를 기르면서 소일하고, 천둥번개에 놀라는 유약한 모습을 보인 것은 모두 조조의 의심에서 벗어나기 위한 방편이었다. 자신의 진정한 모습, 영웅다운 기개와 원대한 야망을 드러내기에는 아직 때가 아니었던 것이다.

이렇게 시기를 판단하여 자신의 본래 모습을 감출 때 흔히 쓰는 사자성어가 도광양회韜光養晦이다. 자신의 빛나는 모습을 숨기고 어둠 속에서 실력을 기른다는 뜻이다. 아직 자신의 능력으로 적과 싸워 이길 수 없다는 판단이 들면 어리숙한 모습을 연출하여 적이 방심하게 하는 것이다. 그리고 조용히 힘을 기르고 실력을 닦으며 결정적인 때를 기다린다. 약자가 강자를 이기는 비결이 바로 도광양회다. 중국의 무수히 많은 영웅고사에는 이런 도광양회의 달인이 자주 등장한다.

《손자병법》에서는 도광양회를 이렇게 설명하고 있다.

> 전쟁은 적을 속이는 것이다. 고로 능력이 있으면서도 무능한 것처럼 보여주고, 쓸 것이면서도 쓰지 않을 것처럼 보여준다.
>
> 兵者, 詭道也. 故能而示之不能, 用而示之不用.

상대방이 방심하게 하거나 혼란스럽게 만들기 위해 자신의 본래 모습을 숨겨야 한다는 말이다. 단순히 약자의 입장에서 강자를 피하기 위해 자신을 감추는 소극적 차원이 아니라, 상대를 철저하게 이기기 위해 교묘히 자신의 본래 모습을 숨기는 적극적 전략이다. 가장 무서운 군대는 자신의 전투력을 드러내지 않는, 즉 정체를 알 수 없는 군대가 아니겠는가.

어리숙함의 최고 경지

흥미롭게도 자신을 드러내지 않는 최고의 경지가 있다. 이 경지는 남을 속이고자 의도적으로 자신을 숨기는 것도 아니고, 남을 이기기 위해 일부러 어리숙한 척하는 것도 아니다. 다음은 《장자》〈달생편達生篇〉에 실린 이야기다.

전국시대 귀족들 사이에 매우 인기가 높던 오락 활동 중 하나가 닭싸움, 즉 투계였다. 제나라 왕도 투계를 좋아해 늘 좋은 싸움닭을 얻고자 애를 썼다. 어느 날 왕은 기성자紀渻子라는 투계 전문가를 고용해 싸움닭 훈련을 맡겼다. 열흘이 지난 뒤 왕이 기성자를 찾아가 훈련이 끝났느냐고 물었다. 그러자 기성자가 말했다.

"아직 아닙니다. 닭이 아직도 혈기만 믿고 허세를 부립니다."

왕이 다시 열흘 뒤에 찾아가 물으니 기성자가 말했다.

"아직 아닙니다. 여전히 다른 닭의 그림자를 보고 반응을 보입니다."

또다시 열흘 뒤에 찾아갔더니 이번에도 비슷한 말을 하며 아직 아니라고 했다.

"여전히 사나운 기세로 다른 닭을 쳐다봅니다. 아직 멀었습니다."

왕이 다시 열흘 뒤에 찾아가니 기성자가 비로소 훈련이 끝났다고 말했다.

"거의 됐습니다. 다른 닭이 울어도 아무런 변화가 없어서 마치 나무로 만든 닭처럼 보입니다. 덕이 완전해진 것입니다. 다른 닭들이 감히 덤비지 못하고 다 도망갑니다."

이 우화에서 나온 성어가 '어리석은 모습이 마치 나무로 만든 닭과 같다'라는 뜻의 태약목계다. 겉보기에는 어리석은 듯하지만 실제로는 매우 총명한 사람, 겉보기에는 약한 듯하지만 실제로는 아주 강한 사람을 일컫는다. 중국 무술 영화에는 무림 최고의 고수가 항상 남루한 복장을 하고 저잣거리에서 술이나 먹는 모습으로 나오는데, 바로 이런 사람을 두고 하는 말이다. 고수는 함부로 나서지 않는다. 동네 건달들이 시비를 걸면 그냥 받아주고 때론 맞기도 한다. 그러나 결정적인 상황이 오면 그는 무림지존의 모습을 유감없이 보여준다.

장자의 우화에 나오는 완전해진 최고의 싸움닭은 자신을 일부러 어리석게 보이려고 한 것이 아니다. 자신의 약점을 감추기 위해 수를 쓰는 것도 아니다. 그저 덕이 완전해지면서 저절로 나타난 현상일 뿐이다. 여기서 우리는 중요한 교훈을 읽을 수 있다. 그것은 노자가 말한 대교약졸大巧若拙의 교훈이다.

> 크게 곧은 것은 굽은 듯하고
> 크게 교묘한 것은 서툰 듯하고
> 크게 말을 잘하는 것은 말을 더듬는 듯하다
> 大直若屈, 大巧若拙, 大辨若訥.

정말 뛰어난 사람은 오히려 서툰 듯 보인다는 대교약졸의 개념은 '큰 용기는 오히려 겁약한 것처럼 보인다'는 대용약

겁大勇若怯, '큰 지혜는 오히려 어리석은 듯 보인다'는 대지약우大智若愚와 같이 여러 가지 표현으로 쓰여 일반적인 인식의 틀을 흔들어놓는다.

도광양회와 태약목계, 대교약졸 같은 성어가 우리에게 주는 교훈이 무엇이겠는가? 그것은 겉으로 드러난 것이 전부가 아니라는 점이다. 드러난 부분만 보고 평가하다가는 크게 낭패를 볼 수 있고, 드러내는 것보다 감추는 것이 더 큰 힘이 될 수도 있다. 가장 중요한 것은 내면의 덕을 완전하게 갖추면 겉으로 드러나는 모습은 오히려 두루뭉술하고 어리숙하다는 점이다. 그리고 세상은 그 어리숙함에 복종한다. 드러나는 표면보다 드러나지 않는 내면에 더 투자해 목계木鷄같이 심원한 내공을 갖추도록 하자.

찾아보기 ▼

【 **심장약허** 深藏若虛 】 깊이 감추어 빈 것 같다. 귀한 물건을 갖고 있지만 깊이 감춰 마치 없는 것처럼 보인다는 말이다. 진재실학을 갖추고 있으면서도 남 앞에 나서기를 좋아하지 않는 겸손한 모습을 가리킨다. 《사기》에 "훌륭한 장사치는 좋은 물건을 깊이

감춰 없는 듯하고, 큰 덕을 갖춘 군자는 그 용모가 어리석은 듯하다 들었습니다吾聞之, 良賈深藏若虛, 君子盛德, 容貌若愚"라는 표현이 있다.

【 **불로봉망不露鋒芒** 】 날카로운 칼끝을 드러내지 않다. 봉망鋒芒은 칼이나 창의 뾰족한 끝부분을 뜻한다. 이 말은 자신의 예기銳氣와 능력을 숨긴다는 의미다. 송나라 여조겸呂祖謙의 《여동래문집呂東萊文集》에 "말에 힘이 있으면서도 날카로운 칼끝을 드러내지 않는 것이 말을 잘하는 것이다語有力而不露鋒芒者, 善言也"라는 표현이 있다. 비슷한 말로 '홀의 모서리를 드러내지 않는다'는 뜻의 불로규각不露圭角이 있다. 규각은 옥으로 만든 홀의 모서리로 여기서는 재능을 의미한다. 송나라 구양수歐陽修의 《장자야묘지명張子野墓志銘》에 "사람을 대할 때는 혼후하고 순박해서 자신의 재능을 드러내지 않았다遇人渾渾, 不見圭角"는 표현이 있다. 반면 봉망필로鋒芒畢露는 '자신의 예기나 재주를 다 드러낸다'는 뜻으로 적에게 능력을 다 드러냄으로써 오히려 불리해진 상황을 가리킨다.

45

교토삼굴
狡兎三窟

영리한 토끼는 굴을 세 개 판다

조직을 경영하다 보면 이런저런 걱정과 번민으로 쉽게 잠을 이루지 못하는 경우가 많다. 일이 잘 안되면 안돼서 걱정, 일이 잘되면 또 다른 미래의 위기 상황에 대비하느라 걱정하는 탓에 한시도 마음을 편히 놓을 수 없다. 중국 속담에 천유불측풍운天有不測風雲, 인유단석화복人有旦夕禍福이란 말이 있다. 하늘에 예측할 수 없는 바람과 구름이 있듯 인생에는 아침저녁으로 바뀌는 화와 복이 있다는 뜻이다. 그러니 어느 누구도 자신의 앞날을 장담할 수 없다. 복잡한 관계망에 이리저리 얽혀 살아가는 현대인은 그 관계망의 그물코 수만큼이나 자주 불안하게 흔들린다. 많은 사람과 다양한 관계를 맺는 것이 필수적인 조직의 리더는 숙명적으로 불안을 안고 살아간다. 그들에게 평화로운 단잠은 늘 꿈꾸지만 얻기 힘든 무지개 같은 것일까.

옛 사람들도 평안한 단잠을 꿈꾸었다. 성어 고침무우高枕無憂가 그런 살망을 드러낸다. 아무런 걱정 없이 베개를 높이 베고 푹 잔다는 뜻이다. 높은 지위에서 권력과 재물을 누린 많은 제왕과 대신이 모두 고침무우를 꿈꿨으나 정작 그 꿈을 이룬 사람은 많지 않다. 그런데 춘추전국시대, 그 격동의 시절에 고침무우를 실현한 사람이 있으니 그는 바로 제나라 재상 맹상군孟嘗君이다.

기이한 식객 풍훤

춘추전국시대 왕족 사이에는 각양각색의 재주 있는 사람들을 식객으로 삼아 잘 대접하고 지원하는 풍조가 있었다. 제나라의 맹상군, 위나라의 신릉군信陵君, 초나라의 춘신군春申君, 조나라의 평원군이 특히 식객이 많기로 유명했다. 수천 명에 달하는 식객에게 얻는 유용한 정보와 특별한 지혜는 자신의 정치적 지위를 공고히 하고 명성을 높이는 데 큰 도움을 주었다.

제나라 재상 맹상군에게도 삼천 명에 이르는 엄청난 숫자의 식객이 있었다. 맹상군은 이들 식객의 등급을 상중하로 나누어 대접을 달리했다. 어느 날 풍훤馮諼이라는 자가 새로 식객으로 들어왔다. 별로 특별한 재주가 없었기에 풍훤은 하등으로 분류되어 변변치 않은 대접을 받았다. 한데 며칠 후 풍훤은 자신의 검을 두드리며 큰 소리로 노래를 불렀다.

"검아, 검아, 우리 돌아가자. 여기 식탁에는 생선이 없구나!"

이 얘기를 들은 맹상군은 급수를 올려 중등으로 대접하라 일렀다. 그러자 얼마 후 풍훤이 다시 노래하기를 "검아, 검아, 우리 돌아가자. 여기는 출입할 수레도 없구나" 하였다. 맹상군은 다시 그에게 수레를 제공했다. 풍훤의 요구는 여기서 그치지 않았다.

"검아, 검아, 돌아가자. 여기는 식구를 봉양할 돈이 없구나!"

맹상군은 속으로 부아가 치밀었지만 꾹 참고 풍훤의 노모에게 돈을 보내주었다. 그제야 풍훤의 노랫소리가 그쳤다.

교활한 토끼의 첫 번째 굴

맹상군에게는 설薛 땅에 대대로 관리해온 영지가 있었다. 그곳의 많은 백성이 맹상군에게 높은 이자를 지불하고 돈을 빌려 썼다. 수천 명의 식객을 부양하느라 돈이 궁해진 맹상군은 풍훤을 보내 이자를 받아오게 했다. 풍훤은 떠나기 전 맹상군에게 물었다.

"돌아올 때 무엇을 사가지고 오면 되겠습니까?"

맹상군은 별다른 생각 없이 말했다.

“선생이 보기에 우리 집에 모자란 것이 있다 싶으면 그걸 사오시오.”

풍훤이 고리대 장부를 들고 설 땅에 나타나자 비교적 여유롭게 살던 사람들은 이자를 가지고 찾아왔지만, 갚을 능력이 없는 가난한 사람들은 꼭꼭 숨어버렸다. 풍훤은 거둬들인 돈으로 살진 소 몇 마리와 좋은 술을 사서 빚진 사람들을 초청했다. 그리고 가난해서 갚을 능력이 없는 사람들의 차용증서를 모두 불에 태워버렸다. 그리고 이 모든 것은 맹상군의 호의에서 나온 것임을 분명하게 밝혔다. 사람들은 맹상군의 은덕에 감격해 환호하였다.

차용증을 모두 불살랐다는 소식을 들은 맹상군은 돌아온 풍훤에게 불같이 화를 냈다. 그러자 풍훤이 느긋하게 말했다.

“제가 출발하면서 무엇을 사가지고 오면 되느냐 묻지 않았습니까? 그때 나리께서는 집안에 부족한 것을 사오라 하셨습니다. 나리 집안에는 금은보화가 가득하고 산해진미가 쌓여 있으니 어느 것 하나 부족한 것이 없는데, 제가 보기에 딱 하나 가난한 사람들을 돌보는 어진 마음 은의恩義가 부족하였습니다. 그래서 이렇게 은의를 사가지고 온 것입니다.”

이 말을 들은 맹상군은 기가 막혔던지 길게 한숨을 쉬며 말했다.

"그만 됐으니 돌아가 쉬구려."

얼마 후 맹상군은 재상에서 파직당해 자신의 영지인 설 땅으로 돌아가게 되었다. 맹상군이 온다는 소식을 들은 설 땅의 백성은 남녀노소 가릴 것 없이 모두 수십 리 길을 마중 나와 맹상군을 열렬히 환영했다. 비로소 풍훤이 사온 은의의 가치를 깨달은 맹상군은 동행한 풍훤에게 거듭 감사를 표했다. 그러자 풍훤이 의미심장한 표정으로 말했다.

"영리한 토끼는 세 곳에 굴을 팝니다. 그래야 비로소 죽음을 면할 수 있습니다. 지금 나리께서는 겨우 굴 한 곳이 생긴 것이니 아직은 베개를 높이 하고 편안히 주무실 수 없습니다. 제가 나리를 위해 굴 두 개를 마저 파도록 하겠습니다."

교활한 토끼의 또 다른 굴

풍훤은 곧장 위나라로 가서 위혜왕을 만나 맹상군을 대대적으로 선전했다.

"지금 제나라 군주는 간신배의 참언에 속아 어리석게도 맹상군 같은 인재를 버렸으니 만일 어떤 나라든 먼저 맹상군을 차지하면 곧 그 나라는 부유하고 강력해질 것입니다."

이 말을 들은 위혜왕은 수레 백 대와 황금 천 근을 보내 맹상군을 재상으로 초빙하고자 했다.

위나라가 맹상군을 재상으로 삼으려 한다는 소식을 듣고 다급해진 것은 세나라 민왕이었다. 제민왕은 부랴부랴 황금 천 근과 보검 한 자루를 예물로 준비해 대신을 파견했다. 그리고 자신이 간신배들의 참언에 속아 크게 잘못했음을 사과하고 속히 조정으로 돌아와 재상을 맡아줄 것을 간청하였다.

국도國都로 돌아가는 맹상군에게 풍훤이 말했다.

"대왕께 간청해 설 땅에 나라의 종묘를 세워달라 하십시오. 종묘가 있는 한 설 땅은 언제나 안전을 보장받을 수 있습니다."

마침내 종묘가 완성되자 풍훤이 밝은 표정으로 맹상군에게 말했다.

"이제야 굴 세 곳을 다 갖추었습니다. 나리께서는 베개를 높이하고 아무 걱정 없이 편히 주무셔도 좋습니다."

《전국책》에 나오는 이 긴 이야기에서 비롯된 성어가 '영리한 토끼는 세 곳의 굴을 판다'는 뜻의 교토삼굴이다. 이것은 재난이 발생하기 전에 미리 이중삼중으로 대비책을 준비한다는 뜻이다.

목이 말라야 삽을 들고 우물을 파는 것, 싸움이 벌어진 뒤에야 무기를 만드는 것은 모두 어리석은 일이다. 여러분이 조직과 자기 자신을 위해 마련해둔 굴은 어떤가. 교토삼굴의 지혜로운 대비책을 마련하여 어떤 상황에서도 고침무우의 단잠을 누리기 바란다.

찾아보기 ▼

【 **유비무환** 有備無患 】 대비하면 걱정이 없다. 일이 발생하기 전에 준비하면 화를 면할 수 있다는 뜻이다. 《서경》〈열명중 說命中〉에 "오직 모든 일에 대비함이 있어야 하니, 대비함이 있으면 근심이 없어진다 惟事事乃其有備, 有備無患"는 말이 있다. 《좌전》에는 "《서경》에 이르기를 '편안히 거할 때 위태로움을 생각하라. 위태로움을 생각하면 대비할 것이요, 대비함이 있은즉 근심이 없어진다'라고 하였다 書曰, 居安思危, 思則有備, 有備而無患"는 기록이 있다.

【 **임시포불각** 臨時抱佛脚 】 때를 당해서야 부처님 다리를 붙잡는다. 원래 노년에 이르러서야 비로소 부처님을 믿고 복을 빈다는 뜻이었으나 평소에 아무런 대비도 없다가 일이 급해진 후에야 허둥대며 도움을 청하는 행위를 뜻하는 속담으로 쓰이고 있다.

"평소에는 향불을 피우지도 않다가 급해지면 와서 부처님 발을 감싸 안는다平時不燒香, 急來抱佛脚"는 속담으로 활용하기도 한다. 당나라 맹교孟郊의 시 〈독경讀經〉에 "늘그막에야 부처님 발을 끌어안고, 아내에게 《황로경黃老經》을 읽게 한다垂老抱佛腳, 教妻讀黃經"는 표현이 있다.

46

승풍파랑
乘風破浪

바람을 타고 파도를 부수며 나아가다

요즘 세상 돌아가는 이야기를 듣다 보면 참 암울하다. 정치 경제 할 것 없이 뭔가 속 시원한 이야기는 하나 없고 그저 우울하고 비관적인 전망으로 가득하다. 전 세계적인 정치 불안과 경제 불황이 우리 삶을 위협하는 높은 파도가 돼서 밀려오고 있다. 조직을 이끌고 이 파도에 맞서 싸워야 하는 리더들의 고뇌가 깊어지는 시절이다. 이런 악조건 속 구성원들을 독려할 때 유용하게 쓸 수 있는 성어는 없을까?

만 리의 파도를 깨며 나아가다

중국 남북조시대에 종각宗慤이라는 사람이 있었다. 종각이 어렸을 때 숙부가 장래 꿈을 물었다.

"너는 장차 무엇을 하고 싶으냐?"

종각은 뜻밖에도 어른스럽게 짧은 말로 대답했다.

"길게 부는 큰 바람을 타고 만 리의 파도를 깨며 나아가겠습니다願乘長風, 破萬里浪."

이 말을 들은 숙부는 철없는 어린 것이 어디서 주워들은 이야기겠거니 하고 착실하게 공부나 하라고 충고했다. 하지만 종각이 괜한 허세를 부린 게 아니었다. 그는 근실하게 공부하는 한편 열심히 무술을 연마하면서 미래를 준비했다.

그가 열네 살이 되던 해 그의 형이 혼사를 치렀는데 혼인식이 떠들썩한 틈을 타 도적들이 몰래 들어와 대담하게 물건을 훔쳐가기 시작했다. 가족은 흉포한 도적들의 기세에 눌려 누구 하나 감히 나서지 못했으나 어린 종각이 분연히 일어나 칼을 빼들고 용감히 맞서 싸웠다. 소년 종각의 패기에 힘입어 사람들이 합세해 도적을 상대하자 도적들은 세가 불리함을 알고 하나둘 도망쳤다. 한바탕 소동이 지난 뒤 가족과 손님들은 모두 종각의 용감함을 칭찬하였고 그의 숙부는 그가 어렸을 때 '길게 부는 큰 바람을 타고 만 리의 파도를 깨며 나아가겠다'고 한 말을 떠올렸다. 도적들 역시 종각에게는 깨뜨리고 넘어서야 할 파도였던 것일까?

세월이 흘러 성년이 된 종각은 군대를 따라 전쟁터로 나갔고 실력을 인정받아 진무장군振武將軍에 임명되었다. 그는 왕명을 받아 중국 남방에 자리한 임읍林邑국 토벌에 나섰는데, 갑옷을 두른 코끼리 무리를 앞세운 임읍국 군대의 강력한 대항에 고전을 면치 못하였다. 그때 종각은 그 어려운 파도를 넘어갈 묘수로 코끼리가 두려워하는 사자를 활용하는 방법을 떠올렸다. 그는 비단조각과 짐승털로 수십 마리의 가짜 사자를 만들었다.

얼마 후 다시 전투가 시작되자 임읍국은 어김없이 코끼리 부대를 이끌고 나왔다. 그 순간 홀연 종각의 군대 쪽에서 징과 북소리가 울리더니 수십 마리의 사자 떼가 나타나 포효하기 시작했다. 놀란 코끼리들은 등을 돌려 도망쳤고 허둥대며 임읍국 병사들을 마구 짓밟는 바람에 오히려 임읍국 군대는 대혼란에 빠져버렸다. 이 틈을 이용해 파죽지세로 쳐들어간 종각의 군대는 임읍성을 함락하고 큰 승리를 거뒀다.

종각은 널리 이름을 떨쳤고 그의 어린 시절 이야기는 '바람을 타고 파도를 깨며 나아간다'는 뜻의 성어 승풍파랑으로 만들어져 후세에 전해졌다. 이것은 어려움을 두려워하지 않고 용감히 앞으로 나아감을 비유하는 말이다. 종각은 어려서 자신이 한 말 그대로 평생 큰 바람과 큰 물결에 조금도 주눅 들지 않았고 오히려 그 바람을 타고 물결을 넘어 더 빠르게, 더 멀리 나아갔다.

가시덤불을 헤치고 나아간다

승풍파랑과 유사한 말로 '가시덤불을 헤치고 나아간다'는 뜻의 피형참극披荊斬棘이란 성어가 있다. 형荊과 극棘은 모두 가시덤불 같은 장애를 뜻한다. 피披는 '가르다, 헤치다'의 뜻이고, 참斬은 '베어낸다'는 의미다. 결국 앞을 막아서는 장애물을 하나씩 제거하면서 길 없는 곳에 길을 내며 나아가는 사람을 칭송하는 성어다.

이 말은 후한을 개국한 광무제 유수劉秀가 가장 신뢰한 명장 풍이를 칭송하는 것에서 나왔다. 유수가 군사를 일으킨 초창기에는 어려움이 많았다. 곳곳에서 막강한 군사력으로 유수의 군대와 맞서는 군벌들을 하나씩 평정하는 일은 그야말로 가시덤불을 헤치고 길을 만들어가는 과정이었다.

이 형극의 길에서 항상 앞장선 사람이 바로 풍이였다. 그가 가장 힘든 관중 지역을 평정하고 조정으로 돌아왔을 때 유수는 입조한 문무 대신들을 향해 큰 소리로 외쳤다.

"이 사람이 바로 나를 위해 가시덤불을 헤치고 길을 만들어 마침내 관중을 평정한 풍이 장군이오!"

험난한 가시밭길을 한 걸음 한 걸음 헤치고 나아가 마침내 후한 개국의 길을 열어준 사람이 풍이라는 칭송이었다.

피형참극의 칭송을 받은 풍이 장군은 훗날 낙양 운대각雲臺

閣에 초상화가 그려지는 영광을 누렸고, 연년세세 수많은 사람의 존경을 받았다. 이른바 운대각에 그려진 스물여덟 명의 장군이라는 의미의 운대이십팔장雲臺二十八將 중 하나가 된 것이다.

당나라 시인 이백은 〈행로난行路難〉이라는 시에서 다음과 같이 읊었다.

> 험한 인생길이여, 험한 인생길이여!
> 수많은 갈림길에서 나는 지금 어디 있는가?
> 큰 바람을 타고 물결을 깨치며 나아가는 날이 반드시 오리니
> 구름 같은 돛을 곧장 펴고 드넓은 창해를 넘어가리라!

이것은 거듭된 좌절과 실패 속에서 인생의 험난함을 체험한 시인이 숱한 갈림길에서 방황하다가 마침내 마음을 다잡고 세상을 향해 선포하듯 외친 시다. '장풍파랑회유시長風破浪會有時, 직괘운범제창해直掛雲帆濟滄海', 즉 지금 나를 향해 불어오는 큰 바람과 나를 향해 밀려오는 높은 파도에도 겁내지 않고 구름같이 높은 돛을 활짝 펴고 저 넓은 바다 더 큰 세계를 향해 나아가겠다는 것이다.

위기는 곧 기회라고 했다. 눈앞에 닥친 큰 바람과 높은 물결은 분명 위기지만, 조직구성원의 마음과 지혜를 모아 만든 구름같이 높은 돛이 있으면 바람과 파도는 오히려 기회가 될 수 있다. 불굴의 용기로 가시밭길, 험한 바닷길을 뚫고 나아가야 하는 리더들에게 성어 '승풍파랑'의 깃발을 선물하고 싶다.

찾아보기 ▼

【 **용왕직전勇往直前** 】 용감히 앞을 향하여 곧장 나아가다. 송나라 주희의 《주자전서朱子全書》에 "옆 사람의 시비를 돌아보지 말고 자신의 득실을 따지지 말고 용감히 앞을 향해 곧장 나아간다不顧旁人是非, 不計自己得失, 勇往直前"는 표현이 있다.

【 **수두상기垂頭喪氣** 】 고개를 떨구고 풀이 죽다. 실패 때문에 좌절하고 낙담하여 풀이 죽은 모습을 형용한 말이다. 당나라 한유의 《송궁문送窮文》에 "이에 주인이 고개를 떨구고 풀이 죽은 채로 손을 맞잡고 감사를 표하였다主人於是垂頭喪氣, 上手稱謝"라는 표현이 있다.

玉篇

제 7 강

나는 언제 봄바람처럼 따뜻한 사람이었던가

47

춘풍풍인

春風風人

봄바람을 사람에게 불어주다

무성한 초원의 풀이여
무성히 자랐다가 다시 시드네.
들불이 일어도 다 태우지 못하나니
봄바람이 불면 풀은 다시 살아난다네.
離離原上草, 一歲一枯榮.
野火燒不盡, 春風吹又生.

당나라 시인 백거이의 〈부득고원초송별賦得古原草送別〉이란 시의 한 구절이다. 맹렬한 들불이 시든 풀로 가득한 초원을 불태우면 그 엄청난 기세에 초원의 풀은 모조리 타버리고 만다. 그 풀은 다 죽어버린 것일까? 봄바람이 불면 다 죽은 줄 알았던 풀이 초원 곳곳에서 꿈틀꿈틀 살아난다. 그러면 초원은 다시 무성한 영광의 세월을 맞는다. 누구 덕인가? 봄바람이다. 우리 주변에도 맹렬한 들불에 타버린 초원같이 있는 듯 없는 듯, 존재감 없이 살아가는 사람들이 있다. 만일 우리가 봄바람이 되어 그 타버린 초원에 생명의 입김을 넣어준다면 어떨까?

망명한 재상을 따른 세 사람

춘추시대 양나라의 재상 맹간자孟簡子가 죄를 지어 제나라로 망명을 했다. 제나라의 유명한 재상 관중이 직접 나가 그를 맞이했는데, 맹간자의 일행을 보고 깜짝 놀랐다. 일국의 재상을 지낸 맹간자가 온통 먼지를 뒤집어쓴 꾀죄죄한 얼굴로 다 해진 남루한 옷을 걸친 채 허둥대며 걸어오는데, 그 뒤를 따르는 일행이 고작 세 사람에 불과한 것이 아닌가! 관중이 급히 물었다.

"당신이 양나라에서 재상을 지낼 때 당신 집에 머물던 식객이 설마 이 세 사람이 전부는 아녔겠지요?"

맹간자가 겸연쩍은 얼굴로 대답했다.

"어찌 세 사람뿐이었겠습니까? 식객이 삼천을 넘었지요."

관중이 탄식하며 말했다.

"모두 다 떠나갔군요. 그런데 이 세 사람은 어찌하여 당신을 끝까지 따라온 것입니까?"

맹간자가 뒤를 바라보며 말했다.

"한 사람은 아비가 죽었을 때 돈이 없어 장례를 치르지 못했는데 제가 그를 대신해 장례를 치러주었습니다. 또 한 사람은 어미가 죽었을 때 역시 제가 도와서 장례를 치렀지요. 마지막 한 사람은 형이 감옥에 갇혔을 때 제가 수를 써서 석방해주었답니다. 그래서 그들이 끝까지 저와 함께 온 것입니다."

관중은 고개를 끄덕이며 그들 일행을 안내해주었다. 그들과 헤어져 돌아오는 길에 관중은 주위 사람들에게 한숨을 섞어 이렇게 얘기했다.

"나 역시 제나라에서 법령을 바꾸고 제도를 고치는 과정에서 적지 않은 사람들에게 원한을 샀다. 언젠가 맹간자보다 더 큰 곤경에 처할 수도 있을 것이다. 그런데 나는 언제 봄바람처럼 따뜻하게 사람들을 대한 적이 있었던가. 나는 언제 여름비처럼 시원하게 사람들을 적셔준 적이 있었던가. 내 앞날이 걱정이로구나!"

이 이야기에 나오는 춘풍풍인은 봄바람같이 따뜻한 말, 따뜻한 마음, 따뜻한 손길로 남을 돕는 것을 뜻한다. 두 번째 풍風은 동사로 쓰여 '바람을 불어주다'라는 의미다. 누군가가 혹독한 겨울 같은 곤경에 처해 있을 때 봄바람처럼 따뜻한 시선과 언어, 마음과 손길로 다가간다면 그 사람이 바로 봄바람이다.

만물을 적시되 소리가 없으니

좋은 비 시절을 알아
봄이 되어 내리니 만물이 싹을 틔운다.
바람을 따라 몰래 밤에 들어와
만물을 적시니 가늘어 소리도 없구나.
好雨知時節, 當春乃發生.
隨風潛入夜, 潤物細無聲.

시성 두보杜甫의 〈춘야희우春夜喜雨〉, 즉 '봄밤에 내리는 반가운 비'라는 시의 전반부다. 봄비가 때맞춰 내려 만물이 싹을 틔우기 시작했는데 그 봄비는 낮에 내리지 않고 밤에 몰래 내린다. 본래 태평한 시절에 내리는 봄비는 열흘에 한 번, 낮이 아니라 밤에 온다고 한다. 이 비는 들판에서 일하는 농부들을 배려하는 어진 비다. 만물을 촉촉이 적셔 윤택하게 만드는 이 고마운 비는 빗줄기가 가늘어 소리가 나지 않는다. 만상에 목숨

같은 생명수를 공급하면서도 자신의 공로를 자랑하지 않는 것이다. 만물을 적시되 소리가 없다는 뜻의 윤물무성潤物無聲은 그야말로 최고의 덕성이 아닌가. 봄비의 무한한 공덕은 이 무성無聲으로 완성된다. 우리가 봄비를 대하면서 한번쯤 생각해야 할 것이 바로 윤물무성의 겸손함이다. 노자는《도덕경》에서 이렇게 말했다.

> 최고의 선은 물과 같다. 물은 만물을 이롭게 하되 다투지 않으며 사람들이 싫어하는 낮은 곳에 처하니 도에 가깝다. … 다투지 않으니 허물이 없는 것이다.
>
> 上善若水. 水善利萬物而不爭, 處衆人之所惡, 故幾于道. … 夫唯不爭, 故無尤.

또 물처럼 큰 덕을 갖춘 성인의 모습을 이렇게 설명한다.

> 낳아 기르면서도 소유하지 않고, 적극 일하면서도 뽐내지 않으며, 공을 이루고 나서도 그 공에 거하지 않는다. 그 공에 거하지 않으므로 공에서 떠나지 않는다.
>
> 生而不有, 爲而不恃, 功成而弗居. 夫唯弗居, 是以不去.

이것은 이른바 공을 이루고 자신은 물러나는 공성신퇴功成身退를 말한다. 어떤 일에서의 성공은 그 성공의 열매를 스스로 차지하지 않는 것으로 완성된다. 현명한 사람은 일을 이루고 난 후 스스로 물러나 최종적으로 그 일을 완성한다.

생색을 내지 못해 안달하는 사람이 워낙 많다 보니 이런 봄바람이나 봄비 같은 사람을 만나기가 쉽지 않다. 우리 스스로 따사로운 봄바람이 되고, 다른 이들의 삶을 적시는 은혜로운 봄비가 되어 천지간에 봄꽃이 활짝 피어나는 찬연한 봄 세상을 만들면 어떨까.

찾아보기 ▼

【 **하우우인夏雨雨人** 】 여름비처럼 사람을 윤택하게 적셔주다. 때맞춰 사람을 적절히 교육하거나 도움을 주는 행위를 가리킨다. 이것은 춘풍풍인과 함께 관중의 고사에 나오는 성어다. 한나라 유향의 《설원》에 "내가 봄바람으로 남에게 바람을 불어줄 수 없었고, 여름비로 남을 적셔줄 수 없었으니 나는 필시 곤궁해질 것이다 吾不能春風風人, 吾不能以夏雨雨人, 吾窮必矣"라는 구절이 있다.

【 **해의의아, 추식식아** 解衣衣我, 推食食我 】 옷을 벗어 내게 입혀주고, 음식을 밀어 나를 먹여주다. 남에게 열정적으로 관심과 사랑을 베푸는 행위를 가리킨다.《시기》에 나오는 이 말은 한신이 유방을 평한 것에서 비롯되었다. "한왕 유방이 내게 상장군의 직위를 주었고 내게 수만 명의 군대를 붙여주었으며, 옷을 벗어 내게 입혀주고, 음식을 밀어 나를 먹여주었다 漢王授我上將軍印, 予我數萬衆, 解衣衣我, 推食食我."

【 **상선약수** 上善若水 】 가장 뛰어난 선은 물과 같다. 물이 만물을 윤택하게 하고 낮은 데로 흘러가듯, 세상을 이롭게 하면서도 세상과 명리를 다투지 않는 겸손하고 고상한 행위를 가리킨다. 이것은 앞서 예시한《도덕경》에 나오는 말이다.

48

촌초춘휘
寸草春暉

한 마디의 풀과 봄날의 햇살

당나라 중기 맹교라는 지독히 가난한 시인이 있었다. 그는 가난에서 벗어나고자 과거시험에 매달렸지만 거듭 실패를 맛보았다. 맹교는 이리저리 떠돌다 마흔 중반에 마지막이라는 심정으로 응시한 과거시험에 가까스로 합격하였다. 그러나 "춘풍에 득의양양 말발굽이 가볍구나"라고 흥겨워한 것도 잠깐일 뿐, 다시 오 년이나 지난 뒤에야 율양현 현위라는 미관말직으로 발령이 났다. 맹교에게는 서로 의지하며 가난한 삶을 함께 버텨온 늙은 어머니가 있었다. 어머니를 율양현으로 모신 맹교는 어머니가 도착하기 전날 밤 눈물로 쓴 시 한 수를 어머니께 바쳤다.

먼 길 나서는 아들의 노래

어머니의 손안에 든 실
먼 길 떠나는 아들이 입을 옷이라네.
떠날 때가 되었어도 촘촘히 바느질
혹여 늦게 돌아오게 될까 걱정해서라네.
아아, 한 마디 풀 같은 자식의 마음으로
봄 햇살 같은 어머니의 은혜를 어찌 갚을 수 있으랴.

慈母手中線, 遊子身上衣.
臨行密密縫, 意恐遲遲歸.
誰言寸草心, 報得三春暉.

이는 〈유자음遊子吟〉, 즉 '먼 길 나서는 아들의 노래'라는 시다. 아들이 먼 길을 떠나게 되자 어머니는 아들이 여행길 내내 입을 옷을 수선한다. 아들이 떠날 시간이 되었어도 어머니는 아랑곳하지 않고 계속 바느질을 한다. 왜일까? 혹시라도 아들의 일정이 길어져 타지에 오랫동안 머물면 낡은 옷이 뜯어져 추위로 고생이라도 할까 봐 그런 것이다. 길 떠날 아들의 옷을 깁는 어머니의 모습으로 자식을 향한 지극한 사랑을 드러낸

이 시는 천 년 세월 동안 헤아릴 수 없이 많은 자식의 심금을 울렸다.

마지막 구절에서 시인은 어머니의 사랑에 감격해 말한다.

"어머니, 당신의 사랑은 봄 내내 여린 풀 위로 쏟아지는 따사로운 봄 햇살과 같습니다. 자식이 아무리 감사의 마음을 표시하고 극진히 효성을 다해도 그것은 그저 한 마디 풀같이 미미할 뿐입니다."

여기서 '한 마디 풀', 즉 촌초는 아들의 효성을 뜻하고, '봄 햇살'을 일컫는 춘휘는 어머니의 은혜를 의미한다. 결국 촌초춘휘는 '한 마디 풀같이 보잘것없는 자식의 효성으로는 도저히 갚을 길 없는 봄 햇살 같은 어머니의 은혜'라는 말이다. 그 은혜를 어찌 다 갚을 수 있으랴. 다만 맹교가 그랬듯 모두가 가슴 깊은 곳에서 우러나오는 진실한 감사와 사랑의 표현 한 구절만이라도 드릴 수 있기를 바랄 뿐이다. 그러면 옛날 율양현 포구에서 아들을 만나 아들이 올리는 시를 읽던 맹교 어머니의 마음이 곧 우리 어머니의 마음이 되지 않겠는가.

이제야 비로소 내 마누라 같구려

옛날 한나라 때부터 전해 내려오는, 양홍梁鴻이라는 가난한 청년의 흥미로운 이야기가 있다. 용모가 준수하고 학문이 깊은 양홍은 마을에서 평판이 좋았다. 여러 부잣집에서 그를 사윗감으로 탐내며 매파를 보냈지만 양홍은 매번 단호하게 거절했다. 그래서 온 마을 사람들이 누가 양홍과 결혼할 것인가에 관심을 집중하고 있었다.

뜻밖에도 양홍은 황당하기 이를 데 없는 선택을 했다. 그저 농사일만 열심히 할 뿐 인물도, 내세울 것도 없는 노처녀 맹씨녀를 선택한 것이다. 알고 보니 이 맹씨녀가 혼인을 권하는 부모에게 자신은 양홍이 아니면 절대 시집가지 않겠다고 선언했고 그걸 들은 양홍이 결혼하자고 기별을 넣은 것이었다.

혼인날 맹씨녀는 화려한 비단옷을 걸치고 양홍의 집으로 갔다. 한데 양홍은 신부를 한번 흘낏 보고는 이레 동안이나 쳐다보지도 아는 체도 하지 않았다. 여드레째 되던 날 아침 맹씨녀가 양홍에게 물었다.

"저는 선생의 고결한 지조와 높은 학문을 흠모하여 시집왔습니다. 제가 알기로 당신은 수많은 집의 청혼을 거절하고 저를 선택했는데, 제가 무슨 잘못을 했기에 이렇게 냉대하는 것입니까?"

양홍이 탄식하며 말했다.

"내가 그대를 택한 것은 그대가 나와 함께 부지런히 일하며 이 고생스러운 가난한 삶을 성실하게 살아갈 것이라고 생각해서였소. 그런데 그대는 시집올 때부터 지금까지 줄곧 비단으로 온몸을 감싸고 있으니 내 어찌 실망하지 않을 수 있겠소!"

양홍의 말을 들은 맹씨녀는 활짝 웃으며 말했다.

"저 또한 비단옷은 체질적으로 맞지 않습니다. 다만 혼인의 전례상 어쩔 수 없이 며칠 입고 있었을 뿐입니다."

말을 마친 맹씨녀는 당장 비단옷을 벗어버리고 굵은 베옷 적삼 차림으로 환히 웃으며 양홍 앞에 섰다. 양홍은 크게 기뻐하며 말했다.

"이제야 비로소 나와 일생을 같이할 내 마누라 같구려!"

양홍은 긴 세월 동안 세상의 모진 풍파를 함께 이겨낼 성실한 동반자를 원했던 것이다.

얼마 후 양홍은 경사에 갔다가 황제와 권문세가들의 사치스러운 모습을 보고 크게 분개하여 조정을 비난하는 글을 썼다. 이로 인해 황제의 노여움을 산 양홍은 아내와 함께 먼 타향으로 도망가 이름을 숨기고 날품팔이를 하며 살았다. 그들은 그 지역 대갓집의 방 한 칸을 세내어 살았는데, 어느 날 저녁 집주인이 그들이 사는 방 앞을 지나다가 이상한 광경을 보게 되었다. 양홍의 아내가 소박한 저녁식사를 차린 소반을 눈썹에 닿도록 높이 받들고 들어와 남편 앞에 공손히 내려놓으며 식사를 권하는 게 아닌가. 이 기이한 광경은 매일 이어졌고 집주인은 속으로 생각했다.

'지독히 가난한 사내가 이토록 정중하게 아내에게 존중받고 있으니 필시 어진 선비임에 틀림없다.'

이후로 집주인은 양홍 부부를 극진히 대접했다. 이 일은 온 고을에 알려졌고 양홍은 뛰어난 선비로서 존경을 한 몸에 받았으며 부인 역시 부덕을 갖춘 현숙한 여인으로 큰 칭송을 받았다.

여기에서 나온 성어가 '밥상을 눈썹과 나란히 올려 든다'는 뜻의 거안제미擧案齊眉다. 양홍과 맹씨녀의 이야기는 어렵고 힘든 시절일수록 부부가 서로를 존중해야 한다는 교훈을 전해준다.

흔히 간과하지만 우리가 이루는 성과는 대체로 가정이라는 울타리 덕분에 가능했을 것이다. 사랑과 수고로 길러주신 부모님과 곁에서 묵묵히 내조하는 배우자가 인생 최고의 우군임을 어찌 부인할 수 있겠는가. 촌초춘휘의 시구와 거안제미의 고사를 생각하면서 더욱 진하고 감동적인 가족애의 역사를 만들어가기 바란다.

【 **오아반포** 烏鴉反哺 】 까마귀가 거꾸로 먹여주다. 어린 까마귀가 자라면 반대로 먹이를 물어다 어미 까마귀를 먹인다는 의미로 자녀가 부모에게 효도함을 비유한다. 《본초강목本草綱目》에 "까마귀는 처음 태어나면 어미가 육십 일을 먹여주고, 자라서는 거꾸로 어미를 육십 일 동안 먹인다慈烏, 此鳥初生, 母哺六十日, 長則反哺六十日"는 말이 있다. 진나라 성공수成公綏의 《오부烏賦》에도 "어린 새가 장성해 날 수 있으면 곧 먹이를 물어와 어미를 먹인다네雛既壯而能飛兮, 乃銜食而反哺"라는 표현이 나온다.

【 **양고궤유** 羊羔跪乳 】 새끼양이 무릎을 꿇고 젖을 먹다. 양이 젖을 먹을 때 무릎을 꿇는 모습을 보고 부모의 은혜에 감사할 줄 아는 자녀의 모습을 떠올린 것이다. 이 성어는 자식의 효성을 말할 때 까마귀의 반포지효反哺之孝와 함께 자주 인용된다. 명나라 때 아동용 수신서로 만든 《증광현문增廣賢文》에 "까마귀는 어미에게 먹이를 물어다 먹이는 의로움이 있고, 양은 무릎 꿇고 젖을 먹어 어미의 은혜를 알며, 말은 어미를 업신여기는 마음이 없다鴉有反哺之義, 羊有跪乳之恩, 馬無欺母之心"라는 말이 있다.

【 **상경여빈** 相敬如賓 】 서로 공경하기를 손님같이 하다. 부부가 서로 존중하고 공대하는 모습을 가리킨다.《춘추좌씨전》에 수록된 다음 이야기에서 비롯했다. "진나라 대부 구계가 사신으로 갔다가 기읍에 들렀다. 기결이 김을 매고 있는 모습을 보고 있자니, 마침 그 부인이 들밥을 내왔다. 부부가 서로 공경하는 것이 마치 손님과 같았다臼季使, 過冀, 見冀缺耨, 其妻饁之, 敬, 相待如賓."

【 **장창화미** 張敞畫眉 】 장창이 눈썹을 그려주다. 한나라 선제宣帝 때 경조윤을 지낸 장창이 늘 아내를 위해 눈썹을 그려줬다는 고사에서 나온 성어로 부부의 금실이 좋은 것을 비유한다.

【 **와빙구리** 臥冰求鯉 】 빙판에 누워 잉어를 구하다. 진나라 왕상王祥이 병든 어머니에게 줄 잉어를 잡으려 한겨울에 옷을 벗고 빙판에 누우니 얼음이 절로 깨지면서 잉어 두 마리를 얻었다는 이야기에서 나왔다.

49

관과지의
灌瓜之義

참외밭에 물을 주는 의로움

경쟁이 치열한 험한 사회에 살다 보니 우리 마음이 참 각박해지는 것 같다. 우리가 누리는 물질은 갈수록 다양하고 풍요로워지는데 마음은 반대로 더욱 찌들어간다. 예를 들어 사회면을 종종 장식하는 보복운전을 보면 우리 사회가 너그럽지도 않고 참을 줄도 모르는 각박한 사회라는 생각이 절로 든다. 조금이라도 피해를 보거나 자존심이 상하면 물불 가리지 않고 즉각 보복하려 달려드니 이게 어디 사람 사는 세상이라고 할 수 있겠는가. 사람이 짐승과 다르다고 하려면 참을 줄도 알고 너그럽게 넘어갈 줄도 알아야 하는 것이 아닌가.

범저의 협량

범저范雎는 전국시대 위나라 사람으로 지략이 뛰어나고 언변이 출중해 대신 수가須賈의 식객이 되었다. 그가 수가를 수행해 제나라로 갔을 때 제나라 쪽에서 그에게 황금과 미주美酒를 선물했다. 범저가 선물을 사양하고 돌려보냈지만 이 일이 잘못 알려지는 바람에 범저는 제나라 첩자로 의심을 받았다. 대신 수가는 위나라로 돌아와 당시 재상을 맡고 있던 위제魏齊에게 범저를 참소했고 위제는 수가의 말만 믿고는 범저를 잡아다 죽도록 때린 뒤 혼절한 그를 변소에 던져버렸다. 가까스로 목숨을 건진 범저는 도망하여 이름을 장록張祿으로 바꾸고 숨어 살며 때를 기다렸다.

이후 범저는 진秦나라로 건너가 천하 열국의 판도를 파헤치는 뛰어난 분석력과 폭포수 같은 유창한 언변으로 진왕의 마음을 얻어 단박에 진나라의 승상이 되었다. 승상이 된 범저는 진왕을 설득해 가장 먼저 위나라를 치게 했다. 이 소식에 깜짝 놀란 위나라 왕은 대신 수가를 파견해 양국 간의 화친을 청하였다. 수가가 왔다는 소식을 들은 범저는 그를 초청해 큰 잔치를 열었다.

비로소 수가는 자신의 일개 식객이던 범저가 혁혁한 진나라 재상이라는 사실을 알고 두려움에 떨었다. 범저는 잔치에 초청한 다른 사람들에게는 산해진미를 차려주고 수가에게는 건초와 콩을 버무린 가축사료 한 그릇만 달랑 내려주었다. 지독한 수치와 모멸감 속에 돌아가는 수가에게 범저가 말했다.

"옛정을 생각해 목숨만은 살려주는 것이오. 그러나 진나라 군대의 출병을 막으려면 재상 위제의 목을 보내야 할 것이오."

수가에게 범저의 소식을 들은 위제는 벗어날 방도가 없음을 알고 자결해버렸다.

《사기》〈범저열전〉에 나오는 이 이야기가 보여주듯 집요하고 철저하게 복수를 가한 범저를 사람들은 다음과 같이 평했다.

"범저는 밥 한 그릇의 작은 베풂일지라도 반드시 보상을 했고, 눈을 흘겨보는 사소한 원망에도 반드시 보복하였다."

여기서 나온 성어가 '흘겨보면 반드시 보복한다'는 뜻의 애자필보睚眦必報다. 도량이 너무 협소해 남들의 아주 작은 과실도 용납하지 않고 참지도 못하는 사람을 형용하는 말이다.

《논어》〈헌문憲問〉에 이런 내용이 있다. 어떤 사람이 공자에게 물었다.

"내게 해를 끼친 사람에게 덕을 베푸는 것은 어떻습니까?"

공자가 말했다.

"그렇다면 내게 덕을 베풀어준 사람에게는 무엇으로 갚는단 말인가. 내게 해를 끼친 사람에게는 바름直으로 갚고 덕을 베푼 사람에게는 덕으로 갚아야 한다."

원수를 사랑하라는 말은 너무 이상적이므로 현실적으로 접근하되 사적인 감정에 사로잡혀 보복하지 말고 직直, 즉 공정함으로 갚으라는 뜻이다. 순간적인 격한 감정에 따라 기분풀이식 보복을 하면 뜻하지 않은 피해가 발생할 가능성이 크다. 그런 의미에서 이직보원以直報怨이라는 공자의 가르침은 우리가 귀담아들어야 할 소중한 교훈이다. 그런데 공자가 부정한 이덕보원以德報怨의 훌륭한 사례가 유향의 《신서잡사新序雜事》에 실려 지금까지 전해오고 있다.

양나라 농부들의 이덕보원

전국시대 양나라와 초나라가 국경을 맞대고 있는 변경 지역에서 벌어진 이야기다. 두 나라 모두 그곳에 넓은 과수원을 만들고 참외를 심었다. 그런데 양나라 쪽 과수원에는 크고 단 품질 좋은 참외가 열린 데 비해 초나라 쪽은 크기도 작고 단맛도 떨어지는 볼품없는 참외만 주렁주렁 열렸다. 양나라 농부는 부지런하고 초나라 농부는 게으른 탓이었다.

초나라 농부는 자신들의 게으름 때문에 그런 차이가 생겼다는 생각은 하지 않고 양나라의 참외 농사가 잘된 것만을 배아파했다. 그들은 밤에 몰래 몽둥이를 들고 양나라 쪽으로 가서 참외밭을 다 뭉개놓았다. 이튿날 초나라 사람들이 뭉개놓은 참외밭을 발견한 양나라 농부도 화가 나서 똑같이 보복하려고 준비했다. 소식을 들은 그 지역 현령 송취宋就가 농부들을 말렸다.

"그렇게 서로 폭력을 주고받다가는 결국 양쪽 다 망하고 말 것이오. 차라리 이렇게 하는 것이 어떻겠소?"

송취가 농부들에게 무언가를 지시했다.

시간이 흘러 이듬해 봄 농부들은 다시 참외 농사를 짓기 시작했다. 양나라 농부는 여전히 부지런히 일했고 초나라 농부는 그대로 게으름을 피웠다. 그러던 어느 날 초나라 농부는 밭에서 이상한 점을 하나 발견하였다. 자신들의 참외 줄기가 이전과 달리 무성하게 자라났던 것이다. 작년과 똑같은 종자에다 작년과 똑같이 길렀는데 이게 어찌된 영문인가? 이번에는 아주 질 좋은 참외를 수확할 수 있을 거라고 생각한 초나라 농부는 혹시라도 양나라 쪽에서 자기들처럼 몰래 분탕질할지 모른다며 밤을 새워 참외밭을 지키기로 했다.

그러던 어느 날 밤 초나라 참외밭에서 양나라 사람들의 말소리가 웅성거리며 들려왔다. 예상대로 양나라 농부가 참외밭을 뭉개러왔다고 판단한 초나라 농부는 몽둥이를 들고 밭 한가운데로 몰려갔다. 그런데 이게 웬일인가? 참외밭을 뭉개기는커녕 양나라 농부가 초나라 참외밭에 물을 주고, 풀을 뽑고 있는 것이 아닌가? 그제야 초나라 농부는 자신들의 참외가 왜 그렇게 무성하게 자랐는지 알게 되었다. 밤마다 양나라 농부가 건너와 참외밭을 돌봐준 것이다. 그날 밤 큰 부끄러움과 형언하기 힘든 감동으로 초나라 농부들은 잠을 이룰 수 없었다. 나중에 이 일을 알게 된 초나라 왕은 사신을 보내 큰 예물로 양나라 왕에게 감사의 뜻을 표했고, 두 나라의 관계는 더욱 더 좋아졌다.

이 이야기에서 비롯된 성어가 '참외에 물을 주는 은혜'라는 뜻의 요과지혜澆瓜之惠와 '참외밭에 물을 대는 의로움'이란 뜻의 관과지의다. 이것은 원한을 덕으로 갚는 고결한 행위나 정신을 가리킬 때 쓰는 말이다.

보복의 악순환으로 전쟁이 그칠 날 없는 소란스러운 세상이다. 사람들은 지나친 경쟁으로 예민할 대로 예민해져 너그러움과 인내를 잃어버린 채 간신히 견디며 살아가고 있다. 각박한 삶의 터전에서 스스로 메마름이 느껴진다면 먼 시절의 동화 같은 양나라의 착한 농부 이야기를 한번쯤 떠올려보기 바란다.

【 **이덕보원** 以德報怨 】 덕으로 원한을 갚다. 《논어》 〈헌문〉에 나오는 이 말과 관련된 언급이 《노자》에도 나온다. "하고자 함 없이 하고, 일함 없이 일하며, 맛없는 맛을 맛본다. 크고 작고 많고 적음을 따지지 말고 덕으로 원한을 갚는다. 어려운 일은 쉬운 데서 착수하고 큰일은 작은 일부터 시작한다. 천하의 어려운 일은 반드시 쉬운 것에서, 천하의 큰일은 반드시 작은 데서 시작되기 때문이다 爲無爲, 事無事, 味無味. 大小多少, 報怨以德. 圖難於其易, 爲大於其細. 天下難事, 必作於易, 天下大事, 必作於細."

【 **불념구악** 不念舊惡 】 과거의 원한을 생각하지 않다. 《논어》 〈공야장 公冶長〉에 "백이와 숙제는 지난날의 악함을 생각하지 않았으니 원망함이 드물었다 伯夷叔齊不念舊惡, 怨是用希"는 기록이 있다. 진수의 사서 《삼국지》에는 조조를 평가하는 내용이 실려 있다. "태조(조조)는 책략을 운용하고 지모를 펼쳐 천하를 경략하였으니 신불해 申不害와 상앙 商鞅의 법술을 두루 열람하였고, 한신과 백기의 기이한 책략에 정통하였다. 관원을 임명함에는 그들의 재능에 의거하였고, 보통사람의 생각을 뛰어넘는 계산으로 옛날의 잘잘못을 따지지 않았다 太祖運籌演謀, 鞭撻宇內, 攬申商之法術, 該韓白之奇策, 官方授材, 各因其器, 矯情任算, 不念舊惡."

【 **일소치지 一笑置之** 】 일소에 부치다. 한번 웃고 만다 혹은 한번 웃어넘기고 마음에 두지 않는다는 말이다. 송나라 양만리楊萬里의 시 〈관수탄觀水嘆〉에 "출처가 분명치 않으니 일소에 부칠 뿐이다出處未可必, 一笑姑置之"가 있다. 송나라 육유陸遊의 시 〈서몽書夢〉에는 "모두 일소에 부칠 뿐이니 뜬구름 같은 인생이라 어려움이 많구나一笑俱置之, 浮生故多難"라는 표현이 있다.

50

천만매린

千萬買鄰

천만금으로 이웃을 사다

중국 속담에 '멀리 있는 물은 가까이에서 일어난 불을 끄지 못한다'는 뜻의 원수불구근화遠水不救近火라는 말이 있다. 어려움에 빠져 긴급한 도움을 바라는 사람에게 즉각 도움의 손길을 내밀 수 있는 사람이 누구인가? 바로 가까이 사는 이웃이다. 이웃의 작은 관심과 사랑이 어려움을 이기게 하는 힘을 줄 수 있다. 그러나 가까이 산다고 다 좋은 이웃은 아니다. 우물에 빠졌는데 구해줄 생각은 하지 않고 오히려 우물 속에 돌을 던지는 식으로, 남의 불행을 가중하는 나쁜 이웃도 있는 법이다. 이런 까닭으로 사는 곳을 정할 때는 반드시 이웃을 가리라는 의미의 거필택린居必擇鄰이라는 말이 있는 것이다.

한 되의 물, 한 말의 물

장자가 가난하여 감하후監河侯에게 양식을 꾸러가자 감하후가 말했다.

"좋습니다. 얼마 후면 봉토에서 세금을 걷을 텐데 그러면 거기서 돈 삼백을 꾸어드리겠습니다. 괜찮겠습니까?"

장자가 화가 나서 대답했다.

"어제 제가 이리로 오는 길에 누가 부르는 소리를 들었습니다. 뒤돌아 살펴보니 수레가 지나간 바큇자국으로 생긴 얕은 웅덩이에 붕어 한 마리가 있었습니다. 제가 그 붕어에게 물었습니다. '붕어야 무슨 일이냐?' 붕어가 대답했습니다. '나는 동해의 파도 관리인데 오늘 불행하게도 이곳 수레바퀴 자국에 고인 얕은 웅덩이에 떨어졌습니다. 선생께서 물을 한 말, 아니 한 되만 길어다 부어주면 살 수 있을 것 같습니다.' 그래서 제가 대답했습니다. '좋다. 나는 지금 오나라와 월나라로 가는 중인데, 서강의 물을 막았다가 한꺼번에 흘려보내 너를 동해로 보내주도록 하마. 그리하면 되겠느냐?' 그러자 붕어가 화난 얼굴로 대답했습니다. '나는 그저 물 한 말이나 한 되만 있으면 살 수 있습니다. 선생의 말대로 서강의 물이 이곳까지 올 때쯤이면 저는 아마 건어물 점에나 있을 겁니다.'"

《장자》에 나오는 이 재미있는 이야기에서 비롯된 성어가

'수레의 바큇자국에 고인 물에 있는 붕어'라는 뜻의 학철지부涸轍之鮒다. 이것은 아주 어려운 처지에 빠져 남들의 즉각적인 도움을 간절히 바라는 사람을 의미한다. 서강의 엄청난 강물보다 한 되의 물을 필요로 하는 절박한 상황의 물고기처럼, 장자에게 필요한 것은 한참 후에나 얻을 수 있는 삼백 냥의 큰 돈이 아니라 당장의 굶주림을 해결하게 해줄 작은 도움이었다. 한 되의 물을 선뜻 건네주는 착한 이웃이 있다면, 그리고 내가 그런 이웃이 된다면 이 삭막한 인생길을 좀 더 즐겁게 여행할 수 있지 않을까?

좋은 이웃을 얻고자 한다면

중국 남북조시대의 일이다. 양나라 무제武帝가 통치하던 시절 여승진呂僧珍이라는 명망 높은 대신이 있었다. 그는 전쟁터에서 많은 승리를 거둔 뛰어난 장수였지만 평소에는 늘 겸손하고 온화한 인격자이자 청백리로 많은 사람의 존경을 받았다.

여승진이 연주자사로 있을 때 하루는 그의 동생이 찾아왔다. 채소를 팔면서 어렵게 살던 동생은 형이 높은 벼슬을 하고 있으니 자신도 벼슬을 한자리 얻을 수 있을까 싶어 찾아온 것이었다. 여승진은 동생의 요구를 냉정하게 거절하였다.

"나는 황제의 은혜를 많이 입었으나 아직까지도 보답하지 못하고 있다. 어떻게 내 사리를 앞세울 수 있겠느냐. 너는 가서 계속 채소장수를 하는 게 좋을 듯하다."

동생은 부끄러운 얼굴로 돌아갔다.

한편 여승진이 사는 낡은 집 옆에는 관에서 운영하는 마구간이 있었다. 그래서 늘 냄새가 나고 소란스러워 가족이 많이 불편해했다. 주변 사람들이 여승진에게 그 마구간을 다른 곳으로 옮기도록 명령하면 되지 않느냐고 하자 여승진이 불같이 화를 내며 말했다.

"어떻게 내 일신의 편의를 위해 관가의 마구간을 옮길 수 있단 말이오!"

그를 향한 백성의 존경심은 날이 갈수록 높아졌다. 그를 존경하는 많은 사람이 그의 집 근처에서 살고 싶어 했다. 남강군에서 군수를 지낸 송계아宋季雅는 여승진의 명망을 흠모하여 임기를 마치자 여승진의 집 옆에 있는 저택을 구입했다. 인사를 하러 온 송계아에게 여승진이 집값이 얼마나 되느냐고 물었다. 송계아가 "일천일백만 냥입니다"라고 하자 여승진은 그 엄청난 액수에 깜짝 놀랐다.

"무슨 집값이 그렇게나 비싼 거요?"

송계아가 씩 웃으며 말했다.

"백만 냥으로 집을 샀고 천만 냥으로 이웃을 샀습니다."

여기서 나온 성어가 '백만금으로 집을 사고 천만금으로 이웃을 산다'는 뜻의 백만매택 천만매린百萬買宅 千萬買鄰이다. 좋은 이웃은 천만금으로도 얻기 어렵다는 의미다. 여승진은 이웃으로 이사온 송계아와 자주 어울렸다. 그러다가 송계아가 재능이 출중한 사람임을 알고는 그를 황제에게 추천했다. 여승진을 철저하게 신뢰한 황제는 곧바로 송계아를 형주자사에 임명했다. 여승진과 황제의 기대에 부응이라도 하듯 송계아는 형주를 잘 다스려 수년 안에 큰 업적을 이루었다.

송계아가 여승진을 얻은 것처럼 좋은 이웃을 얻고 싶은가? 공자는 《논어》에서 "덕이 있는 사람은 외롭지 않느니, 반드시 좋은 이웃이 생기기 마련이다德不孤, 必有鄰"라고 했다. 스스로 덕을 갖추면 내가 좋은 이웃을 찾아갈 필요도 없이 좋은 이웃이 찾아온다는 말이다. 그런 좋은 이웃과 서로 왕래하며 삶을 나누는 것, 그것이 인생이 주는 커다란 행복임을 잊지 말아야 한다.

【 **낙정하석落井下石** 】 우물에 빠지자 돌을 던지다. 어려움에 빠진 사람에게 도움을 주기는커녕 오히려 위해를 가하는 경우를 가리킨다. 당나라 문인 한유는 유종원柳宗元의 죽음을 추도하며 쓴 글 〈유자후묘지명柳子厚墓志銘〉에서 소인배의 작태를 설명하며 "이 소인배들은 일단 머리카락처럼 가는 이해관계라도 생기면 모르는 채 눈을 돌리고, 함정에 빠지기라도 하면 손을 내밀어 구해주지는 않고 오히려 밀어넣고 또 돌을 던지는 자이니 모두가 그렇다一旦臨小利害, 僅如毛髮比, 反眼若不相識, 落陷阱, 不一引手救, 反擠之, 又下石焉者, 皆是也"라고 신랄하게 꾸짖었다.

【 **설중송탄雪中送炭** 】 눈 속에서 추위에 떠는 사람에게 탄을 보내주다. 절박하게 도움을 요청하는 사람에게 급히 도움의 손길을 내민다는 말이다. 이것은 송나라 시인 범성대范成大가 눈이 많이 내린 날 그의 친구 개은芥隱에게 탄을 가져다주면서 생색을 내지 않고 시를 요구했다는 고사에서 비롯되었다. 범성대의 시 〈대설송탄여개은大雪送炭與芥隱〉에 "눈이 내려 탄을 보내러 온 것이 아니요, 잠시 눈 내린 풍경에 기대어 시를 요구하러 왔노라不是雪中須送炭, 聊裝風景要詩來"라는 구절이 있다.

【 **득도다조, 실도과조** 得道多助, 失道寡助 】도리를 다하면 돕는 이가 많아지고, 도리를 잃으면 돕는 이가 적어진다. 《맹자》에 "도리를 얻은 자는 돕는 이가 많아지고, 도리를 잃은 자는 돕는 이가 적어진다. 돕는 이가 적다 보면 마침내 가족 친척조차 배반할 것이요, 돕는 이가 많다 보면 마침내 천하가 그를 따를 것이다 得道者多助, 失道者寡助. 寡助之至, 親戚畔之, 多助之至, 天下順之"라는 글이 있다.

【 **상유이말** 相濡以沫 】서로 거품을 일으켜 적셔주다. 《장자》에 나오는 "샘이 마르자 물고기들이 바닥이 드러난 곳에 처하게 되니 서로 거품을 불어 서로를 축축하게 적셔주었다 泉涸, 魚相與處於陸, 相呴以濕, 相濡以沫"는 이야기에서 비롯된 성어로 곤경 속에서 서로를 힘껏 돕는 것을 가리킨다.

51

춘산여소
春山如笑

봄 산이 마치 웃는 듯하다

분주하게 사는 건 예나 지금이나 똑같은 모양이다. 송나라 때의 유명한 화가 곽희郭熙가 산수화의 효능을 설명한 대목을 보면 더욱 그런 생각이 든다. 그는 이렇게 말했다.

> 본시 사람은 세속에 물들지 않도록 늘 자연 속에 살면서 자연과 친해야 한다. 하지만 임금을 섬기는 일과 백성을 구제하는 일에 분주하다 보면 자연을 찾을 여유가 없다. 그러니 명산대천을 그려 벽에 걸어두고 조석으로 감상하며 신유神遊함으로써 자연과의 친밀함을 얻고 호연지기를 길러 세속의 때에 물들지 않게 해야 한다.

산수화는 분주했던 옛사람들이 힘들이지 않고 자연을 찾아가는 방식이었던 셈이다. 그보다 더 복잡한 사회를 살아가는 현대인은 쉼을 주는 자연과 더욱더 멀어지고 있다. 더구나 우리에겐 자연을 대신할 산수화도 없다. 휴가를 청하거나 야유회라도 만들어 자연과 함께하며 삶을 쉬게 하는 것은 어떨까?

봄날 산길에 오른다면

봄 산은 소박하게 단장한 여인이 웃는 듯하고
여름 산은 푸른 물이 뚝뚝 떨어질 듯하며
가을 산은 맑고 깨끗하여 마치 여인이 화장한 듯하고
겨울 산은 쓸쓸히 애처롭게 잠이 든 듯하다.

'봄 산이 마치 웃는 듯하다'라는 뜻의 성어 춘산여소만큼 멋진 말을 찾기는 쉽지 않다. 천홍만자千紅萬紫의 온갖 꽃과 푸르른 신록의 잎으로 환히 빛나는 봄 산의 맑고 밝은 모습이 마치 아름다운 여인이 웃는 듯하다고 표현한 것으로 이 역시 곽희가 한 말이다. 봄날 산의 아름다운 모습을 보고 산이 멋있다는 둥 꽃이 예쁘다는 둥 그렇고 그런 범상한 표현들이 난무할 때, 누군가가 춘산여소라는 멋진 성어를 활용한다면 단연코 모두를 압도할 것이다.

“어험, 옛날 중국의 한 화가가 봄 산의 아름다움을 표현하면서 봄 산이 웃는 듯하다고 춘산여소라 했지. 저길 좀 보라고, 정말 산이 웃고 있는 것 같지 않나? 소박하게 단장한 여인처럼 곱게 말이야.”

닭살이 돋고 좀 거북할지도 모르지만 그래도 한번 활용해 보기 바란다.

봄날 산에 오르면 따사로운 햇살에 제법 땀이 난다. 그때 향기로운 봄바람이 살랑살랑 불어와 땀을 식혀주면 청량감이 느껴진다. 맑은 햇살, 시원한 바람, 환히 웃는 꽃, 노래하는 새 그리고 함께하는 사람들의 밝은 목소리가 어우러지면 문득 행복감이 밀려든다. 이렇게 행복한 순간에는 춘풍득의春風得意라는 성어를 써보자. 이것은 ‘봄바람이 사람을 의기양양하게 한다’, ‘기분 좋게 한다’는 의미다. 본래 이 말은 당나라 시인 맹교가 과거시험에 여러 번 떨어졌다가 늦은 나이에 마침내 합격했을 때, 그 감격을 표현한 시 〈등과후登科後〉에서 비롯되었다.

지난 시절 고생스러운 것 말해 무엇 하랴.

오늘 아침의 이 자유로움이여, 즐거운 마음 끝이 없구나.

봄바람에 득의양양 말발굽 경쾌하니

하루 만에 장안의 온갖 꽃들 다 볼 수 있겠네.

昔日齷齪不足夸, 今朝放蕩思無涯.

春風得意馬蹄疾, 一日看盡長安花.

과거시험을 준비하느라 얼마나 고생하고, 그 결과를 기다리느라 얼마나 초조했겠는가. 또 시험에 낙방해 얼마나 실망했겠는가. 그동안 한없이 움츠렸던 몸과 마음을 활짝 펴고, 봄바람에 옷깃을 나부끼며 말을 타고 장안의 활짝 핀 꽃을 실컷 구경하는 모습이 상상이 간다. 맹교가 이 시를 지으면서 활용한 춘풍득의는 득의양양한 과거시험 합격자를 가리키는 말로 쓰였고, 지금은 원하던 일이 이루어져 즐거워하는 모습을 가리킨다. 화창한 봄날 어떤 일을 성공적으로 마무리한 뒤 산에 올랐다면, 춘풍득의야말로 가장 적절한 표현일 것이다.

길이 없는가 했더니

봄날 일행과 함께 산행을 하다가 제법 가파른 길에 들어서면 길은 좁고 숲이 울창해져 제대로 가고 있는 것인지 헷갈린다. 심지어 숨이 차고 다리도 후들거린다.

이럴 때 일행 중 몇몇은 길가에 주저앉아 쉬어가자 하고, 누군가는 길이 끊어진 것 같은데 등산로가 맞는 거냐며 리더의 길인도를 의심한다. 그 순간에 활용할 수 있는 멋진 성어가 유암화명柳暗花明이다.

> 산 첩첩 물 첩첩 길이 없는가 했더니
> 버들 어둑하고 꽃 밝은 곳에 또 한 마을이 있구나.
> 山重水復疑無路, 柳暗花明又一村.

남송의 시인 육유의 〈유산서촌游山西村〉에 나오는 유암화명은 '버들 어둑하고 꽃은 밝다'는 뜻이다. 시인이 목적지인 산골 마을을 찾아가는데 가는 길이 산 첩첩 물 첩첩이다. 더 이상 나아갈 길이 없는 듯해 초조하기 이를 데 없는데, 그런 의구심을 억누르고 한 걸음 더 나아갔더니, 한 고갯길을 더 올랐더니, 한 모퉁이를 더 돌았더니 아, 거기에 버들 푸르게 우거지고 꽃이 활짝 핀 마을이 있었다. 그래서 유암화명은 더 이상 희망이 없어 보이는 절망적인 상황에서도 포기하지 않고 인내하며 길을 모색하다가 어느 순간 돌연 좋은 환경이나 새로운 지평을 만나는 것을 일컫는 말로 쓰인다. 이젠 막다른 골목이다 싶은 순간에 이를 악물어 참고 견디자 새로 길이 열리고 일이 풀리는 상황에서 쓰는 표현이다.

힘들어하는 가족이나 팀원의 등을 두드려주며 이렇게 말하는 것은 어떨까?

"산 첩첩 물 첩첩 길 없다 의심했더니, 버들 어둑하고 꽃 밝은 곳에 또 한 마을이 있다고 하지 않았는가! 조금만 참고 더 올라가보세."

혹여 꽃 좋은 봄날에 산행을 떠난다면 춘산여소, 춘풍득의, 유암화명을 멋지게 활용해보기 바란다. 즐겁고 근사한 나들이가 될 것이다.

찾아보기 ▼

【 **춘광명미 春光明媚** 】 봄날 경치가 아름답다. 원나라 송방호宋方壺는 〈투암순鬪鵪鶉〉에서 "때는 바야흐로 봄날 경치가 아름다운 시절, 사람들은 풍년을 축하하고 백성은 평화롭고 태평한 시절을 즐긴다時遇着春光明媚, 人賀豊年, 民樂雍熙"고 표현했다.

【 **춘풍만면 春風滿面** 】 봄바람이 얼굴에 가득하다. 즐겁고 유쾌한 웃음이 가득한 얼굴을 형용하는 말이다. 만면춘풍滿面春風, 소

용만면笑容滿面으로 쓰기도 한다. 송나라 정절재程節齋의 〈심원춘沁園春〉에 "얼굴 가득 봄바람이 불고 분위기가 화기애애하니 흉중의 글과 시가 발해지는구나滿面春風, 一團和氣, 發露胸中書與詩"라는 표현이 있다. 원나라 때의 〈구세동당九世同堂〉에서는 "봄바람이 얼굴에 가득하고 술이 얼큰 즐거우니, 한바탕 긴 웃음소리가 바다와 산에 높구나春風滿面樂醄醄, 一場長笑海山高"라고 표현했다. 송나라 진여의陳與義는 〈우거류창해寓居劉倉廨〉에서 "두건 두르고 대지팡이 짚고 거친 언덕을 지나가나니, 얼굴 가득 봄바람 부는 이월이로다紗巾竹杖過荒坡, 滿面春風二月時"라고 노래했다.

【 **산궁수진山窮水盡** 】 산길이 다하고 물길도 끝났다. 더 이상 나아갈 길이 없는 막다른 골목에 다다른 상황을 비유한다. 산궁수절山窮水絶, 산궁수단山窮水斷으로 쓰기도 한다. 심복沈復의 수필식 자서전《부생육기浮生六記》에 관련된 내용이 있다. "마치 산이 다하고 물이 다하는 듯하더니 갑자기 확 트이면서 평산의 만 그루 소나무 숲이 눈앞에 늘어서는 것이었다似已山窮水盡, 而忽豁然開朗, 平山之萬松林已列於前矣." 송나라 육유의 〈동야음冬夜吟〉에는 "굶주린 기러기 병든 학 신세로 잠을 이루지 못하나니, 산길 다하고 물길 끝난 곳에서 뉘 이웃이 되어주랴飢鴻病鶴自無寐, 山窮水絶誰爲鄰"라는 표현이 있다.

52

인담여국

人淡如菊

사람이 국화처럼 담박하다

전국시대 초나라의 정치가이자 시인인 굴원屈原이 "아침이면 목련꽃 이슬을 마시고, 저녁이면 국화 꽃잎을 먹는다"고 자신의 고결한 삶을 노래한 이후 수많은 시인과 화가가 무궁한 세월 동안 국화를 노래하고 그렸다. 매화, 난초, 대나무와 함께 사군자의 반열에 오른 국화는 고상한 군자의 삶을 지향하는 수많은 선비의 영원한 벗이 되어 삶의 터전을 공유하였다. 선비들은 집의 동쪽 울타리 아래에 국화를 심고 가을이 오기를 기다렸다. 그리고 가을 석양이 노랗게 핀 국화를 환하게 비출 적에 뜰에 나가 국화를 꺾어 들고 도연명의 국화 시를 읊조렸다.

밥그릇은 자주 비었지만
마음은 늘 편안하였다

동쪽 울타리에서 국화를 따다가
한가로이 남산을 바라본다네.
산 노을 저물녘 아름다운데
새들은 무리 지어 돌아가는구나.
이 속에 참된 의미가 있으려니
무엇일까 나는 벌써 말을 잊었네.
采菊東籬下, 悠然見南山.
山氣日夕佳, 飛鳥相與還.
此中有眞意, 欲辨已忘言.

국화의 시인 도연명의 〈음주飮酒〉다. 동쪽 울타리에서 국화를 꺾어 들고 한가롭게 남산을 바라보는 도연명의 모습이 그려지지 않는가. 노을이 지는 산으로 돌아가는 새들처럼 그는 스스로 자연의 품속에서 하나의 풍경이 되어 인간세상의 시시비비를 잊고 물아일체의 기쁨을 누리고 있다.

널리 알려진 대로 도연명은 진실하고 소박하게 살기 위해 벼슬을 버리고 전원으로 돌아와 궁경자족躬耕自足하며 안빈낙도의 삶을 산 시인이다. 이 도연명이 참으로 좋아했던 꽃이 바로 국화다. 그는 화려하지 않고 향기도 그다지 진하지 않은 수수하고 담박한 국화의 모습에서 자신의 모습을 발견했는지도 모른다. 인담여국은 당나라 때 사공도司空圖가 쓴《이십사시품二十四詩品》에 나오는 말이지만, '사람이 국화처럼 담박하다'라는 이 말을 들으면 바로 도연명이 떠오른다. 전기 형식의 산문 〈오류선생전五柳先生傳〉에서 도연명은 자신의 자화상을 이렇게 그린다.

> 선생은 어느 곳 사람인지 알 수 없고 그 이름도 잘 모른다. 집 주변에 버드나무 다섯 그루가 있어 그로 인하여 '오류'로 호를 삼았다. 조용한 성품에 말수가 적었으며 명예와 재물을 구하지 않았다. 글 읽기를 좋아하였으나 깊은 해석을 추구하지는 않았으며 마음에 맞는 구절이 있으면 기뻐하여 끼니를 잊을 정도였다. 성품이 술을 좋아하였으나 가난하여 항상 얻을 수는 없었다. 친척과 친구들이 사정을 알고 술자리를 차려 그를 부르면 그는 매번 초청에 응하여 가서는 취하도록 잔을 기울였다. 취한 후에는 아무런 미련 없이 물러나 돌아갔다. 사방에 벽만 둘러 있는 좁은 집은 쓸쓸하기만 하고, 바람과 햇빛을 가리지 못할 정도였다. 짧은 갈옷은 해져 기워 입었고 밥그릇과 국그릇은 자주 비었지만

마음은 늘 편안하였다. 항상 글을 지어 스스로 즐기면서 자신의 뜻을 드러내고 득과 실을 마음에 두지 않았으니, 평생 이런 모습으로 살다 삶을 마쳤다.

세상 사람들과 명리를 다투지 않고 물러나 소박하지만 편안한 삶을 사는 모습은 봄여름의 따사롭고 풍요로운 시절을 온갖 꽃에게 양보하고 가을바람이 부는 차가운 날에 비로소 피어나는 국화의 모습과 닮아 있다.

왕이 존귀하오, 선비가 존귀하오?

국화에는 소박하고 담박한 이미지와 함께 서릿발을 이겨내는 강한 절조의 이미지도 있다. "노란 네 꽃잎이 피려고 간밤에 무서리가 저리 내리고"라는 서정주의 시구처럼 국화가 차가운 가을 서리를 이겨내고 피는 까닭이다. 이런 국화의 덕성을 가리켜 오상청절傲霜淸節, '서리를 우습게 아는 맑은 지조'라고 한다. 오상청절의 굳센 절조로 역사에 이름을 남긴 사람들이야 수없이 많을 테지만 여기서는 비교적 잘 알려지지 않은 한 사람을 소개한다.

전국시대 제나라에 안촉顔斶이라는 명망 높은 현자가 있었다. 당시 인재를 찾기에 열심이던 제나라 선왕이 그를 불렀다.

한데 궁궐을 찾아간 안촉은 왕이 있는 대전까지 들어가지 않고 계단 아래에 그대로 서 있었다. 왕이 "안촉, 이리 오시오!" 하고 부르자 뜻밖에도 안촉은 똑같이 "대왕께서 이리 오시지요!" 했다. 왕은 물론 신하들도 어안이 벙벙해져 있는데 한 신하가 야단을 쳤다.

"대왕은 일국의 군주요, 당신은 일개 신하인데 어찌 왕에게 오라 가라 할 수 있는 거요? 당신 미쳤소?"

안촉이 정색을 하고 말했다.

"내가 대왕께 다가간다면 이는 권력과 재물을 바라고 아부함을 드러내는 것이오. 하지만 대왕께서 내게로 온다면 이는 군주가 현명한 선비를 존중함을 보여주는 것이오. 아부하는 것과 존중하는 것 중 어느 것이 낫단 말이오?"

왕이 참다못해 물었다.

"왕이 존귀하오, 선비가 존귀하오?"

안촉이 웃으며 조용히 말했다.

"당연히 선비가 존귀합니다."

"무슨 근거라도 있소?"

안촉이 설명했다.

"이전에 진나라가 제나라에 쳐들어왔을 때 이런 명령을 내렸습니다. '어진 선비 유하혜柳下惠의 무덤 근처에 있는 풀 한 포기, 나무 한 그루라도 훼손하는 사람은 사형에 처한다.' 또 명령하기를 '제나라 왕의 수급을 베어오는 자에게는 높은 벼슬을 주고 천금을 하사하겠다' 했습니다. 존귀하다는 왕의 목숨이 선비 무덤가의 나무 한 그루만도 못한 셈입니다."

왕은 두 손 두 발 다 들었다는 표정으로 말했다.

"알았소. 내가 열심히 배울 터이니 안 선비는 이후로 내 스승이 되어주시오. 그러면 당신은 다닐 때 화려한 수레를 탈 수 있고 식사 때 맛있는 고기반찬을 먹을 수 있을 것이오."

안촉이 사양하면서 말했다.

"저는 야인으로 소박하게 사는 것이 오랜 습관이 되어 있습니다. 천천히 걷는 것으로 수레를 대신하면 될 것이요, 느지막하게 밥을 먹으면 고기가 없어도 밥맛이 좋습니다."

이 일화에서 나온 성어가 안보당거安步當車다. 천천히 걷는 것으로 수레를 대신한다는 말인데, 나중에 '부귀를 탐하지 않고 안빈낙도하는 삶'을 가리키는 말이 되었다. 서릿발 같은 권력에도 조금도 주눅 들지 않고 존재의 존엄함을 드러낸 안촉은 그 모습이 무서리 속에서도 시들지 않고 피어나는 오상청절의 국화와 닮아 있다.

명예와 재물을 향해 앞다투어 나아가는 전쟁 같은 세상 속에서 아귀다툼을 하느라 정신이 없지만 그래도 국화 옆에서 한번쯤 그 잰걸음을 늦춰보자. 인담여국, 안보당거 같은 성어가 전해주듯 먼 시절에 담박한 국화처럼 욕심 없이 살았던 사람들, 무서리를 이기는 국화처럼 세상의 권력에 주눅 들지 않았던 사람들을 떠올려보길 바란다.

찾아보기 ▼

【 **고표오세** 孤標傲世 】 홀로 우뚝 솟아 세상을 멸시하다. 고표란 산이나 나무의 우뚝 솟은 정상을 일컫는데 국화가 서릿발을 무시하고 고결하게 피는 모습을 가리킨다. 흔히 인격이 고상하여 속된 세상과 어울리지 않는 사람을 비유한다. 청나라 조설근曹雪芹의 《홍루몽紅樓夢》에 "홀로 우뚝 세상을 멸시하니 누구와 함께 은거하랴. 모두 함께 꽃을 피우는데 너만 어찌 홀로 늦는가孤標傲世偕誰隱, 一樣花開爲底遲"라는 표현이 있다.

【 **안빈수도** 安貧守道 】 가난을 편안히 여기며 도를 지키다. 안빈낙도와 같은 말이다. 송나라 소식의 《천포의진사도장薦布衣陳師道狀》에 "저희가 보니 서주의 포의지사 진사도는 문사가 고상하고

예스러우며, 그 풍도가 속된 부류들을 넘어서고 가난을 편안히 여기며 도를 지키고 있습니다臣等伏見徐州布衣陳師道文詞高古, 度越流輩, 安貧守道"라는 내용이 있다.

【 **낙화무언落花無言** 】 지는 꽃은 말이 없다. 인담여국과 함께 사공도의 《이십사시품》에 나오는 표현이다. 시의 풍격을 스물네 가지로 분류한 이 시학서에서 낙화무언은 원래 시의 전아典雅를 표현하는 대목에 나왔다. 그러나 나중에 실패해도 원망하거나 성내지 않는 모습을 형용하는 말로 쓰이게 되었다. 원문은 다음과 같다. "녹음 속에서 거문고를 켜다 잠이 드니, 위로는 폭포수가 날린다. 지는 꽃은 말이 없고, 사람은 담박하여 국화 같구나眠琴綠陰, 上有飛瀑. 落花無言, 人淡如菊."

【 **국로하고菊老荷枯** 】 국화는 늙고 연꽃은 시들다. 여인의 아름다운 얼굴이 노쇠한 것을 비유한 말이다. 명나라 호문환胡文煥의 《군음류선群音類選》에 "옛날 부용 휘장 속에서 함께 약속한 사람아, 이제 국화 늙고 연꽃 시들었건만 아직도 돌아오지 않는구려當初共約芙蓉帳裏, 到如今菊老荷枯猶未歸"라는 표현이 있다.

玉篇

제 8 강

다 왔다는 생각이 들거든

53

행백리자반구십

行百里者半九十

백 리를 가는 사람에게 반은 구십 리다

우리가 가장 듣기 거북한 말 가운데 하나가 샴페인을 너무 일찍 터뜨렸다는 말일 것이다. IMF 시절에 외국 언론들이 "한국이 샴페인을 너무 일찍 터뜨렸다"고 우리를 조롱했던 일도 아주 아픈 기억으로 남아 있다. 어찌 나라 살림만 그렇겠는가. 개인적으로도 우리는 잘나가던 시절에 '너무 일찍 터뜨린 샴페인'에 대한 씁쓸한 기억들을 더러 가지고 있다. 《전국책》에 나오는 이야기 하나가 이에 대한 경계를 담고 있다.

백 리 밖에서 온 노인

진나라는 강력한 군대와 능란한 외교력으로 마침내 전국시대 일곱 강대국 중 가장 강력한 나라가 되었다. 나머지 여섯 나라는 진나라가 갈수록 강대해진 것과 달리 갈수록 약소국으로 전락해갔다. 이제 천하통일도 머지않은 듯 보였다. 훗날 진시황이 된 진왕은 마음이 느긋해져 정사를 모두 재상에게 넘기고 향락을 즐기기 시작했다. 어느 날 아흔이 다 된 어떤 노인이 진왕을 찾아왔다. 그 예사롭지 않은 용모에 진왕이 긴장하면서 물었다.

"노인께서는 백 리 떨어진 곳에서 오셨다 들었소. 오시는 동안 고생이 많으셨겠소."

노인이 말했다.

"소인이 집을 출발해 구십 리를 오는 데 딱 열흘이 걸렸습니다. 그리고 다시 열흘 동안 십 리 길을 걸어 어렵사리 도성에 도착했습니다."

진왕이 웃으며 말했다.

"처음에 열흘 동안 구십 리를 왔다고 하지 않았소. 어째서 나머지 십 리 길을 오는 데 열흘이나 걸렸단 말이오? 계산을 잘못하신 것 아니오?"

"처음에는 열심히 걸어 열흘 만에 구십 리까지 올 수 있었지요. 그래서 이제 다 왔다는 생각에 좀 쉬고 나서 걷는데 몸이 말을 듣지 않았습니다. 마지막 십 리 길은 걸으면 걸을수록 길이 더 멀어지는 것 같았습니다. 무진 애를 써서 열흘이나 걸려 마침내 도성에 도착했답니다. 도착해 생각해보니 구십 리까지 온 것은 거의 다 온 것이 아니라 딱 반을 온 셈이었습니다."

진왕은 이 노인이 그저 걸어온 여정만 이야기하려는 것이 아님을 알고 물었다.

"노인께서는 내게 무슨 말을 하려는 것이오?"

"제가 보기에 우리 진나라의 천하통일 대업은 구십 리를 온 것과 같습니다. 대왕께서 이미 이룬 성과가 크다 하나 그것은 이제 겨우 반을 이룬 것뿐입니다. 나머지 반을 위해서는 더 긴장하고 더욱 노력해야 합니다. 나머지 십 리 길이 더 힘들고 어려운 길임을 명심해야 합니다."

진왕은 노인의 충고에 정신이 번쩍 들었다. 그는 나태해지려는 자신을 다시 단단히 부여잡고 마지막 십 리 길을 달려 마침내 천하통일이라는 목적지에 도달할 수 있었다.

행백리자반구십이라는 성어처럼 백 리를 가는 사람에게 반은 오십 리가 아니라 구십 리다. 나머지 십 리의 여정은 십분의 일이 아닌 이분의 일, 즉 절반이다. 그 과정은 그만큼 힘들고 어려우므로 더욱 신중히 임하고 긴장의 끈을 놓아서는 안 된다는 말이다.

흙 한 삼태기로 이룰 수 있는 일

옛날 어떤 사람이 흙을 쌓아 9인仞 높이의 산을 만들기로 했다. 1인이 팔 척이니 9인은 장정 열 명의 키에 맞먹는 높이였다. 그는 비가 오나 눈이 오나 매일 멀리서 흙을 퍼와 산을 쌓았다. 그렇게 수고한 덕에 마침내 완공까지 마지막 한 삼태기의 흙만 남았는데 갑자기 아랫배가 아파오는 것이 아닌가. 더구나 날이 어둑해지더니 눈까지 내리기 시작했다. 그는 속으로 '딱 한 삼태기 분량이 아닌가. 내일 해도 무방하겠지' 생각하고는 집으로 돌아왔다.

문제는 그 뒤였다. 이 사람은 계속 한 삼태기면 끝나는 일이니 서둘 것 없다고 여겨 게으름을 피우기 시작했다. 결국 그의 삼태기에는 다시 흙이 채워지지 않았고, 그가 목표로 한 9인 높이의 산은 끝내 이루지 못했다.

《서경》에 나오는 이 이야기에서 '높은 산을 쌓는 데 흙 한 삼태기가 모자라 실패한다'는 뜻의 공휴일궤功虧一簣가 비롯되었다. 이것은 어떤 일을 거의 이루기 직전에 잠시 한눈을 팔아 전체 일을 그르치는 상황을 형용한다. 마지막 한 삼태기 분량의 작은 노력을 소홀히 해서 그간 쌓은 수고가 모두 물거품이 되어버린다면 얼마나 속상하겠는가! 안타깝게도 이런 일은 우리 주변에서 자주 일어난다. '이제 됐다'는 스스로의 방심과

'그만하면 슬슬 해도 돼'라는 주변의 부추김은 샴페인을 너무 빨리 터뜨리게 한다.

"마지막을 신중히 하기를 처음같이 할 수 있다면 잘못되는 일은 없을 것이다愼終如始, 則無敗事."

노자의 이 말처럼 마지막이기에 더욱더 처음과 같은 마음이 필요하다. 일이 막바지에 이르렀을 때 필요한 마음은 바로 초심임을 기억해야 한다. 마지막에 필요한 한 걸음, 마무리에 필요한 한 삼태기의 흙, 최후에 흘리는 땀 한 방울에 초심을 담아 기대한 목표를 너끈히 달성하기 바란다.

찾아보기 ▼

【 **공패수성** **功敗垂成** 】 거의 성공할 단계에서 실패하다. 여기서 수垂는 '근접하다'라는 뜻이다. 《삼국지》에 "거의 이루어진 공을 버리고 불의하다는 이름에 빠지게 되었다棄垂成之功, 陷不義之名"는 말이 나온다. 《진서》에는 "전략은 넉넉하건만 좋은 계책은 결과가 없었네. 수명은 어찌 그리 짧았는가, 공이 거의 이루어지다 실패하였다네廟算有餘, 良圖不果, 降齡何促, 功敗垂成"라는 글이 있다.

【 **전공진기** **前功盡棄** 】 앞의 공을 모두 버리다. 이전에 기울인 노력이나 얻은 성과가 모두 물거품이 되어버린 상황을 말한다. 《전국책》에 유세객 소려蘇厲가 위나라를 침공하려는 진나라 장수 백기를 "공의 공적은 이미 많습니다. 지금 공께서 또 진나라 병사를 데리고 변방을 넘어 주나라를 지나 한나라를 짓밟고 위나라를 공격하고자 하는데, 한 번의 공격이라도 성공하지 못하면 앞서 세운 공은 다 사라질 것입니다公之功甚多, 今公又以秦兵出塞, 過兩周, 踐韓, 而以攻梁, 一攻而不得, 前功盡滅"라는 말로 설득하여 공격을 멈추게 했다는 기록이 있다.

【 **훼우일단** **毁于一旦** 】 하루아침에 공이 전부 사라지다. 장기간 수고한 성과가 순식간에 사라지는 상황을 가리킨다. 《후한서》의 "백년 동안 쌓고 하루아침에 무너뜨린다百年累之, 一朝毁之"는 표현에서 나왔다. '동으로 흐르는 강물에 흘려보내듯 모든 성과가 사라져버렸다'는 뜻의 부지동류付之東流도 같은 의미로 활용한다.

【 **선시선종** **善始善終** 】 잘 시작하고 잘 마치다. 《장자》에 "젊어서도 잘하고 늙어서도 잘하고, 처음도 잘하고 나중도 잘한다善妖善老, 善始善終"는 표현이 있다. 유시유종有始有終, 유두유미有頭有尾, 선시령종善始令終으로 쓰기도 한다.

【 **시종여일** 始終如一 】 처음과 끝이 한결같다. 《순자》에 "일에 앞서 반드시 깊이 생각하고 그 생각한 일을 신중하게 펼치며, 마지막까지 신중히 하기를 처음과 같이하며, 나중과 처음이 한결같은 것을 일러 '대길'이라고 한다慮必先事而申之以敬, 愼終如始, 終始如一, 夫是之謂大吉"는 기록이 있다.

54

삼년지애

三年之艾

삼 년 묵은 쑥

중국 춘추전국시대는 천하의 패권을 차지하기 위한 각국의 쟁투가 끊임없이 벌어진 시기다. 전쟁으로 백성의 고난이 끝없던 이 시기에 맹자는 제후들에게 어진 정치, 인정仁政을 행하여 백성의 삶을 편안하게 해줄 것을 소리 높여 외쳤다.

칠 년의 병을 다스리려면

어느 날 제자가 맹자에게 물었다.

"스승님, 하나라 걸桀임금과 은나라 주임금은 어째서 천하를 잃었습니까?"

맹자가 대답했다.

"그건 매우 간단한 이유에서다. 그들은 폭정을 행하여 백성을 짐승처럼 부렸다. 그래서 민심을 잃었고 결국 천하를 잃었다."

제자가 계속 물었다.

"천하를 얻으려면 민심을 얻어야 한다는 말씀입니까?"

"그렇고말고. 민심을 얻지 못하면 천하를 얻는 일은 절대로 불가능하다. 은나라 탕왕과 주나라 무왕이 천하를 얻은 것도 모두 백성의 뜻을 따라 결국 백성의 지지를 얻은 까닭이 아니겠는가. 만일 지금 제후 중에 어떤 이가 어진 정치를 행하면 다른 나라 백성도 모두 자기 나라 임금을 버리고 그에게로 와 의지할 터이니 그러면 천하는 자연 그의 것이 된다."

맹자의 확신에 찬 말에 오히려 제자는 의구심이 커졌다.

'스승님 말대로 천하를 통일하는 방도가 이처럼 간단하다면 어째서 제후들 중에 이런 간단한 이치를 따르는 자가 없는 것일까?'

제자의 의혹을 눈치챈 맹자는 다음과 같이 말을 이었다.

"이것은 병을 치료하는 약과 같다. 예컨대 어떤 사람의 병이 칠 년이 되었다면 삼 년 묵은 쑥을 써서 치료해야 비로소 효험을 볼 수 있다. 쑥은 오래 말리면 말릴수록 약성이 강해지기 때문이다. 평소에 준비하지 않고 그때그때 되는 대로 쑥을 베어다 치료해봤자 긴 병에 필요한 약효를 얻기는 어렵다. 어진 정치 또한 이와 같다. 평상시에 백성의 삶에 관심도 성의도 없던 군주가 갑작스럽게 어찌 백성의 지지를 얻어 천하를 얻을 수 있겠는가. 천하를 얻고자 하는 군주라면 칠 년 된 병을 다스릴 삼 년 묵은 쑥을 준비하는 마음으로 해야 한다."

삼년지애, 큰일을 도모하려면 반드시 긴 안목을 갖고 많은 시간과 열정을 들여 준비해야 한다는 뜻이다. 이윤을 추구하는 기업도 마찬가지다. 맹자의 표현을 빌리자면 이렇게 말할 수 있다.

"지금 천하의 이利를 경영함에 왕 노릇을 하고자 하는 자가 있다면 칠 년 된 병을 다스릴 삼 년 묵은 쑥을 준비하는 마음으로 해야 한다."

일단 경제 불황이 닥치면 대개는 칠 년이나 앓아온 오랜 병처럼 쉽게 개선되지 않는다. 하지만 삼 년 묵은 쑥을 준비하듯 평소에 준비를 잘하고 대비해온 기업은 아무런 문제가 되지 않을 것이다. 오히려 남들이 겁을 내고 물러서는 거센 바람과 높은 파도를 이용해 더 빨리, 더 멀리 갈 수 있다.

'삼여'의 시간을 찾아내라

긴 안목으로 미리미리 준비하려면 어떻게 해야 할까? 남들이 당장의 이익에만 몰두하고 있을 때, 고개를 들어 멀리 바라보며 새로운 세계를 꿈꾸어야 한다. 이것이 바로 창의적인 사고이자 창의적인 삶이다. 그럼 그 창의성은 어디서 나올까? 바로 독서와 사색이다.

> 배우기만 하고 생각하지 않으면 혼란스러워지고, 생각만 하고 배우지 않으면 위태로워진다.
>
> 學而不思則罔 思而不學則殆.

공자의 이 말처럼 독서만 하고 사색하지 않으면 독서의 결과물이 진정 자신의 지혜가 되기 어렵다. 다른 한편으로 독서 없이 사색만 할 경우 공상으로 치달아 무용하고 위험해질 수 있다. 광범위한 독서로 동서고금의 지혜를 구하고, 깊은 사색으로 그 지혜를 자신의 현실에 적용하는 것이야말로 가장 바람직한 독서법이리라. 이런 독서법에서 가장 창의적인 사고와 창의적인 결과물이 나오는 법이다. 문제는 우리가 너무 분주해서 독서하고 사색할 시간이 없다는 데 있다. 조직을 이끌어가는 리더는 더 말할 나위가 없다.

삼여독서三餘讀書, 세 가지 남는 시간을 이용해 독서하라. 물론 독서에는 사색도 따라야 한다. 삼여는 바쁜 일상생활 중에 만나는 여유로운 시간을 가리킨다. 이것은 동한 말년 한나라

헌제獻帝의 시강관侍講官을 지낸 동우董遇가 한 말이다. 학문이 깊던 동우는 '유학의 으뜸'이라는 뜻의 유종儒宗이라 불렸는데, 그의 인격과 학문을 흠모한 많은 사람이 제자가 되고자 몰려왔다. 동우는 그들을 받아들이지 않고 이렇게 얘기했다.

"책이 본디 가장 좋은 스승이다. 굳이 나를 스승으로 모실 필요가 어디 있는가!"

그러자 어떤 사람이 대꾸했다.

"책을 읽을 시간이 어디 있기나 합니까?"

동우가 말했다.

"삼여를 이용해 책을 읽으면 된다."

"삼여라고요? 삼여가 뭡니까?"

동우가 자세히 설명하였다.

"겨울은 일 년 중에서 남는 시간이요, 밤은 하루 중에서 남는 시간이요, 비가 오는 날은 평소에 남는 시간이다. 이 '세 가지 남는 시간', 즉 삼여를 이용하면 되는데, 어찌 시간이 없다고 핑계를 대는가."

옛날 농경사회에서 겨울과 밤, 비가 오는 날은 모두 바쁜 일과에서 벗어나 한가롭게 지내는 시간이었다. 평소에는 자신이 해야 할 일에 최선을 다하고, 이 남는 시간을 활용해 독서하고 사색하면 된다는 가르침이다.

지금은 어떤 일에 종사하든 겨울, 밤, 비와 상관없이 일에서 벗어날 수 없는 것이 현실이다. 그래도 잘 찾아보면 자신만의 '여'가 있을 것이다. 예를 들면 주말, 이른 아침, 휴가, 출퇴근 시간, TV를 보는 시간 등이 있다. 이 시간에는 마음만 먹으면 얼마든지 독서와 사색을 할 수 있다.

자신의 '삼여'를 찾아내는 것은 일과 인간관계에 파묻혀 총총망망 좌충우돌 휩쓸리며 표류하는 현대인에게 꼭 필요한 일이다. 칠 년의 병을 치료할 삼 년 묵은 쑥을 준비하려는가? 그 준비는 분망한 생활 중에서 비어 있는 시간, 삼여를 찾아 독서하고 사색하는 것으로부터 시작할 수 있다.

찾아보기 ▼

【 **미한적신 未寒積薪** 】 추워지기 전에 땔감을 쌓아두다. 여기서 신薪은 '땔나무'를 뜻한다. 평안할 때 위태로운 시절을 생각해 미리 대비함을 강조하는 말이다. '항상 대비함을 게을리하지 않는다'는 뜻의 상비불해常備不懈, '칼과 창을 창고에 넣어두다'라는 뜻으로 전쟁이 없다고 대비하지 않는 안일한 태도를 경계하는 도창입고刀槍入庫도 모두 유비무환 정신을 일깨우는 성어다.

【 **개권유익** **開卷有益** 】 책을 펼치면 이익이 있다. 송태종은 유난히 독서를 좋아하였는데 과도한 독서로 건강을 해칠 것을 염려하는 신하들에게 그는 "책을 펼치면 유익하니 나는 힘들다 여기지 않는다開卷有益, 朕不以爲勞也"라고 말했다. 도연명은 아들에게 주는 글 〈여자엄등소與子儼等疏〉에서 "책을 펼치면 얻는 것이 있나니 너무 기뻐 밥 먹는 것조차 잊게 된다開卷有得, 便欣然忘食"고 썼다.

【 **수불석권** **手不釋卷** 】 손에서 책을 놓지 않다. 독서가 몸에 밴 것을 형용한 말이다.《삼국지》에 나오는 오나라 손권이 부하 장수 여몽呂蒙에게 독서를 권하며 한 말이다. 학식이 부족했던 여몽이 군무軍務가 바빠 독서할 틈이 없다고 하자 손권이 부드럽게 달래면서 말했다. "후한의 광무제는 그 혼란스러운 전쟁 통에도 손에서 책을 놓지 않았다光武當兵馬之務, 手不釋卷." 이에 분발한 여몽이 마침내 수준 높은 학식을 갖추자 여러 사람이 칭송했다. '선비는 사흘 뒤에 다시 만나면 상대방이 깜짝 놀라 눈을 비비며 상대할 수 있게 해야 한다'라는 뜻의 사별삼일 괄목상대士別三日 刮目相待는 바로 여몽이 한 말이다.

55

사택망처
徙宅忘妻

이사하면서 처를 잊어버리다

건망증이 심한 어떤 사람이 친구들과 같이 저녁을 먹는데 한 친구가 주말에 골프를 치자고 제안했다. 그는 "좋지, 잊어버리기 전에 적어두어야겠네" 하면서 수첩을 꺼내 적었다. 식사가 끝나고 헤어지기 전 골프를 제안한 친구가 말했다.

"자네, 다음 주 토요일 골프 약속 잊지 말어!"

그러자 이 남자는 수첩을 꺼내들더니 이렇게 말했다.

"어라? 나, 그날 선약이 있는데……."

이것은 인터넷에 떠도는 건망증 유머다. 나이가 들면 기억력이 점점 감퇴한다. 물론 생물학적 원인도 있겠지만 해야 할 일도, 생각해야 할 일도 많다 보니 어쩔 수 없이 소소한 건망증 증세가 늘어나기도 한다.

노나라 최고의 건망증

중국 춘추시대 노나라 애공哀公이 어느 날 공자를 만난 자리에서 이런 말을 했다.

"내가 어떤 글에서 건망증이 심한 사람의 얘기를 읽고 한참을 웃었소이다. 이 사람이 매사에 건망증이 심했는데 그 증세가 날로 심해져 마침내 새로 집을 얻어 이사하면서 마누라를 잊어버리고 옛 집에 두고 왔다오. 아무리 심해도 그렇지 실제로 이런 일이 있을 수 있겠소?"

아마도 공자와의 대화에서 오는 과도한 부담을 지우려고 가벼운 우스갯말을 던진 것이 아닌가 싶다. 그런데 공자의 반응은 의외로 진지하였다.

"그 정도는 아무것도 아닙니다. 더 심한 사람도 있습니다. 마누라가 아니라 자기 자신조차 잊어버린 사람 말이지요."

"그대가 무슨 할 말이 있는 것 같소."

공자가 엄숙한 어조로 말을 이었다.

"하나라의 폭군 걸이나 주나라의 폭군 주 같은 사람이 자기 자신마저 잊어버린 최고의 건망증 환자입니다. 황음무도하고 극력사치하며 주지육림 속에서 나라를 잊고 백성을 잊고 마침내 자신이 한 나라의 임금이라는 사실마저 잊어버린 것이지요. 이들이야말로 최고의 건망증 환자가 아니겠습니까?"

《공자가어》에 전하는 이 이야기에서 비롯된 성어가 '이사하면서 처를 잊어버리다'라는 뜻의 사택망처다. 일을 황당하고 어리석게 처리하거나 건망증이 심해 일을 그르치는 사람을 가리키는 말로 쓰인다. 마누라를 잊은 사람이야 다시 가서 데려오면 그만이지만 한 나라의 국정을 맡은 최고 책임자가 자신이 누구인지 잊으면 그 결과는 돌이킬 수 없는 참혹한 재난으로 돌아온다. 그 재난에 따른 고통은 고스란히 백성의 몫이다.

건망증과 관련해 자주 활용하는 또 다른 성어가 귀인다망사貴人多忘事다. 이는 귀인은 잊는 일이 많다는 뜻이다. 건망증이 심한 사람을 은근히 비꼬는 이 표현은 본래 사람이 높은 지위를 얻거나 부유해지면 어렵고 가난한 시절을 함께한 주변 사람을 쉽게 잊는다는 말이다. "부해지면 마누라를 바꾸고, 귀해지면 친구를 바꾼다富易妻, 貴易友"는 오랜 중국 속담도 모두 이런 오만하고 부도덕한 건망증을 반영한 말이다.

거나라를 잊지 말라

춘추오패 중 하나인 제나라 환공 때의 일이다. 능력이 출중한 관중을 재상으로 삼아 국정을 개혁한 환공은 경제를 일으키고 강력한 군대를 길러 제나라를 부강하게 만들었다.

어느 날 환공이 자신의 최고 국정 파트너인 관중, 포숙鮑叔, 영척甯戚 세 사람을 불러 잔치를 열었다. 분위기가 한창 무르익자 환공이 포숙에게 말했다.

"이 자리는 경들의 노력으로 나라가 평온하고 백성이 부유해졌기에, 그간의 노고를 치하하는 뜻에서 베푸는 것이오. 그런데 포숙 경은 어째서 한 말씀도 없는 게요? 일어나 축하의 말 한마디 하십시오."

그러자 포숙이 일어나 잔을 들고 축수하더니 먼저 환공을 향해 말했다.

"공께서는 거국莒國으로 도망갔던 시절을 잊지 않길 바랍니다!"

다음으로 관중을 향해 말했다.

"경은 노나라에서 포박당했던 일을 잊지 않길 바랍니다!"

마지막으로 당시 농정을 이끌며 제나라를 부유하게 만드는 일에 발군의 실력을 발휘하고 있던 대부 영척에게도 축수하며 말했다.

"경은 소를 먹이며 수레 아래서 잠자던 시절을 잊지 않길 바랍니다!"

환공은 제나라의 임금이 되기까지 큰 어려움을 겪었다. 제나라에 변란이 일어나 급히 이웃나라인 거나라로 피신하여 10년이 넘는 긴 세월 동안 고달픈 망명 생활도 했다.

관중은 제나라의 재상이 되기 전에 노나라에서 죄수로 포박당하는 가혹한 운명을 겪어야 했다. 노나라를 등에 업고 나선 권력 다툼에서 환공에 맞서 싸우다 패해 노나라에서 죄수의 몸이 된 것이다. 그 절망적인 상황에서 친구 포숙의 도움으로 살아남아 제나라를 최강의 나라로 만드는 데 일등 공신이 되었다.

대부 영척은 본시 위나라 사람이었다. 그는 환공이 임금이 되었다는 소식을 듣고 제나라로 가고자 했으나 너무 가난하여 여비조차 없었다. 그는 제나라로 가는 상단의 소달구지 끄는 일을 자청해 어렵게 제나라로 향했다. 그가 제나라 성문 밖에서 소를 먹이고 있을 때 마침 환공 일행이 지나갔다. 갑작스레 기회를 잡은 영척은 자신이 먹이던 소의 뿔을 두드리면서 큰 소리로 노래를 불렀다.

"살아서 요순을 만나지 못한 채 저녁부터 오밤중까지 여물을 주는구나. 이 긴긴 밤이여, 언제나 새벽이 오려나!"

환공이 노랫소리를 듣고 그를 기인으로 여겨 불러서 함께 이야기를 나누었다. 영척의 예리한 천하정세 분석과 제나라 국정을 파헤치는 탁월한 견해를 들은 환공은 그를 농정 분야의 최고 책임자로 파격 기용했다. 제나라가 경제적으로 크게 윤택해진 데는 이 영척의 힘이 컸다.

포숙은 서로의 노고를 치하하는 즐거운 잔치 자리에서조차 거나라에서 보낸 망명 시절, 노나라에서 죄수로 지낸 시절, 소여물을 먹이며 수레 밑에서 자던 험난한 시절같이 가장 힘들고 어렵던 날이 주는 교훈을 잊어서는 안 된다고 주문한 것이다. 포숙의 이러한 건배사를 들은 환공이 포숙에게 절하면서 말했다.

"과인과 경들이 모두 지금 포숙이 한 말을 잊지 않는다면 제나라 사직은 결코 위태로워지지 않을 것이오."

이 이야기에서 비롯된 성어가 '거나라에서 살던 시절을 잊지 말라'는 뜻의 물망재거勿忘在莒다. 과거에 겪은 험한 시절이 주는 교훈을 잊지 말라는 뜻이다. 중국 공산당에 패해 대만으로 쫓겨간 국민당 영수 장제스蔣介石가 좌우명으로 삼은 성어가 바로 물망재거라고 한다. 대륙 수복을 꿈꾼 장제스에게 대만은 고통스런 거나라였던 셈이다.

고생 끝에 얻은 성공은 비할 데 없이 소중하다. 그 성공의 열매를 지속적으로 누리려면 고생이 준 깊은 교훈을 잊어서는 안 된다. 함께 고생해서 좋은 집을 마련하고는 마누라를 덜렁 잊어버리는 어리석은 건망증을 보여서야 되겠는가? 여러분이 잊지 말아야 할 '거나라 시절'은 무엇인가? 한번쯤 돌아보는 시간을 갖길 바란다.

찾아보기 ▼

【 **음수사원** 飮水思源 】 물을 마실 때마다 그 근원을 생각하다. 이 말은 근본을 잊지 않는다는 뜻이다. 북주北周 유신庾信의 《징조곡徵調曲》에 "열매가 떨어지면 그 나무를 생각하고, 물을 마시면 그 근원을 생각한다落其實者思其樹, 飮其流者懷其源"는 표현이 있다. 작수지원酌水知源으로 쓰기도 한다.

【 **수전망조** 數典忘祖 】 전해오는 제도는 잘 헤아리면서 그 제도를 만든 조상은 잊어버리다. 이는 자신의 근본을 잊었음을 풍자하는 말이다. 좌구명의 《좌전》에 나오는 이야기에서 비롯되었다. 춘추시대 주나라 경왕景王이 진晉나라 대부 적담籍談에게 왜 주나라에 공물을 바치지 않는지 물었다. 적담은 진나라가 주나라에서 하사받은 것이 없어서 공물을 바치지 않는 것이라고 응수

했다. 그러자 주경왕은 과거 주나라 왕실에서 진나라 조정에 하사한 온갖 기물과 전례를 열거하며 적담을 궁지에 몰아넣었다. 적담이 대답하지 못하고 물러가자 주경왕이 말했다. "적담은 후손도 없단 말인가? 조상의 전례는 헤아리면서 정작 그 조상은 잊어버렸도다籍父其無後乎, 數典而忘其祖!"

56

거안사위
居安思危

편안한 시절에 위태로운 때를 생각하다

하늘에 먹장구름 끼고 큰 비 몰려오기 전에
저 뽕나무 뿌리를 물어다가
창과 문을 튼튼하게 만들어두리니
이제 저 아래 있는 사람들이
어찌 나를 업신여기랴.

《시경》〈치효鴟鴞〉에 나오는 시다. 공자는 "이 시를 지은 사람은 참으로 도를 알고 있는 사람이다. 이렇게 나라를 다스린다면 누가 감히 업신여기랴" 하고 얘기한 적이 있다. 이 시는 큰 비가 오기 전에 둥지를 수리하는 새에 빗대, 군주가 나라를 다스릴 때 위태로운 시절에 미리미리 대비할 것을 요청하고 있다. '비오기 전에 보수하다'라는 뜻의 성어 미우주무未雨綢繆로도 알려져 있다.

이 시를 지은 사람이 누구일까? 바로 공자가 성인으로 추앙하고 흠모하며 꿈속에서라도 보고 싶어한 주공周公이다. 주공은 은나라의 폭정을 평정하고 천하를 차지한 주나라 무왕의 동생이다. 그는 무왕을 도와 나라의 기틀을 세우고 이후 무왕의 아들 성왕을 보필하여 정사를 돌본 훌륭한 인물이다. 주공이 이 시를 짓게 된 데는 역사적 배경이 있다.

복에는 화가 숨어 있으니

주나라 무왕은 은나라를 멸한 뒤 동생인 관숙管叔, 채숙蔡叔, 곽숙霍叔 세 사람에게 은나라 유민을 관리하게 했다. 이들은 세 명의 감독이라는 뜻의 삼감三監으로 불렸다. 후에 무왕이 죽고 그의 아들 성왕이 보위에 올랐다. 성왕의 나이가 어렸던 탓에 숙부인 주공이 섭정을 맡았다. 이에 주공의 권력이 커지는 것을 염려한 삼감은 각종 유언비어를 만들어 주공이 어린 성왕을 해치려 한다고 음해했다.

주공은 오해를 불식하기 위해 잠시 일선에서 물러나 칩거했는데, 얼마 뒤 삼감이 은나라의 왕자 무경武庚과 연합해 반란을 일으켰다. 나라의 존망이 달린 위태로운 상황에서 주공은 군대를 이끌고 동쪽으로 가서 반란을 평정했다.

앞서 인용한 시는 전쟁에서 승리하고 돌아온 후 주공이 어린 성왕에게 지어 올린 것이다. 이 시는 역대로 많은 사상가와 정치가가 자주 인용했다. 맹자 역시 이 시를 인용하고 나서 다음과 같이 말했다.

"어진 자가 벼슬에 있고 능력 있는 자가 직무를 맡으면 나라는 한가하여 태평해진다. 이렇게 나라가 한가한 때 각종 정치제도와 사법제도를 바로잡는 데 힘쓰면 어떤 강대국이든 그 나라를 반드시 두려워할 것이다."

이러한 주공, 공자, 맹자의 생각을 한마디로 표현한 것이 '편안한 시절에 위태로운 때를 생각하라'는 뜻의 거안사위居安思危다. 잘나갈 때 그 성과에 도취해 자만하지 말고 항상 다음에 찾아올 위기에 대비해야 한다. 리더는 조직구성원이 현재의 성과에 환호할 때 그 환호성 너머에 있을지도 모를 위기의 조짐을 항상 염두에 두어야 한다. 노자도 "화에는 복이 기대고 있고, 복에는 화가 숨어 있다禍兮福之所倚, 福兮禍之所伏"고 하지 않았는가.

나무가 크게 자라고 물길이 멀리 흐르려면

중국 최고의 현군 당태종이 어느 날 신하들을 모아놓고 일장 연설을 했다.

"나라를 다스리는 것은 병을 치료하는 것과 같소. 치료해서 병이 나았더라도 잘 보양해야 하오. 다 나았다고 함부로 방종하다가 병이 재발하기라도 하면 그때는 치료가 어려워지오. 지금 나라는 안정되었고 사방의 오랑캐 역시 모두 굴복해 역사상 유례없는 태평한 시절이 되었소. 하지만 나는 매일 조심하고 또 조심하고 있소. 이 태평 시절이 오래도록 지속되지 못할까 두렵기 때문이오. 그러니 경들이 정치가 그릇되지 않도록 내게 자주 간언해주기를 부탁하는 바이오."

이때 태종이 자신을 비추는 거울 같은 존재라고 칭찬한 현신 위징이 나서서 말했다.

"폐하, 신은 나라가 태평해진 것이 기쁜 게 아니라 폐하께서 태평한 시절에 위태로움을 생각할 줄 아는 '거안사위'의 현군이 되신 것이 기쁩니다."

위징의 말이 계속되었다.

"나무가 크게 자라기를 바라는 사람은 그 뿌리를 굳게 세우고, 물길이 멀리 흘러가기를 바라는 사람은 그 샘의 근원을 깊이 파야 하듯, 나라가 편안해지기를 바라는 사람은 반드시 그 덕을 두텁게 쌓아야 합니다. 샘을 깊이 파지도 않고 물이 멀리 흘러가기를 기대하고, 뿌리를 굳게 세우지도 않고 나무가 크게 자라기를 바라며, 덕을 두텁게 하지 않고 나라가 편안해지기를 원하는 것은 어리석은 저도 그것이 불가능하다는 것을 아는데 하물며 명철한 폐하께서 모르시겠습니까? 막중한 천하를 맡은 임금이 편안한 시절에 위태로움을 생각하지 않는다면 그리고 사치를 경계하고 검약할 줄 모른다면, 이는 뿌리를 잘라내고 나무가 무성하기를 바라는 격이요 샘의 근원을 막아버리고 물길이 멀리 흘러가기를 바라는 것과 같습니다."

여러분은 지금 평안한 시절을 보내고 있는가. 그렇다면 참으로 축하받을 일이다. 그 평안은 아마 여러분 스스로의 땀과 노력으로 얻은 열매일 것이다. 만약 여러분이 조직의 운명을 결정하는 리더의 자리에 있다면 평안한 시절을 평안하게만 보내서는 안 된다. 평안 너머의 위태로움을 생각하는 것은 리더의 의무이자 숙명이다.

찾아보기 ▼

【 **안불망위**安不忘危 】 편안할 때 위험을 잊지 않는다. 《주역》에 "군자는 편안해도 위험을 잊지 않고, 생존해도 멸망할 것을 잊지 않으며, 다스려져도 어지러워질 것을 잊지 않나니 이로써 자

신을 편안케 하고 나라와 집안도 보전한다君子安而不忘危, 存而不忘亡, 治而不忘亂, 是以身安而國家可保也"는 내용이 나온다.

【 **방미두점**防微杜漸 】미세할 때 방지해서 점점 스며드는 것을 막다. 이는 나쁜 생각이나 그릇된 일을 초기에 싹을 잘라 더 이상 자라지 못하도록 한다는 뜻이다.《후한서》에 실린 정홍丁鴻이 황제에게 올린 상소문에 다음과 같은 기록이 있다. "만일 황제께서 신중히 정치하고 스스로를 책망하며 화란의 싹을 미리 잘라 버린다면 흉악하고 요사한 무리는 소멸될 것이요, 해는 사라지고 복이 이를 것입니다若敕政責躬, 杜漸防萌, 則凶妖銷滅, 害除福湊矣."

【 **임갈굴정**臨渴掘井 】갈증을 느끼고 우물을 판다. 평소에는 아무런 준비 없이 지내다가 사건이 터진 후에야 비로소 허둥지둥 방법을 찾는다는 뜻이다.《황제내경黃帝內經》에 이와 관련된 내용이 있다. "병이 이미 생긴 후에 약을 찾고, 이미 어지러워진 후에 다스리려 하는 것은 갈증을 느낀 연후에 비로소 우물을 파고 싸움이 벌어진 후에 무기를 만드는 것과 같으니 어찌 늦은 것이 아니라夫病已成而後藥之, 亂已成而後治之, 譬猶渴而穿井, 鬪而鑄錐, 不亦晚乎!"

57

안도색기
按圖索驥

그림을 보고 천리마를 구하다

그 아버지에 그 아들을 한자로 표현하면 무엇일까? '시부시자是父是子'이다. 훌륭한 아버지 밑에 훌륭한 아들이 있다는 뜻이다. 송나라 때 '삼소三蘇'로 일컬어졌던, 중국 문학사에서 당과 송을 통틀어 가장 글을 잘 썼던 여덟 사람을 뜻하는 당송팔대가에 속한 소순蘇洵과 그의 두 아들 소식蘇軾, 소철蘇轍을 일컫는 말에서 비롯했다. 많은 사람들이 이들 삼부자를 '시부시자'라 칭하며 부러워하는 것은 그만큼 아버지와 아들이 세대를 연이어 훌륭한 이름을 남기기가 어렵다는 것을 말해준다. 훌륭한 아버지의 위대함을 계승하지 못했던 두 아들의 안타까운 사연을 소개한다.

천리마 감별사 백락의 아들 이야기

춘추전국시대 백락은 말을 한 번 보기만 해도 그 말이 하루에 얼마나 달릴 수 있는지 알아낼 만큼 감식안이 대단했다. 천리마 감별사라는 백락의 지위는 역사 속에서 그야말로 부동의 자리에 있다.

나이가 들자 백락은 자신의 경험을 정리해 천리마를 감별하는 책을 냈다. '말을 살피는 경서'라는 뜻의 《상마경相馬經》이다. 여기서 상相은 '서로'가 아니라 '자세히 살피다'라는 뜻이다. 백락에게는 노년에 얻은 어린 아들이 하나 있었다. 백락이 《상마경》을 쓰고 있을 때 그 아들이 책에 큰 관심을 보였다. 아들은 자신 역시 아버지처럼 말 전문가가 되겠다는 생각으로 《상마경》의 몇 조목을 열심히 읽고 외웠다. 그리고는 속으로 '이만하면 나도 전문가가 된 것이나 다름없다'고 여기며 자신의 능력을 인정받을 기회를 기다렸다.

하루는 그가 길을 가다가 큰 두꺼비 한 마리를 발견하였다. 가만히 두꺼비를 관찰하던 아들은 탄성을 지르면서 말했다.

"이게 바로 천리마가 아닌가! 이마가 각이 지고 높으며, 눈은 크고 빛이 나며, 발목은 가늘지만 힘이 있으니 아버지의 책에서 말한 천리마의 조건과 완전히 일치한다. 드디어 천리마를 찾았다!"

그는 두꺼비를 잡아 한걸음에 집으로 돌아와서는 아버지 백락에게 말했다.

"아버지, 제가 드디어 천리마를 찾았어요! 아버지가 책에서 말한 천리마의 조건과 똑같아요."

백락이 기가 막혀 한참을 아무 말도 하지 않다가 이 우둔한 아들에게 한마디했다.

"아들아, 이 천리마는 잘 뛰기는 하겠다만 그 등에 사람이 타기는 어렵지 않겠느냐!"

이 콩트 같은 이야기에서 비롯된 성어가 '그림을 보고 천리마를 구하다'는 뜻의 안도색기다. 교조적인 원리원칙에 매여 융통성 없이 고지식하게 일을 처리하다 결국 실패하는 경우를 의미한다. 현장의 다양한 경험은 무시하고 자신이 알고 있는 원리원칙만 고집해 두꺼비를 천리마라 우기는 어리석은 사람을 비유하기도 한다.

조나라 명장 조사의 아들 이야기

전국시대 조趙나라 효성왕孝成王 때 진秦나라 대군이 조나라에 쳐들어왔다. 백전노장 염파가 이끄는 조나라 군대와 명장 백기가 이끄는 진나라 군대가 장평長平에서 맞부딪쳤다. 정면으로 맞서면 승산이 없다고 판단한 염파는 성문을 굳게 걸어 잠그고 진나라 군대가 지치기만 기다렸다.

아무리 도발해도 조나라 군대가 도무지 싸움에 응하지 않자 진나라는 이간계離間計를 써서 거짓 소문을 퍼트렸다.

"지금 총사령관 염파는 겁쟁이니 전혀 걱정할 필요가 없다. 우리가 두려워하는 것은 명장 조사의 아들 조괄趙括이 군대 총사령관이 되는 것이다."

조괄은 어려서부터 아버지 조사에게 적지 않은 병법서를 익혔다. 병법을 논할 때는 사리가 분명하고 언변이 유창하여 때로는 아버지조차도 그를 굴복시키기가 어려울 정도였다. 하지만 아버지 조사는 아들의 능력을 인정해주지 않았다. 아내가 까닭을 묻자 조사가 말했다.

"전쟁은 목숨을 거는 일이 아닌가. 한데 이 아이는 전쟁을 너무 가볍게 여기고 있네. 조나라에서 이 아이를 쓰지 않으면 그만이겠으나 언젠가 이 아이에게 병권을 맡기면 조나라 대군을 망칠 사람은 바로 우리 아들일 걸세."

조사가 걱정한 대로 진나라의 이간계에 넘어간 조나라 왕이 조괄을 총사령관에 임명하려 했다. 충신 인상여가 왕에게 반대의견을 전했다.

"조괄이 군대를 지휘하게 하면 틀림없이 실패할 것입니다.

조괄은 그저 자기 아버지 조사의 병서에 적힌 전략만 익혔을 뿐이며 근본적으로 임기응변의 능력이 없는 자입니다."

하지만 왕은 인상여의 말을 듣지 않고 조괄을 보내 염파를 대신하게 했다.

조괄은 군대를 접수하자마자 전장의 상황을 고려하지 않고 과거 병법서에서 배운 그대로 수비 위주에서 공격 위주로 전략을 바꾸었다. 그는 진나라 백기의 거짓 후퇴에 속아 깊숙이 쳐들어갔다가 고립되었다. 보급부대의 지원이 끊긴 상태로 포위되어 40여 일을 버티던 그는 결국 화살에 맞아 전사하였다. 총사령관이 죽자 수십만 병사가 그대로 진나라에 투항했는데, 포악한 진나라 군대는 이들을 그대로 생매장해버렸다. 이 전쟁으로 조나라는 거의 망할 지경에 이르고 말았다.

《사기》〈염파인상여열전〉에 수록된 조괄의 이야기에서 비롯된 성어가 '지면에서 병법을 논하다'라는 뜻의 지상담병紙上談兵이다. 이 성어는 실제 상황과 연계하지 않고 공허한 이론에 입각한 탁상공론만 일삼는 태도를 가리키는 말이다. 급박하게 돌아가는 현장에서는 상황 변화에 따라 발 빠르게 대처하는 임기응변 능력이 절대적으로 필요하다. 이러한 임기응변 능력이 풍부한 현장 경험에서 비롯된다는 불변의 진리를 망각하면 일을 그르칠 확률이 높다.

창업創業도 어렵지만 그 창업을 지키는 수성守成은 훨씬 더 어렵다고 한다. 이것이 그 아버지에 그 아들이라는 시부시자가 힘든 이유다. 백락과 조사는 풍부한 현장 경험에 기초하여 이론을 만들고 전략을 세웠다. 그 이론과 전략은 그들의 명성과 업적에 기대 막강한 권위를 얻었다. 그런데 아들이 아버지가 세운 이론의 권위에만 의지하고 새로운 환경에 걸맞은 전략을 개발하는 데 소홀하면 결국 수성에 실패하고 만다. 끝없는 자기 혁신을 요구하는 이 시대에 선대의 이론과 방식이 현장의 요구를 담아내지 못하는 것은 아닌지 한번 점검해보기 바란다.

찾아보기 ▼

【 **인순수구因循守舊** 】 늘 하던 방식대로 옛것을 고수하다. 《한서》〈순리전서循吏傳序〉에 "오로지 늘 하던 방식대로 자신의 직무만 지키면서 바꾸어 하는 일이 없다光因循守職, 無所改作"는 말이 있다.

【 **고보자봉故步自封** 】 옛 걸음걸이로 스스로를 제한하다. 고보故步는 옛 걸음걸이로 이전부터 시행해온 옛 법을 가리킨다. 봉封은

일정한 범위 안에 있도록 제한한다는 말이다. 결국 고보자봉은 현재 상태에 안주해 한걸음도 더 나아가지 않는 자세를 의미한다. '걸음걸이를 고정해 스스로 제한하다'라는 뜻의 고보자봉固步自封으로 쓰기도 한다. 곽말약郭沫若의《굴원屈原》에 "당신은 마음이 넓고 성격이 온화합니다. 세상을 따라 부화뇌동하지도 않고 스스로의 옛 법에 얽매이지도 않습니다你心胸開闊, 氣度那麼從容. 你不隨波逐流, 也不故步自封"라는 표현이 있다.

【 **독수일치**獨樹一幟 】 홀로 깃발 하나를 세우다. 다른 사람들과 달리 스스로 일가를 이룬 것을 말한다. 청나라 원매袁枚의《수원시화隨園詩話》에 "구양수는 한유의 글을 배웠으나 그 글이 한유와 완전히 같지 않았으니 이것이 당송팔대가 중에서 홀로 깃발 하나를 세운 까닭이다歐公學韓文, 而所作文全不似韓, 此八家中所以獨樹一幟也"라는 말이 나온다. 루쉰의《차개정잡문이집서且介亭雜文二集序》에 "지금은 모두 홀로 깃발 하나를 세워야 하리니 모두가 용속함을 증오하는 깃발을 들어야 한다這時候, 凡是要獨樹一幟的, 總打著憎惡庸俗的幌子"는 표현이 있다.

58

비육부생
髀肉復生

허벅지 살이 다시 오르다

산과 들이 푸른 불처럼 타오르는 신록의 계절 한복판에 서면 우리는 신록의 거대한 함성을 듣게 된다. 청춘처럼 뜨겁게 꿈을 향해 진군하라는 자연의 힘찬 행진곡을 말이다. 그런데 정작 힘차게 달려 나가야 할 우리의 몸은 영 예전 같지가 않다. 군데군데 군살이 붙어 더 이상 청춘의 날렵한 몸이 아니다. 배는 불룩 나왔고 가슴팍은 홀쭉하게 줄었다. 젊은 시절 꿈꾸었던 이상은 여전히 멀리에만 있는데 그 꿈을 향해 달려갈 우리의 다리는 더 이상 옛날의 준족이 아니다.

유비의 허벅지

《삼국지》의 영웅 유비는 조조에게 대패한

뒤 오갈 데가 없자 참모들의 권유를 받아들여 남쪽 형주를 차지하고 있던 유표劉表에게 의탁했다. 한나라 왕실의 종친인 유비의 이름을 흠모하고 있던 유표는 그를 흔쾌히 받아주었고 불편함이 없도록 여러모로 돌봐주었다. 오랫동안 전장을 떠돌며 고생한 유비는 유표의 환대와 후의 속에서 평안한 나날을 보냈다. 하지만 그것도 잠시 천하를 가슴속에 담고 있던 유비는 형주에서 지내는 것이 마치 우리 안에 갇힌 맹수인 양 답답하기 그지없었다.

어느 날 유표가 유비를 청해 함께 술잔을 기울였다. 이런저런 이야기를 나누며 술이 깊어지고 대화가 무르익을 무렵, 잠시 변소를 다녀온 유비의 얼굴에 눈물 자국이 선명했다. 전에 없던 일인지라 유표가 깜짝 놀라 물었다.

"현덕 아우, 무슨 일이오? 예서 지내는 데 무슨 불편한 점이라도 있는 거요?"

그 말을 듣자 유비는 더욱 상심한 얼굴로 길게 탄식하며 대답했다.

"형님께서 이리 잘 대해주시는데 무슨 불편함이 있겠습니까? 오히려 너무 편하게 지내다 보니 이렇게 한숨이 나오는 것입니다. 지난 시절 저는 전장을 전전하느라 한시도 말안장을 떠난 적이 없습니다. 그래서 허벅지의 살이 모두 닳아 없어질 정도로 홀쭉했지요. 그런데 오늘 잠시 변소에 가서 제 허벅지를 보니 그동안 아무런 전쟁도, 싸움도 없이 호의호식하며 편안히 지낸 덕에 쓸모없는 군살만 더덕더덕 붙었습니다. 세월은 날아가듯 지나는데 이렇게 아무런 공업도 이루지 못한 채 허벅지 군살만 늘리며 늙어가는 제 모습에 저도 모르게 눈물이 흘렀습니다."

이 말을 들은 유표는 조조가 천하의 영웅을 논하면서 조조 자신과 유비를 당세의 영웅으로 지목한 이야기를 꺼내며 유비의 마음을 위로해주었다.

이 이야기에서 비롯된 성어가 '허벅지 살이 다시 오르다'라는 뜻의 비육부생이다. 이 말은 뜻을 이루지 못한 채 오랫동안 안일한 생활에 젖어 세월을 허송하는 상황을 가리킨다. 동시에 허송세월을 반성하고 무언가 의미 있는 일을 새롭게 시작하려고 굳게 마음먹는 상황에 쓰이기도 한다. 유비는 비육부생의 탄식을 계기로 자신의 원대한 꿈이 안락한 삶에 잠식되지 않도록 정신을 차리고 때를 준비하였다. 결국 그는 삼고초려 끝에 제갈공명을 얻고 한 왕실의 중흥이라는 꿈을 실현하는 데 한 발 더 다가설 수 있었다.

여러분의 허벅지 살은 어떠한가? 안락한 삶에 길들여져 지난날 품었던 소중하고 원대한 꿈을 잊은 것은 아닌가?

망국 군주 유선의 즐거움

유비가 죽은 뒤 그 뒤를 이은 후주 유선은 통치자로서 자질이 많이 부족한 사람이었다. 유비의 유촉을 받은 제갈량이 진력을 다해 보좌한 덕분에 촉나라는 그런대로 유지되었으나 오장원에서 제갈량이 죽은 이후 유선의 통치는 금방 한계를 드러냈다. 결국 위나라 대군 앞에서 변변히 저항 한번 해보지 못하고 항복한 유선은 위나라 수도 낙양으로 끌려갔다.

당시 위나라의 권력을 잡고 있던 사마소司馬昭는 유선을 안락공安樂公에 봉하고 살 집과 비단 만 필, 남녀 종 백 명을 주었다. 유선이 사마소의 너그러운 처사에 감사하며 찾아가 인사하자 사마소가 잔치를 열어 그를 대접하였다. 사마소는 유선의 마음을 떠보기 위해 먼저 위나라 음악을 들려주고 춤을 보여주었다. 그러자 유선을 따라온 촉의 벼슬아치들은 모두 괴로워하는 기색이 역력했으나 유선만은 아무렇지도 않은 양 혼자 즐거워했다. 이번에는 촉의 음악을 들려주며 반응을 살폈다. 촉의 벼슬아치들은 모두 눈물을 흘렸지만 유선은 여전히 별일 없다는 듯 웃고 떠들었다. 사마소가 주변 사람들에게 말했다.

"사람이 생각이 없다 해도 어찌 저 같을 수가 있는가. 설령 제갈공명이 살아 있어 도왔다 해도 저런 됨됨이로는 나라를 오래 지켜내지 못했을 것이다."

사마소는 유선을 향해 물었다.

"촉이 그립지 않으시오?"

유선이 망설임도 없이 대답했다.

"이곳에서 즐겁게 지내다 보니 그곳이 생각나지 않습니다."

사마소는 기가 막혀 헛웃음을 지을 뿐이었다. 잠시 뒤 촉에서 따라온 신하 극정郤正이 유선에게 가만히 충고하였다.

"폐하께선 어째서 즐거워 촉이 생각나지 않는다고 하셨습니까? 만약 사마소가 다시 물으면 울면서 이렇게 대답하십시오. '선친의 묘소가 멀리 촉 땅에 있으니 서쪽만 바라보아도 슬픕니다. 하루하루 생각나지 않는 날이 없습니다.' 그렇게 하면 사마소가 반드시 폐하를 풀어주고 촉으로 돌아가게 해줄 겁니다."

한참 후에 사마소가 다시 물었다.

"정말로 촉이 그립지 않으시오?"

유선은 얼굴 가득 슬픈 표정을 하고 극정이 일러준 대로 대답했다. 그러자 사마소가 의아해하며 물었다.

"그런데 어째서 그대가 하는 말이 극정의 말투와 똑같은 게요?"

유선이 깜짝 놀라 사마소를 쳐다보며 말했다.

"어떻게 아셨습니까? 사실 극정이 일러준 말입니다."

좌우에 있던 모든 사람이 폭소를 터트리며 웃었다.

여기서 비롯된 성어가 '즐거워서 촉을 생각하지 않는다'는 뜻의 낙불사촉樂不思蜀이다. 안락한 환경에 빠져 원래 돌아가야 할 곳도 잊은 상황을 가리킨다. 안일한 삶에 길들여져 원래 추구하던 일, 소중히 여긴 꿈을 다 잊어버린 사람은 후주 유선처럼 낙불사촉하는 것이나 다름없다.

늘어진 뱃살 때문에 걱정인가? 건강을 위해서라도 뱃살을 줄여야겠지만, 비육부생으로 탄식한 유비를 떠올리며 뱃살 줄이기를 새로운 의미 있는 일의 출발점으로 삼는 것은 어떨까? 후주 유선의 낙불사촉 고사를 떠올리며 평안한 삶의 덫에 빠진 우리의 꿈을 한번쯤 생각해보는 것은 어떨까?

찾아보기 ▼

【 **광음허도 光陰虛度** 】 광음을 헛되이 보내다. 아무 하는 일 없이 시간만 보낸다는 뜻이다. 호남성 지방의 연극인 상극湘劇 중 《사범思凡》

에 "그는 내가 광음을 헛되이 보내며 청춘을 허비하고 있다고 비웃었다他笑我光陰虛度青春蹉"라는 표현이 나온다. 같은 말로 세월차타歲月蹉跎가 있다. 여기서 차타蹉跎는 '헛디디다'라는 뜻으로 세월차타는 헛되이 세월만 보낸다는 의미다. 명나라 허삼계許三階의 《절협기節俠記》에 "당신과 나는 영남에서 정처 없이 떠돌았느니, 세월만 헛되이 보내며 소식도 끊겼소你我蓬飄嶺南, 歲月蹉跎, 音書斷絕"라는 표현이 있다.

【 **낙이망반樂而忘返** 】 즐거움에 취하여 돌아갈 것을 잊다. 진晉나라 역사서 《진서》에 "부견이 일찍이 업에 갔는데, 서산에서 사냥하며 열흘이 넘도록 즐거워 돌아갈 줄을 몰랐다堅嘗如鄴, 狩於西山, 旬餘, 樂而忘返"는 기록이 있다. 청나라 작자미상의 단편소설 《서호가화西湖佳話》에는 "무릇 서호에서 노니는 사람들은 모두 즐거워 돌아갈 것을 잊는다. 그래서 사람들마다 찬탄하며 말하기를 '서호에 가서 한번 놀면 필부일지라도 신선이 된다'고 하였다凡遊西湖者, 都樂而忘返. 所以有人贊道, 若往西湖遊一遍, 就是凡夫骨也仙"는 기록이 있다. 같은 뜻의 유련망반流連忘返도 많이 쓰인다.

59

공재불사

功在不舍

성공은 포기하지 않음에 달려 있다

새롭게 시작한 일이 순조롭게 잘 진행되고 있는가? 당초의 계획대로, 혹은 계획 이상으로 일이 순조롭게 풀려나간다면야 더 바랄 것이 없겠지만, 예기치 못한 돌발 상황이 생겨 처음 생각과는 다르게 어려움을 겪는 경우도 많을 것이다. 부진한 성과와 주위의 평가에 실망하기도 하고 앞으로 계속해야 할 것인지 고민이 깊어지기도 한다. 이런 상황에서 리더 자신은 물론 믿고 따르는 팀원들을 격려할 수 있는 좋은 성어를 소개한다.

백 번을 해서라도
천 번을 해서라도

> 천리마도 한 번 뛰어서는 십 보의 거리를 갈 수 없고, 더딘 말도 열흘을 가면 천 리에 도달하느니, 성공은 그만두지 않음에 달려 있다.
>
> 騏驥一躍, 不能十步. 駑馬十駕, 則亦及之. 功在不舍.

이것은《순자》의〈권학勸學〉에 나오는 말이다. 우리가 흔히 듣는 "중간에 포기하지 말라"는 말을 근사하게 한문으로 표현한 것이 바로 마지막 문장 '공재불사'다. 모두가 천리마를 꿈꾸지만 그건 이상일 뿐이고 현실의 우리는 대부분 더딘 말에 속한다. 이 걸음 더딘 말의 희망은 쉬지 않고 열흘을 달리는 것이다. 순자는 계속해서 말한다.

> 자르다가 그만두면 썩은 나무도 자를 수 없고, 자르다가 포기하지 않으면 쇠나 돌도 자를 수 있다.
>
> 鍥而舍之, 朽木不折. 鍥而不舍, 金石可鏤.

역시 '그만두지 않음', 즉 불사不舍를 강조하고 있다. 이것은

'포기하지 않으면 죽지 않는다'라는 뜻의 불사즉불사不舍則不死로 재미있게 표현할 수도 있다. 순자의 이 같은 불사 정신을 《중용》에서는 다음과 같이 말한다.

> 남이 한 번에 할 수 있다면 나는 백 번을 해서라도 그 일을 이루고, 남이 열 번에 능한 것이면 나는 천 번을 해서라도 능하게 만들 것이다.
>
> 人一能之, 己百之. 人十能之, 己千之.

백 번이고 천 번이고 될 때까지, 가능할 때까지 멈춤 없이 시도하고 노력하겠다는 얘기다. 참으로 대단한 용기가 아닌가. 당나라의 유명한 시인 유우석劉禹錫은 〈낭도사浪淘沙〉라는 멋진 시로 이러한 뜻을 표현했다.

> 천 번을 씻어내고 만 번을 걸러내니
> 얼마나 고생스럽겠는가만
> 미친 모래를 다 씻어내버리면
> 비로소 황금을 볼 수 있겠네.
>
> 千淘萬漉雖辛苦, 吹盡狂沙始到金.

천 번 만 번 흔들어 씻어내고 걸러내는 수고가 있어야 비로소 빛나는 황금을 얻을 수 있다. 마찬가지로 목표를 이루려면 천 번이고 만 번이고 그 시도를 결코 멈춰서는 안 된다. 성공으로 가는 길을 가로막는 '미친 모래'를 씻어내고 걸러내면서 끝까지 나아가면 마침내 번쩍번쩍 빛나는 황금을 얻을 수 있다.

반걸음을 비웃지 마라

모두가 결연한 의지로 담대히 나아갈 수 있으면 좋겠지만 어떤 일을 추진하다가 어려움이 닥치면 쉽게 포기하는 일이 다반사다. 이런 경우를 표현하는 성어가 바로 반도이폐半途而廢다. '길을 반쯤 가다가 힘이 들어 목적지를 포기한다'는 뜻으로 공재불사와 반대의 의미다. 이 성어에는 재미있는 고사가 있다.

동한시대 악양자樂羊子라는 사람의 아내 이야기다. 그 아내가 아주 지혜롭고 근면한 현모양처였던 모양이다. 어느 날 악양자가 길에서 금덩이 하나를 주워 아내에게 줬다. 그랬더니 아내가 기뻐하기는커녕 오히려 따끔하게 꾸짖는 것이 아닌가.

"뜻있는 선비는 아무리 목이 말라도 도적의 샘물은 마시지 않는다 했습니다. 청렴한 사람은 아무리 배가 고파도 무례하게 던져주는 음식은 먹지 않는다 했습니다. 어찌 남이 잃어버린 물건을 취해 스스로를 더럽히십니까?"

악양자는 너무 부끄러워 얼른 금덩이를 들고 밖으로 나가 길가에 던져버렸다. 그러고는 학문을 연마하기 위해 행장을 갖춰 멀리 스승을 찾아 떠났다. 일 년여가 지난 어느 날, 악양자가 집으로 돌아왔다. 마침 베를 짜고 있던 아내가 눈을 둥그렇게 뜨고 남편에게 어쩐 일이냐고 물었다.

"당신이 보고 싶어서 잠시 돌아왔소."

다정한 남편의 말을 듣자마자 아내는 가위를 들어 베틀에 걸려 있는 거의 다 짜가는 베를 가차 없이 잘라버렸다. 눈이 휘둥그레진 남편에게 아내가 말했다.

"이 베는 한 줄 한 줄 쉬지 않고 짜고 또 짜서 날이 가고 달이 가야 비로소 한 마디에서 한 척으로, 한 척에서 한 장으로 길어져 마침내 한 필이 완성됩니다. 만일 지금처럼 다 짜지 않은 상황에서 잘라버리면 다시는 이어갈 수 없고 한 필의 베를 완성할 재간이 없습니다. 앞서 들인 노력과 시간은 모두 헛수고가 될 뿐입니다. 당신의 공부 또한 이와 같지 않겠습니까? 길을 가다가 반쯤에서 포기했으니 아니 감만 못하지 않겠습니까?"

아내의 말을 듣고 크게 감동한 악양자는 곧바로 부인과 이별하고 공부하던 곳으로 되돌아갔다. 그리고 칠 년 동안 학문에만 힘써 큰 학자가 되었다.

새로 시작한 일이 성과가 부진해 그냥 내려놓고 싶을 때는 공재불사를 떠올리며 스스로를 격려하고, 반도이폐 이야기를 들려주며 팀원들을 격려해보자. 혹시 그동안의 노력으로 얻은 자그마한 성과가 있다면, 설사 그것이 기대치에 한참 모자랄지라도 이렇게 말해보자.

"지금 내디딘 걸음이 하찮은 반걸음에 불과하다고 비웃지 마라. 순자가 말하기를, 반걸음일지라도 그것이 모이지 않으면 천 리 길에 도달할 방도가 없는 법이다不積跬步, 無以至千里라고 했다."

찾아보기 ▼

【 **정위전해**精衛塡海 】 정위새가 바다를 메우다. 《산해경》에 정위새 이야기가 나온다. "염제의 막내딸 이름은 여왜다. 여왜가 동해에서 놀다가 물에 빠져 죽어 돌아가지 못했다. 그래서 정위새가 되어 항상 서산의 나무와 돌을 입에 물어다가 동해를 메웠다炎帝之少女名曰女娃. 女娃游于東海, 溺而不返, 故爲精衛, 常銜西山之木石, 以堙于東海." 이 이야기에 따르면 정위새가 된 여왜는 자신을 죽게 만든 동해를 다 메우기로 작정하고 비가 오나 눈이 오나 바람이 부나

서쪽 산으로 날아가 작은 돌멩이와 나뭇가지를 물어다 동해에 떨어뜨렸다. 정위새처럼 목표를 정해놓고 결연한 의지로 흔들림 없이 나아가는 사람을 '정위전해'라는 말로 칭송한다.

【 **우공이산** **愚公移山** 】 우공이 산을 옮기다. 이 성어는 목표가 어렵다고 포기하지 않고 불굴의 정신으로 나아가 마침내 성공을 거머쥐는 사람을 비유한다.《열자》에 우공 이야기가 전해진다. 옛날 북산에 우공이라 불리는 아흔 살 가까운 노인이 있었다. 그가 살던 집은 태항산, 왕옥산 두 산이 앞을 가로막고 있어 출입이 매우 불편하였다. 우공은 두 산을 옮기겠다고 결심했다. 같은 마을에 사는 지혜로운 노인 지수智叟는 할 수 없는 일을 하겠다고 덤빈다며 우공을 어리석은 사람이라고 비웃었다. 그러자 우공이 말했다. "내가 죽으면 아들이 있고, 아들이 죽으면 뒤에 손자가 있다. 우리 자손은 영원히 계속될 것이다. 하지만 산은 더 높아질 리 없지 않은가. 어째서 할 수 없다는 것인가?" 우공은 매일 산을 퍼 날랐다. 이를 본 하늘의 천제가 감동하여 신선을 보내 산을 옮겨주었다.

60

일심일덕
一心一德

한마음 한뜻으로

천시天時는 지리地利만 못하고, 지리는 인화人和만 못하다. 내성이 삼 리, 외성이 칠 리에 불과한 작은 성을 포위 공격해도 이기지 못하는 경우가 있다. 포위하여 공격하매 반드시 천시를 얻을 때가 있지만 그래도 이기지 못하는 것은 천시가 지리만 못하기 때문이다. 성이 높지 않은 것도 아니고, 해자가 깊지 않은 것도 아니며, 병기와 갑옷이 견고하고 예리하지 않은 것도 아니며, 쌀과 곡식이 많지 않은 것도 아니지만 이것을 버리고 떠나가니 이는 지리가 인화만 못하기 때문이다.

天時不如地利, 地利不如人和. 三里之城, 七里之郭, 環而攻之而不勝. 夫環而攻之, 必有得天時者矣. 然而不勝者, 是天時不如地利也. 城非不高也, 池非不深也, 兵革非不堅利也, 米粟非不多也, 委而去之, 是地利不如人和也.

이것은《맹자》에 나오는 말이다. 천시와 지리는 모두 주어진 조건이나 환경이다. 주어진 조건과 환경이 좋으면 감사할 일이지만 그렇지 못하다면 인화에 의존하는 수밖에 없다. 아니, 인화야말로 최고의 요소이자 바탕이다. 천시와 지리의 열세를 극복하고 승리를 얻는 최고의 방편이 바로 인화다.

모두가 한마음이 되어

우리가 흔히 말하는 "한마음 한뜻으로"를 한자로 표현한 말이 일심일덕이다. 이는 은나라의 포악한 군주 주왕에 반기를 든 주나라 현군 무왕이 한 말로《서경》에 나온다. 당시 은나라는 매우 강력한 나라였다. 주나라를 비롯한 군소 제후국은 은나라의 지나친 간섭과 끝없는 공물 요구에 시달렸다. 마침내 주나라 무왕은 여덟 개의 작은 나라와 연합군을 결성해 막강한 은나라에 맞섰다. 연합군 출정식에서 주왕이 말했다.

"모두 한마음 한뜻으로 은을 평정하고 공을 세워 천하를 영원히 태평하게 하자."

한마음 한뜻으로 한 가지 목표를 향해 나아간 연합군은 마침내 은을 무너뜨리고 천하를 바로잡았다.

《주역》에 이런 말이 있다.

> 두 사람이 마음을 합치면 그 날카로움은 쇠도 끊을 수 있다. 마음을 같이한 말은 그 향기로움이 난초와 같다.
>
> 二人同心, 其利斷金, 同心之言, 其臭如蘭.

때로는 우리에게 대단히 비우호적인 환경이 포악한 은나라처럼 극악스럽게 우리를 압박해온다. 부술 수도 뚫을 수도 없는 단단한 철옹성처럼 우리를 에워싸는 경우도 있다. 그래도 모든 구성원이 일심일덕으로 한 목표를 향해 나아가면 불리한 환경을 넘어 아무리 공고한 장벽도 뚫고 나갈 수 있을 것이다.

삼 년 동안 날지 않은 새

서로 다른 구성원의 마음을 하나로 묶으려면 모두가 바라보고 달려갈 깃발이 하나쯤 있어야 한다. 그것은 바로 리더의 원대한 꿈이다.

춘추시대 초나라 장왕莊王은 보위에 오른 지 삼 년이 되도록 정치에 아무런 관심도 보이지 않았다. 오직 먹고 마시고 놀면서 그런 자신을 비난하는 사람들을 모두 엄벌에 처했다. 하루는 한 신하가 찾아왔다. 장왕이 간언하려는 것이면 듣지 않겠다고 하자, 신하는 왕이 좋아하는 수수께끼라면서 말했다.

"남방 높은 곳에 큰 새 한 마리가 살고 있습니다. 그런데 이 새가 삼 년 동안 날지도 울지도 않습니다. 대왕께서는 이 새가 무슨 새인지 아십니까?"

장왕이 빙그레 웃으며 말했다.

"나는 그 새가 어떤 새인지 알고 있소. 그 새가 삼 년간 날지 않은 것은 아직 날개가 다 자라지 않았기 때문이요, 삼 년간 울지 않은 것은 조용히 백성의 형편을 살피기 위한 것이었소. 날지 않으면 않았지 한번 날아올랐다 하면 하늘 끝까지 날아오를 것이요, 울지 않으면 않았지 한번 울었다 하면 온 세상 사람을 놀라게 할 것이오!"

반년 후 장왕은 그간 자기를 따라다니며 온갖 방탕을 일삼던 간신배들을 일망타진하여 축출하고 현신들을 중용해 국정을 혁신했다. 이와 함께 강력한 군대를 길러 제나라, 진나라를 제압하고 패자의 자리에 올라 이른바 춘추시대 다섯 명의 뛰어난 군주인 춘추오패春秋五覇에 들었다.

이 고사에서 비롯된 일명경인一鳴驚人은 평소에 조용해서 존재감이 없던 사람이 어느 날 갑자기 탁월한 성취로 세상을 놀라게 하는 경우를 가리킨다. 언젠가 세상을 크게 놀라게 하겠다는 리더의 원대한 꿈은 모든 구성원을 이끌어가는 하나의 높은 깃발이다.

시성 두보는 젊은 시절 태산에 올라 지은 시 〈망악望岳〉에서 자신의 꿈을 이렇게 노래했다.

> 언젠가 내 반드시 산꼭대기에 올라
> 작은 봉우리들을 굽어볼 것이다.
> 會當凌絶頂, 一覽衆山小.

이는 한마디로 일류가 되겠다는 선언이다. 이 꿈대로 그는 시의 왕국에서 최고로 칭송받는 시성이 되었다. 나아가 이 선언은 천 년 세월 동안 일류를 향해 매진한 수많은 젊은이를 인도해준 찬란한 깃발이었다.

시선詩仙으로 불리는 이백 역시 태산에 올라 멋진 시구를 남겼다.

> 태산 천문에 올라 한 번 길게 휘파람을 불었더니
> 만 리로부터 청풍이 내게로 불어오는구나!
> 南門一長嘯, 萬里淸風來!

'내가 세상을 향해 한 번 크게 소리쳤더니 온 세상이 깜짝 놀라 나를 주목하는구나' 하는 일성이다. 한 조직의 리더가 이런 기백, 이런 패기로 꿈을 향해 힘차게 달려가면 온 구성원이 일심일덕으로 행복하게 그 꿈을 공유할 것이다. 리더의 멋진 꿈을 위해 건배!

찾아보기 ▼

【 **동심동덕**同心同德 】 마음을 같이하고 덕을 같이하다. 이는 일심일덕과 같은 의미로, 한마음 한뜻으로 동일한 목표를 위해 노력한다는 말이다. 《서경》에서 주나라 무왕은 은나라와의 결전을 앞두고 이렇게 말했다. "은나라 주임금에게는 신하가 억만이지만 그 마음 또한 억만이요, 내게는 신하가 삼천이나 오직 한마음이다. … 주임금에게는 억조에 이르는 평범한 사람이 있으나 마음이 멀어지고 덕에서 떠나 있는 사람들이고, 나는 다스리는 신하가 열 명이지만 마음을 같이하고 덕을 같이하는 사람들이다受有臣億萬, 惟億萬心, 予有臣三千, 惟一心. … 受有亿兆夷人, 離心離德, 予有亂臣十人, 同心同德."

【 **일거성명 一擧成名** 】 하루아침에 과거에 합격하여 천하에 이름을 알린다. 이 성어는 단번에 크게 성공해 이름을 얻는 경우를 일컫는다. 금나라 유기劉祁의 《귀잠지歸潛志》에 "십 년 세월 창 아래 묻는 사람 없더니, 단번에 이름을 이루니 천하가 아는구나十年窓下無人問, 一擧成名天下知"라는 표현이 있다.

【 **명만천하 名滿天下** 】 이름이 천하에 가득 차다. 이는 명성이 대단한 것을 형용한다. 송나라 소식은 《상매직강서上梅直講書》에서 "(매요신梅堯臣 선생은) 이름이 천하에 가득한데도 그 벼슬이 오품을 넘지 않는다. 하지만 얼굴은 온화하고 노기가 없으며 그 문장은 온유하고 돈후하며 질박할 뿐 원망의 말이 없다執事名滿天下, 而位不過五品, 其容色溫然而不怒, 其文章寬厚敦朴而無怨言"라고 평했다.

玉篇